裁判員への説得技法

法廷で人の心を動かす心理学

C・B・アンダーソン 著
Carol B. Anderson

石崎千景＋荒川 歩＋菅原郁夫 訳

Inside Jurors' Minds
The Hierarchy of Juror
Decision-Making

北大路書房

INSIDE JURORS' MINDS: THE HIERARCHY OF JUROR DECISION-MAKING

THE TRIAL LAWYER'S GUIDE TO UNDERSTANDING HOW JURORS THINK

INSIDE JURORS'MINDS by Carol B.Anderson
Copyright © 2012 by the National Institute for Trial Advocacy
Japanese translation published by arrangement with National Institute for Trial Advocacy through The English Agency (Japan) Led.

(訳者注) 本書は「Inside jurors'minds: the hierarchy of juror decision-making/ A primer on the psychology of persuasion: the trial lawyer's guide to understanding how jurors think」の翻訳書であるが，原書で「陪審員」となっている箇所は，「裁判員」と読み換えられる場合が多い。そのため，本書は邦題を「裁判員への説得技法―法廷で人の心を動かす心理学―」とした。

本書を読まれる前に

　本書は，アメリカの弁護士であるキャロル・B・アンダーソン氏によって上梓された「Inside jurors' minds: the hierarchy of juror decision-making / A primer on the psychology of persuasion: the trial lawyer's guide to understanding how jurors think」の翻訳書である。同氏は，米ウェイクフォレスト大学ロースクールで教鞭を執る訴訟実務科目の主任教員であり，法廷弁護技術の教示法についてリチャード・S・ジェイコブソン賞，チャールズ・ベクトン賞，ジョセフ・ブランチ賞を受賞するなど，アメリカを代表する法廷弁護技術の指導者の1人である。

　原題にあるように，本書は，もともとは陪審員を説得するための手法について検討したものである。しかし，このたび翻訳書を上梓するにあたっては，原題のjurorsを裁判員と読み換え，邦題を「裁判員への説得技法―法廷で人の心を動かす心理学―」とした。このように邦題を置き換えたのは，いかにして市民を説得し，彼らを自分たちの主張にひきつけるかという本書のテーマが，裁判員制度に対しても同様の意義を持ち，ここでの指摘は日本の法の実務家に対しても当てはまるという理由からである。

　本書の特長は，弁護士である同氏が，心理学を専門とする大学教員からの助言を受け，心理学研究で得られた各種の研究知見に基づき，陪審員である市民を説得するための方法論について検討を行っている点である。第1章での概説から始まり，第2章と第3章では，陪審員が「情報」としての証拠をどのようにして受け入れ，それらをどのようにして記憶するのかといった，人が行う基本的な情報処理の有り様について検討している。これらを踏まえた上で，第4章から第8章では，なぜ，あるいは，どのようにして陪審員は現実として眼前にある情報を歪曲して受け止めてしまうのかという，陪審員を説得する上で障壁となる認知判断の偏りについて検討している。そして，最後に第9章では，それまでの章で検討された心理学の知見が実際の裁判でどのように応用され得るのかについて，冒頭陳述と最終弁論の様子を詳細に例示しながら，具体的に指摘を行っている。本書は，極めて実践的な観点から編纂された，心理学に基

i

づく法廷弁護の概論書であるといえるだろう。

　本書で扱われるこれらの知見は，当然のことながら，陪審制度のみならず，同じく市民を説得することが求められる日本の裁判員制度においても有益である。裁判員制度の施行に伴い，日本においても，市民を説得することを念頭に置いた法廷弁護技術の習得が重要性を増しつつある。そうした流れの中で，近年，法の実務家が心理学をはじめ他領域の研究知見を自らの法廷弁護に取り入れようとする気運は一層の高まりを見せている。学問的な知識にとどまらず，あくまで実践知としての研究知見を読者に提供している本書の内容は，自らの法廷弁護に心理学の知見を取り入れようとする法の実務家にとって，この上なく示唆に富むものであるだろう。

　翻訳を進めるにあたっては，こうした時局に照らし，はじめて心理学の概念に触れる読者であっても理解しやすいよう，いかに伝わりやすい訳出をするかという点に心を砕いた。本書では，身近な具体例をたびたび示すなどして，心理学の抽象的な概念を理解しやすいよう配慮がなされている。日本語に翻訳した際にも，そうした本書の魅力を引き継ぐことができるよう，訳出の正確さには細心の注意を払った上で，可能な限り日本語としての読みやすさを優先させた。心理学を必要とする法の実務家等に対し，本書が橋渡しの役割の一端を担うことができたならば，望外の喜びである。

石崎千景・荒川歩・菅原郁夫

〔付記〕
　本書の刊行は，法科大学院実務技能教育支援事業（PSIMプロジェクト）の一環として行われた。

〔謝辞〕
　本書がこうして上梓され得たのは，次の方々のひとかたならぬご助力があってのことである。校正にあたっては，名古屋大学大学院法学研究科研究員の長田理氏より助力を賜った。また，北大路書房の奥野浩之氏には，出版までの長い道程で絶えずお力添えをいただいた。ここに記して感謝を申し上げる次第である。

日本の読者のみなさまへ

　日本の弁護士のみなさまと本書の内容を分かち合える機会に恵まれたことを嬉しく思い，楽しみにしておりますとともに，深く感謝しております。本書はもともとアメリカの陪審員たちに主張を訴えかける弁護士のために書かれましたが，住んでいる国とは関係なく，陪審員はみな，まさに人はみな，多くの重要な判断を無意識のうちに行っています。
　私たちは，日々，無数のルーティーン的な判断を行っています。その際，立ち止まって，自分が今していることについて思いをめぐらせてみる，ということはしていません。たとえば，特定の目的地に到着するための方法，洗濯物の分け方，パートナーとの雰囲気の作り方がそうです。実際，私たちは，立ち止まってこの種の日常的な心的課題のやり方を考えてみるということができません。なぜなら，そうするにはあまりにも途方もなく時間がかかってしまうからです。そのため私たちは，種々の心的なショートカットを用いることで，そうした処理を合理化しているのです。残念なことに，私たちは，より重要な判断を行う場面でも，これらの心的なショートカットを不適切な形で用いてしまうことがあります。それによって，習慣的でよくある「思考の誤り」に陥ってしまうことがあります。
　裁判の中で陪審員は，しばしば，これと同種の素早く無意識のうちに行われる判断形成を頼りにしてしまいます。陪審員は，彼らの個人的な人生経験，信念，バイアス，思考の誤りが自分の判断や決定に対してどれくらい深く影響し得るかということに，全く気づかない傾向にあります。しかしながら，法廷弁護人がこれを見過ごしてしまうわけにはいきません。弁護士は，陪審員が誤った評決をくだしてしまう可能性はないか，絶えず注意を払っていなければなりません。幸いなことに，ほとんどの思考の誤りは規則的で予見可能な性質を持っています。このため，弁護士は，そうした誤りに対抗するための手段を事前に講じることができるのです。
　人前で話すのが上手な人なら誰でも，効果的なコミュニケーションにおいて最も重要なのは「自分の聴衆について知ること」だということを知っています。

弁護士は，自分の目の前にいる陪審員に合わせて証拠の示し方を調整しなければなりません。日本の刑事弁護人は，今や6人の裁判員と3人の裁判官に向かい合っています。弁護士にとっての聴衆が変わったのですから，弁護士の裁判へのアプローチもまた変わらなければなりません。

　弁護士は，他の法律家がどのように思考するかについてはすでに知っています。ですので，弁護士であれば，3人の裁判官が証拠に対してどのように反応するかについては，おそらく予想がつくことでしょう。しかし，弁護士は，法律家ではない6人の裁判員がどのように反応するかについてはよくわかっていません。なぜなら，彼らの視点は，法律家のものとはおおいに異なるからです。法律家に訴えるテーマ，理論，主張は，一般市民に対しては説得的ではないかもしれません。

　法律家ではない陪審員を説得するために，弁護士は，彼らの心と記憶がどのように機能しているのかを知る必要があります。陪審員は法の専門家ではありませんので，「適法であるか」よりも，「正しい」ことや「公平」であることに対してより関心を持ちやすい傾向にあります。また，彼らは，これらの個別の事実を踏まえた上で，双方の事件当事者の行いを，通常ならばそうなるはずであると彼らが信じていることに基づいて判断しやすい傾向にもあります。さらにまた，法律家でない人たちは，長時間どちらの側にも肩入れしないままでいることが難しいということもあります。彼らは，判断形成を行う前に，ある争点について双方の立場から慎重に観察するということにあまり慣れていません。それは，普段そうした問題に対応することのない人たちにとって，何も判断できない状態のままでいることは，非常にストレスを感じることだからです。加えて，ステレオタイプや文化バイアスも，非法律家が行う判断形成に対して大きな役割を担う傾向にあります。法律家たちはそうした事柄に対してより慣れており，意識的にそれらを避けようとしますが，陪審員たちはそうではないのです。

　本書では，陪審員が無意識のうちに抱く信念，バイアス，思考パターンについての知見を示した上で，これらの要因が裁判での彼らの判断に対してどのような影響を及ぼすかについて解説しています。これらの要因に対処するための適切な手段を習得していることは，どこの国のいかなる法廷弁護人にとっても

重要な技能だといえます。

　ただし，注意は必要です。本書で扱っているテクニックや戦術の一部は，日本の裁判員に合わせて調整される必要があるかもしれません。アメリカとは異なり，日本は伝統的にとても協調重視の社会です。そのため日本の裁判員は，とりわけ裁判の初日に彼らが目にした現状を変えたがらないかもしれません（本書の，現状維持バイアスについての検討を参照）。また，彼らは，他のメンバーとの良好な関係を維持するために，評議の間，互いの意見をぶつけ合うことも好まないかもしれません。

　また，根本的な帰属バイアスの考え方は，日本ではあまり一般的ではないということもあります。西洋社会では，1つの行為だけを切り取り，それに基づいてすぐにその人のことを判断します。そして，その行為を一部の内的な動機づけや性格の欠点に帰属してしまいます。より協調重視である東洋社会では，疑わしきは罰せずとして，その人の行いは自分ではどうしようもない環境や状況によるものであったかもしれないと認識することでしょう。

　とはいえ，全体として，裁判員と陪審員がどのように思考するかについての相違は，それほど大きくはありません。私は，本書が読者のみなさまのお役に立てることを心から願っています。これらの知見をみなさまと共有できる機会に恵まれたことに感謝いたしますし，とても光栄に思います。

C. B. アンダーソン

謝　辞

　本書は，何人もの親愛なる友人とかつての教え子たちの助力を得て上梓されました。私は，何よりもまず，恩師であり友人でもあるマーク・マンデルに感謝しなければなりません。マークはロードアイランド州プロビデンス出身の傑出した公判弁護士です。彼は，私にこの本を書くよう勧め，本書に多くの題材を提供してくれました。私は，彼のすばらしいアイデアを余すところなくこの本に詰められただろうかとただ祈るばかりです。

　私は，ウェストバージニア州チャールストンのジム・リース，アラバマ州ガズデンのグレッグ・カジマノ，そして，アリゾナ州フェニックスのデイビッド・ウェナーにも感謝しています。私も含め数え切れないほどの弁護士たちが，彼らから多くのことを学びました。私は，ノースキャロライナ州ウィンストン・セーレムのトム・コマーフォードやクリフ・ブレットのようなすばらしき友人でもある同僚に恵まれていました。彼らは，何年もの間，私や私の教え子たちのために快く時間と多大な労力を割いてくれました。

　私は，若き優秀な研究者でありウェーク・フォレスト大学心理学部で教鞭を執られているジョン・ペトロセリ教授に，大変お世話になりました。本書を書き始めたとき，私は心理学について何も知りませんでした。この領域についてのジョンの膨大な知識と忍耐強い導きは，とても頼りになりました。彼は私のどんな問いにも答えてくれるだけでなく，諸問題に関する研究の出典を記憶しており教えてくれました。

　私は，ウェーク・フォレスト大学で心理学を専攻するすばらしき大学院生のチャールズ・ホーグランドにも感謝しなければなりません。彼は，私の研究を補い，各章の草稿を注意深く編集し，かつ校正してくれました。また，私のかつての教え子たちも，この本に大きな貢献をしてくれました。ランディ・アイビー，ジェイソン・ウォルター，ハイディ・パルマン，ナンシー・ラップ，ジャスティン・ブラウン，トニー・グレイス，ジェシカ・シュルテ，ステファン・レモス，ライアン・エームズ，そして故スコット・ベイリーです。私は彼らに心から感謝しています。

目次

本書を読まれる前に
日本の読者のみなさまへ
謝辞

第1章　序論

I　判断形成の階層性 — 3

A　レベル1：生存に対する現実または想像上の脅威 — 4
B　レベル2：公正世界信念とコントロール幻想 — 5
C　レベル3：社会的および文化的な信念とバイアス — 5
D　レベル4：「ヒューリスティックス」 — 6
E　レベル5：認知的推論への傾注 — 6

II　階層性の使用 — 7

第2章　百聞は一見にしかず：法廷における知覚と情報処理入門

I　はじめに — 10

II　法廷における知覚 — 12

A　知覚から認知へ — 12
B　「事実」を知覚するのか体験するのか — 14
C　説得への抵抗 — 15
D　陪審員の知識と信念に結びつけることで抵抗に打ち勝つ — 16

III　判断の基盤：法廷における情報処理と推論 — 17

A　自動的処理 — 18

B　統制的処理 ·· 20
　　C　動機づけられた推論 ·· 21

Ⅳ　陪審員の適切な情報処理への援助 ─────────── 23

第3章　記憶

Ⅰ　はじめに ─────────────────────── 28
　　A　短期記憶と長期記憶 ··· 28
　　B　情報過負荷（「認知的負荷」） ·· 29
　　C　記憶における符号化の方法 ··· 30

Ⅱ　スキーマ ────────────────────── 31
　　A　スキーマはどのようにして作られるか ······························· 32
　　B　調節と同化 ··· 35
　　C　スキーマによる弊害の例 ·· 35

Ⅲ　記憶の再構成性 ────────────────── 37
　　A　顕在記憶と潜在記憶 ·· 38
　　B　スキーマと記憶汚染 ·· 39
　　C　不正確な記憶の再構成の例 ··· 40
　　D　干渉 ··· 41
　　E　記憶についての真実 ·· 42

Ⅳ　陪審員の記憶を改善する方法 ─────────── 43
　　A　系列位置効果 ·· 43
　　B　反復，リハーサル，チャンク化 ······································· 48
　　C　証拠の「要約」と「関連づけ」 ······································· 51
　　D　複数の感覚チャネルの使用 ··· 52
　　E　記憶に残る公判ストーリーの作成 ··································· 54

- F 記憶に残るテーマを用いる ……………………………………… 57
- G 寓話，比喩，寓意，神話を用いる ……………………………… 58

第4章 なぜ，そして，どのように陪審員は知覚と記憶を操作するのか

I はじめに ――――――――――――――――――――――― 66
- A 基本的な本能：マズローの階層ピラミッド …………………… 66
- B 基本的欲求としての自己保存と保護 …………………………… 67
- C 認知的なコーピング方略 ………………………………………… 68
- D 認知的不協和 ……………………………………………………… 70

II 法廷において説明を求めようとすること ――――――――― 71
- A 刑事事件において陪審員はどのようなものの見方をするのか … 72
- B 民事事件において陪審員は自分の知覚をどのように操作するのか … 73
- C 原告側の代理人はどのように応答し得るか …………………… 75
- D 1つの事例 ………………………………………………………… 77
- E 陪審員に本来の仕事をさせる …………………………………… 79

第5章 陪審員共通のバイアス

I バイアス入門 ―――――――――――――――――――――― 84
- A 関連づけと神経ネットワーク …………………………………… 85
- B バイアスのかかった同化と信念の耐久力 ……………………… 85
- C 公判ストーリーへの悪影響 ……………………………………… 86
- D 陪審員の信念バイアスと結びつける …………………………… 88

II 陪審員の「公判ストーリー」構築に影響を及ぼす認知バイアス ―― 88
- A 確証バイアス ……………………………………………………… 89
- B 後知恵バイアス …………………………………………………… 91

C　自己奉仕バイアス··· 97
　　D　偽りの合意効果·· 98
　　E　論証の隙間の放置がもたらすもの··· 99

Ⅲ　原告に対する陪審員のバイアスの克服──────────── 101

Ⅳ　陪審員のバイアスに打ち勝てない場合があることを知る──── 104

第6章　社会的バイアス：帰属理論

Ⅰ　はじめに──────────────────────────── 110

Ⅱ　帰属バイアス───────────────────────── 111
　　A　行為者―観察者バイアス·· 112
　　B　根本的な帰属の誤り·· 115
　　C　社会的役割·· 116

Ⅲ　公判における帰属の誤り──────────────────── 118
　　A　防衛的帰属·· 119
　　B　専門能力についての幻想··· 121

Ⅳ　帰属バイアスに打ち勝つ──────────────────── 122
　　A　被告に焦点を当てる·· 122
　　B　否定的なことは避ける··· 124
　　C　意図を推察するために選択肢を使う······································ 125
　　D　悪事であることを示すために規則を利用する························· 126
　　E　我々は公正な世界で暮らしているのか？································ 127

第7章 文化的規範と文化バイアス

I はじめに —————————————————————— 132

II 個人主義と集団主義の文化 ———————————— 133

III 規範バイアス ———————————————————— 134
    A 行為を「規範」に合わせている例 ······················ 134
    B 公判における規範バイアス ····························· 135

IV 「刷り込み」と「文化コード」————————————— 145
    A 文化コード ··· 147
    B 市場における文化コード ································· 149
    C 公判におけるアメリカの文化コード ·················· 150

第8章 ヒューリスティックスとほかの情報処理方略

I 推論とヒューリスティックス入門 ————————— 162
    A どのようにして我々はヒューリスティックスを作り出すのか ·········· 164
    B なぜ陪審員はヒューリスティックスに依拠するのか ·············· 166

II 3つの主要なヒューリスティックス ————————— 166
    A 代表性ヒューリスティックス ······························ 167
    B 利用可能性ヒューリスティックス ······················· 173
    C 係留ヒューリスティックス ································ 180

III 鮮明さと顕著さ ———————————————————— 186
    A 鮮明さ ·· 187
    B 顕著さ ·· 188

第9章 学習成果の実践

- I ある飲食店における多量飲酒事件の原告冒頭陳述 —— 196
- II 乳ガン事件における原告の最終弁論 —— 213
- III まとめ —— 226

索 引 ……………………………………………………………228

第1章
序　論

「人々に情報を提示するにあたり，中立的で，『価値判断に基づかない方法』は存在しない」[1]，そしてまた，人々の側がそれを受け取るにあたっても，中立的で価値判断に基づかない方法は存在しないといえよう。

　本書は，訴訟をより適切に行えるように，弁護士を支援するためのものである。陪審員たちと格闘し，そして本来勝つべき事件に理由もわからないまま敗れ去ってきた弁護士のため，本書は書かれている。よい弁護士が勝ち筋の訴訟で繰り返し負けているという事実は，我々の公判に対するアプローチが何か根本的に誤っているかもしれないということを示唆している。我々は，陪審員が「証拠を無視した」と主張することによって，自分たちの敗訴を正当化できるかもしれないが，それ以上に，我々の方が，自分の依頼者に有利な判断のために，陪審員が必要とし，知りたいと思うことから目を背けて，結果的に陪審員を無視した可能性がある。

　意識的であれ，無意識のうちにであれ，陪審員が賢明で合理的な判断形成をなす能力に影響を及ぼす要因は数多く存在する。我々は，最終的には，法律や論理や合理的根拠が判断形成において優先されるべきであることを前提にしたがるが，陪審員にとっては，直感と感情を判断形成から切り離すことは実質的に不可能である。陪審員たちは，すべての人がそうであるように，自分でも気がつかないうちに，深く染みついたバイアスや人生経験，関連のない情報の影響を受けながら，あらゆる判断を行っているのである。

　陪審員がどのように証拠を知覚し，処理し，記憶するのかを予測するために，我々は人間の知覚，情報処理，記憶がどのように機能しているのかを理解することが必要である。陪審員は，公判においても，日常生活の中で問題解決や判断のために通常使用している認知的なツールに頼って判断形成をせざるを得ないのである。もし陪審員の持つこの思考の地雷原を避ける術を学ぶことができるならば，我々はいっそう多くの勝訴すべき事件で勝てるようになるのである。

　心理学やその他の社会科学の研究の知見から推察することによって，我々は人の判断形成や情報処理の基本的な考え方を，公判の場へ応用する方法を習得することができる。もし陪審員が持っている，信念，バイアス，情報処理の手法といったものを公判戦略の中に組み込むことができたならば，我々の主張に

対し，陪審員の知覚をしばしば歪めてしまうことのある無意識のうちになされる思考の誤りの多くについて，効果的に対処することができる。

I 判断形成の階層性

　医学，社会科学，心理学における近年の発展は，我々が，人間が行う判断形成の生得的な誤りやすさを理解し有効に対処することを可能にしてきた。今や我々は，誰しもが類似した基本的な認知的プロセスを用いて新しい情報を解釈し，評価していることを知っている。それゆえ，我々は判断形成の性質について，いくつかの一般的な前提をたてることが可能であり，そのことは陪審員が我々の主張をどのように理解するのかを予測するのに役立つ。しかし，実際にそうしてみると，証拠に対する彼らの反応は，我々を驚かせ，当惑させることになろう。

　人はみな，意識的にも無意識のうちにも判断形成を行う。しばしば，それは純粋に効率的な認知を行うためだとされる。我々はまた，我々自身の中にある核となる価値観や人生経験のフィルターを通して新しい情報を処理する傾向を持つ。そしてその傾向は，公判で提示された証拠に対して，陪審員が無意識のうちに彼ら自身の個人的なバイアスや先有概念を投影するように導くのである。

　陪審員は，理解もしていないし評価もしていないような理由から，ある判断を他の判断以上に本質的に抵抗しがたいものだと思う場合がある。彼らは，実際には，自分の持つ強い信念や感情的な関わりと，それに相反する新たな情報との間の整合性のとり方を「正当化」をしているにすぎない場合でも，我々弁護士と同じように，自分たちも「論理的思考」をしていると信じているのかもしれない。そういった行為も必ずしも「不合理なもの」ではない。なぜなら，「ほんのわずかな新しい情報のために，生涯に渡って積み上げてきた，信念体系全体を放棄するのは合理的とはいえないからである」[2]。

　もし我々が，とくに無意識のレベルで陪審員に判断形成を強いるものを知ることができれば，我々はこれまでよりもさらに深いレベルで公正かつ専門的に彼らに影響を与えることができる。人は階層的に判断を行う傾向にあるため，我々

は「陪審員の判断形成における階層性」がどのようなものかを推測することができる[3]。この「階層性」は科学的な解析に基づくというわけではない。むしろ，長年にわたる事件の準備や公判，さらにはそれらの指導から導き出されたものである。「判断形成の階層性」の各「レベル」を考慮することは，公判の準備をする上で有益である。

もっとも低いレベル（レベル1とレベル2）の階層は，個人の安全の問題に関わるだけに，もっとも抵抗しがたい判断形成の要因である。これらのタイプの判断は，陪審員による判断形成に対して無意識のうちにも不公正な影響を及ぼすもっとも大きな潜在要因である[4]。中間レベル（レベル3とレベル4）は，陪審員の核となる価値観や信念により影響を受ける判断を含んでいる。そうした判断のうちのいくつかは文化的または社会的なものであり，その他は個人に由来するものである。もっとも高いレベルの判断形成であるレベル5は，論理と合理的根拠であり，我々がそれらを使用することは想像するよりもずっと少ない。

A レベル1：生存に対する現実または想像上の脅威

陪審員が，現実のものであれ想像上のものであれ，自らの生存に対する脅威を感じるときはいつでも，彼らは即座にそして無意識のうちに，その脅威から自分自身を守ろうとする反応を示す。人は誰しも，1秒にも満たないうちに脅威に反応する能力を備えている。それは，意識的にそれに気づくよりもずっと前に，EEG（脳電図）で検出できる反応である[5]。これは何も驚くことではない。なぜなら，「進化は，生きのびるために，我々の置かれた環境で，我々が素早く刺激に対して反応することを求めたからである。興味深いことに，我々は捕食者に対してだけでなく，情報自体に対しても闘争・逃走の反射神経を働かせている」[6]。言い換えれば，我々の基本的な生存の能力は，潜在的な捕食者からだけでなく，脅威となる情報からも同様に我々を逃避させるのである[7]。

陪審員は，この基本的な人間の緊急反応（「フリーズ，闘争，逃走」という反応）にはほとんど逆らえない。なぜなら，彼らの最優先事項は，彼ら自身の身の安全だからである。このことは，彼らを脅かす害悪が想像上のものである

ときや，他の誰かに対するものであるときでさえそうなのである。このような理由で，彼らは，自分自身の根源的な恐怖や感情のレンズを通して，我々の主張する事実を検証するのである[8]。彼らは，他の人に起こった悪いことを耳にしたとき，自分自身が脅威にさらされているように感じる傾向にある。

　たとえば，傷ついた原告の窮状を耳にすることは，同様に傷つけられるかもしれないという思いから，陪審員を精神的に「逃避」させるであろう。彼らは，もし自分たちが原告の置かれた状況にあったとしたら，どれくらいうまく振る舞えただろうかと想像することによって，原告と同様の結末に苦しむという恐怖を，無意識のうちに和らげようとするであろう。この反応は，原告の主張の根幹部分に対する陪審員の受け止め方に，原告側に不利な形で影響を及ぼし得る。

B レベル2：公正世界信念とコントロール幻想

　我々はみな，正義や善良であることが常に勝利をもたらす世界に住んでいることを，深くそして絶えず信じる必要がある。それはすなわち，善行や善人が報われ，悪行や悪人が報いを受ける世界である。この公正世界信念と呼ばれるものは，単に原告が被害から自分を守ることができなかったという理由によって，原告には何か「悪い」ところがあったにちがいないということを陪審員に無意識のうちに仮定させるという形で，法廷においてその姿を現す傾向がある。彼らは，（彼ら自身のような）「よい」人間は，公正社会において結果を予測してコントロールできるはずだと密かに信じており，こうした心理的な傾向は，コントロール幻想と呼ばれている。我々が前もって，効果的にそれらを中和できない限りは，これらの無意識のうちになされる仮定は，傷ついた原告に対して明らかに不利に働くことになる。

C レベル3：社会的および文化的な信念とバイアス

　レベル3の階層は，共有された社会的および文化的な信念，バイアス，そして陪審員がその人生を通じて獲得した価値観を含んでいる。陪審員のほとんど

は気づいていないが，生得的ではないとはいえ，ある文化になじむことは，陪審員による証拠の受け止め方に強い影響力を持つ。バイアスが全員で共有されているとき，我々が自分自身のバイアスを正しく認識することは困難である。厳格な独立心，富の獲得，個人の責任に関するアメリカ人特有のバイアスは，救われるべき原告が自分の損害は回復されるべきだと陪審員を説得することを，より困難にしている。

D レベル4：「ヒューリスティックス」

　ヒューリスティックス，すなわち人がより素早く効率的に判断をなすためにしばしば用いる心的なショートカットあるいは経験則は，ほとんどすべてのレベルの判断形成に影響を及ぼす。より深く考慮することが適切な状況のときでさえ，陪審員はしばしばこの種のスリム化された判断形成を頼りにする。残念ながら，陪審員が公判で提示された証拠を整理し，要約するためヒューリスティックスに頼るとき，とくにもし証拠が膨大だったり複雑だったりすると，彼らは，一貫性や予測可能性から生じる思考の誤りによる影響をより受けやすい。そして，そうしたことは，我々の主張に対する彼らの受け止め方に大きく影響を及ぼすであろう。

E レベル5：認知的推論への傾注

　判断形成におけるもっとも上位の階層は，論理と合理的根拠である。これは，判断形成レベルの最後の手段であることが多い。そうした真剣な思考や努力が必要になるような選択は，人生においてほとんどない。実際，無限の認知的容量を持つ者はいないのだから，判断の大小にかかわらず，もっとも高いレベルの階層で人があらゆる決断を下すことは不可能である。公判が進むにつれて証拠に対して積み重ねられるすべての判断に，陪審員が細心の注意を払うということは期待できない。こうした事情はあるにせよ，より困難な，あるいは，より複雑な情報を処理するために，陪審員がヒューリスティックスに頼るときには，判断形成の質が悪化する可能性が常に存在するのである。

II 階層性の使用

　陪審員にとって，民事事件において責任の所在を明らかにすることは，刑事事件において責任の所在を明らかにすることと同じくらい容易であるというわけではない。危害が計画的あるいは意図的に加えられることは，まれにしかないためである。このことは，説得責任を果たすことを本質的により困難なものにする。我々は，陪審員が我々の示した合理的根拠に基づいて責任の所在を明らかにしてくれることを望むが，彼らはそのようにはできない。彼らは彼ら自身の合理的根拠に基づいて行動することを必要としており，それはしばしば我々の考えとは異なっている。我々の仕事は，陪審員にとって「正しい」と思える合理的根拠に基づき，彼らが「正しい」ことをできるように彼らを助けることである。

　我々は，陪審員の考え方を変えることはできないが，彼らに考えてもらいたい事柄を変えることはできる。もし我々が，彼らの心や記憶がどのように機能しているかを理解すれば，陪審員はどういった事実をもっとも説得的だと考えるのか，そしてそれはなぜなのかについて，我々はよりよく判断することができる。最終的に，我々は彼らに正しいことをするように説得することができるであろう。しかし，それはいつでも合理的根拠や論理に訴えかけることによってなされるわけではない。

　我々は，思考の根幹をなす知覚と記憶についての検討から旅を始めることにする。それから次に，「判断形成の階層性」の各レベルが，どのように陪審員の思考に影響するのかについて検討する。最後に，冒頭陳述と最終弁論を例として用いながら，これらの手法を公判に適用する方法を学ぶことにする。

注

1) Jon Germer, *Why Isn't the Brain Green?*, N.Y. TIMES MAG., April 19, 2009, at MM 36, 43 (*quoting* Elke Weber).
2) *The Last Word: Made-Up Minds*, THE WEEK 48-49 (May 20, 2011).「確証バイアス」については第5章でより詳細に議論する。
3) この階層性は，第4章で議論するマズローの階層ピラミッドと類似している。

4) Norbert L. Kerr et al., *Bias in judgment: Comparing Individuals and Groups*, 103 PSYCHOL. REV. 687, 687-89 (1996).
5) *The Last Word, supra* note 2, at 48.
6) *Id., quoting* Arthur Lupia, a political scientist at the University of Michigan.
7) *Id.*
8) Kerr et al., *supra* note 4, at 687-89.

第 2 章

百聞は一見にしかず：
法廷における知覚と情報処理入門

陪審員は，ありのままではなく彼らが思うように世界を見る。
陪審員は，ありのままではなく彼らが思うようにあなたの主張を理解する。
我々は，ありのままではなく我々が思うように自分たちの主張を理解する。我々はみなバイアスを持っている。[1]

I はじめに

　事案は，事実そのものに基づいて判断されるのではなく，陪審員によって知覚された事実に基づいて判断される。それゆえ，有能な弁護士たる者は，最終的には陪審員の知覚からもたらされる評決に対して影響を及ぼすために，陪審員の知覚に対して影響を及ぼす術を心得ていなければならない。

　弁護士のほとんどは，説得的なコミュニケーションが弁護活動において不可欠な要素であることを理解しているので，コミュニケーション能力を改善するために懸命に取り組んできた。しかし，説得の現実的な有効性は，公判で証拠が提示されているときに，陪審員がどのようにそれを受け止め，整理し，記憶しようとするのかを理解することにかかっているといえよう。言い換えれば，我々は，陪審員はどのような思考をし，彼らは何について考える可能性があるのか，そしてそれはなぜなのかを理解する必要がある。

　我々が「思考」と呼ぶ，この本来は基本だけれども複雑なツールは，法廷において我々の有利にも不利にも作用することがある。陪審員の過去の経験や，記憶しやすさ，イメージしやすさ，あるいは，似たような例の想起しやすさについての知識に基づいて，陪審員が証拠についてしがちな推論や結論を，強調したり抑えたりする方法で我々の主張を述べることにより，我々は飛躍的に弁護の質を高めることができる。

　心理学者やその他の社会科学者たちは，我々の脳がどのように情報を受け止め，整理し，そして記憶するのかについて研究してきた。それらの研究は，人間の知覚と記憶が本質的に不完全であることを明らかにしている。我々はみな，すでに真実だと信じていることや真実だと信じたいこととの間で整合性をとるために，無意識のうちに知覚と想起を操作している。その結果，知覚と記憶は，

必然的に主観的で，しばしば不正確であり，おおむね自分にとって都合のよいものとなるのである。

　陪審員が証拠に耳を傾けるとき，彼らは，事実についての推論と結論を，過去の経験やどれくらい容易に類似の情報や出来事を思い起こすことができるかといったことに基づいて，本能的に無意識のうちに導き出す。その点を考慮して，我々は，実際の陪審員が我々の主張に関して導き出しそうな推論や結論を，強調したり抑えたりすることによって立証を構築すべきである。当然，これは口でいうほど簡単なことではない。

　陪審員は，我々の主張する事実をそれぞれ異なった形で知覚し，記憶する。それゆえ，多様な陪審員がそれらの事実をどのように受け止め，整理し，思い出すかについて，予測をすることは，我々にとって困難である。にもかかわらず，我々は，陪審員が証拠に対してどのように反応しようとするかについて，ある程度の初歩的な予測判断を行える必要がある。なぜならば，彼らの共有された知覚と記憶は，どんなに不完全だったり，誤っていたりしても，あらゆる評決の基礎を形成するからである。

　幸いにも，心理学者によれば，すべての人間が共有している重要な心理的な構成要素が，いくつか存在するという。それらの構成要素は，陪審員が評価するよう求められた証拠に彼ら自身に深くしみ込んだバイアスや先有概念を投影すべく作用する。もしも，これらの心理的な構成要素がどういうもので，それらがどのように陪審員の判断形成に影響を与えるのかを知ることができるならば，我々は，陪審員の不正確な知覚と記憶という根本的な問題に，これまでよりもはるかに効果的な方法で対処することができる。

　フォーカスグループインタビューの実施は，将来陪審員になるかもしれない人々が事件の証拠をどのように受け止めるのかを知るための，もっともすぐれた方法である。しかし，フォーカスグループインタビューには費用がかかり，すべての事件で費用に見合うわけではない。このことからすれば，弁護士にとっては，陪審員が特定の係争事実についてどのように考え，反応するのかに関して，少なくとも極めて基本的なレベルについて理解しておくことが，いっそう重要なものになる。知覚についての初歩的な知識を用いて，我々が「思考」と呼んでいる，この基本ではあるが複雑なツールの不思議を明らかにしていくこ

とを始めることにしよう。

II 法廷における知覚

　知覚，記憶，注意は，思考の構成要素である[2]。これらの構成要素はそれぞれ多くの意識的または無意識のうちに作用する要因によって影響を受ける。我々は，弁護士として，陪審員の思考に影響を及ぼす，この無意識のうちに作用する要因に対して，とりわけ注意を払う必要がある。なぜならば，この点にこそ説得の真の効果がある可能性があるからである。これらの無意識のうちに作用する要因は，より低いレベルの判断形成の階層を構成している。

　知覚とは，人が五感を通して情報を取り込み，そして即座にその意味を理解しようとする無意識のうちになされる処理であると，おおよそ定義できる。社会的知覚は，他者を理解し，その人自身やその人の行動についての判断をするために，我々がそうした情報をどのように用いるのかということに関わっている。（社会的知覚は，第6章の帰属バイアスの節において，より詳しく検討される。）

A 知覚から認知へ

　知覚の瞬間，我々は，知覚したものを理解するために，すぐさま無意識のうちにそれをカテゴリ分けしようとする。我々は，知覚した内容を，何もしない形のままでは処理できないので，少なくとも我々にとってそれらが意味することを理解するためには，原則的に知覚した内容を「翻訳」あるいは解読しなければならない。このようにして，我々は知覚から認知へと移るのである。

　知覚から認知への変化の過程はさまざまな事柄によって影響を受ける。すなわち（1）人生経験，（2）性格，（3）我々が育てられた文化，（4）期待，（5）動機づけ，（6）ある事柄が知覚される文脈である[3]。これらの知覚の性質は，我々の思考と判断形成に強い影響力を持っており，これらを変えるために我々ができることはほとんどない。

知覚をより効率的に処理するため，我々は，これまでに見たように，心的なショートカットあるいは一般的な経験則であるヒューリスティックスに大きく依存している。その際，我々は，自分が目にすることと予期あるいは希望していることとの間で整合性をとるために，無意識のうちに知覚を操作している[4]。また我々は，世界やそこに住むあらゆる人々について当てはまると以前から信じている，あるいは信じたいと思っていることを裏づけてくれる知覚だけを記憶している傾向にもある[5]。（このレベル4の階層は，第8章で検討される。）

　これこそが，2人の人間は同じ情報や出来事を知覚したであろうにもかかわらず，それに対してそれぞれが全く異なった反応をする理由である。我々の目的に照らしてさらに重要なのは，これこそが，2人の陪審員は同じ証拠を見聞きし得たにもかかわらず，「事実」についてそれぞれが異なった知覚をなし得る理由だという点である。陪審員は知覚から認知へ移っていることに全く気がついていない。そのため，その過程での自分自身の知覚の誤りにもやはり気づかないのである。このことは，他の陪審員がなぜ同じ情報を異なった形で知覚するのかを，彼らが理解することを困難にしている[6]。

　心理学者のクルト・レヴィンは，はじめて，我々を取り囲む心理的環境と，客観的現実の存在する非心理的世界との区別を行った。人は，主観的な心理的環境から決して逃れることができない。それゆえ，我々はいつも主観的現実と客観的現実とを区別することができるとは限らないのである[7]。

　証拠に対する各陪審員の知覚は，たとえば個人の経験，感覚器の容量，性差，年齢，人種，民族性，文化，家族，政治，宗教，知能，教育などたくさんの変数（レベル3の階層からなる信念やバイアス）によって影響を受けるだろう。それゆえ，もっとも誠実で善良な陪審員でさえ，無意識のうちに自分たちの知覚を操作し，自分が持っている「現実」という概念や物事のあるべき姿に，それをうまく落とし込もうとすることに，我々は注意しなければならない。その結果として，「事実」は，その本質において，かなり個人的で，当然に主観的で，ときに歪められた一個人の知覚でしかなくなるのである。

B 「事実」を知覚するのか体験するのか

　我々は，自分たちに固有な形で世界を知覚するだけではない。我々は，世界をそれぞれ異なった形で体験してもいる。48年間にわたる来談者中心カウンセリングの実践の後，心理学者のカール・ロジャースは，ある出来事をどのように経験するかが，その出来事に対してその人が将来どのように応答するのかを決定づけるということを学んだ。ロジャースは，我々の思考，感覚，行動は次の3つの要素から作られる1つの作用であると結論づけた。その3つとは，(1)固有かつ主観的な人生経験，(2)頭の中でこれらの経験をどのように知覚し分類するか，(3)自分自身をどのように知覚するか，である[8]。

　性格，感覚器の容量，個人差もまた，我々が人生を非常に異なる形で受け止め，経験する理由を説明するのに役立つ。たとえば，リンゴの木を見たとき，我々のほとんどには青葉に抱かれた赤く輝くリンゴが見えるであろうが，1型2色覚の人には，青リンゴと青葉が見えるだけかもしれない。ある人たちはカントリー音楽の音や生マグロの味を好むかもしれない。しかしながら，我々は，他の人がこうした特定の感覚を共有できないことに気づいても驚かないはずだ。

　公判において，我々は，多様な陪審員が証拠について同じ結論に至ることを期待する。しかしながら，それは起こり得ない。なぜならば，各陪審員は証拠を異なる形で受け止め，解釈し，経験するからである。その結果，その事件の「本当の事実」とは何かについて，陪審員全員が合意することは困難なものとなろう。

　どのように我々の心が働くのかを考えると，「事実」を確認したり定義したりすることは，本質的に難しい。それにもかかわらず，事実というものは，依然として法廷において強い力を持っている。一般的に証拠規則は，ほとんど例外なく，我々の立証が事実に基づくことを要求する。とりわけ，専門家や非法律家の証人の意見はそうである。各陪審員は同じ情報を受け取るけれども，それを同じようには解釈しないであろうことを考慮すれば，どの事実を提示し，いかにしてそれらを適切に構成して順序づけるかを決定することは，いっそう複雑な仕事になる。

　たとえば，株式のブローカーをしている陪審員は，同じ評議体のソーシャル

ワーカーをしている陪審員と比べて、証券詐欺の事件での証拠に対して全く異なった解釈をするかもしれない。同様に、とりわけ男性の陪審員は女性の陪審員と比べて、危険な行為に対して異なる受け止め方をする傾向にあるため、医療過誤の事件に対する女性看護師の視点とバイクを取り扱う男性セールスマンの視点は、同じものにならないだろう。我々弁護士の仕事は、非常に限定された情報に基づいて、陪審員による証拠の様々な解釈が、どのように我々の主張に影響するのかを予測することなのである。

自分たちで、あるいは陪審員コンサルタントの助けを借りて、フォーカスグループインタビューを行うことによって、特定のコミュニティの陪審員が証拠をどのように解釈しようとするのかについて、一定の洞察を得ることができる。陪審員は人前で尋ねるよりも書面で尋ねた方がより正直なので、陪審員へのアンケート調査もまた有益である。しかし、ほとんどの陪審員は公開の法廷で、バイアス、信念、意見について議論をしたがらないので、予備尋問において我々に与えられた陪審員との限られた対話時間は、公判での主張のために必要な類いの情報を引き出すのには、およそ十分なものではない。

C 説得への抵抗

人はみな、情報を知覚して解釈するにあたってはその人固有の方法を持っていることから、説得、あるいはいわゆる社会的影響行動といったことをされることに対して、抵抗する傾向がある[9]。我々の意見は我々自身のものであり、我々はそれを心に抱き続けるものである。古いことわざにあるように、「意に反して説得されても、人の意見は変わるものではない」[10]。

同じことは、陪審員についてもいえる。もし我々の証拠が、彼らの核となる価値観や信念と衝突するようであれば、考え方を変えるように彼らを説得することはほとんど不可能であろう[11]。

公判が始まるとすぐに、各陪審員は、意識的にも、無意識のうちにも入力された感覚データ（証拠）の信頼性や重要性について評価し始める。見ること、聞くこと、評価することは、相互に独立した排他的な心的過程ではない。それらは密接に関連しており、基本的に同時に生じる[12]。そのため、陪審員は、

長時間にわたってバイアスを持たないままでいることが，本質的に困難であると気づくことになる。彼らが行う質的な判断の多くは，意識的な思考や適切な文脈もなく，早い段階で行われることから，誤りである可能性が非常に高いことになる[13]。

　陪審員の証拠，訴訟の当事者，弁護士に対する最初の知覚は，彼らがそれを変えることに対して非常に大きな抵抗を感じるため，どんなに不正確であったとしても，影響力がとても大きい。陪審員があることについて彼らの知覚や考え方を変えようと意識的な努力をするときでさえ，以前の考え方が記憶に残っており，彼らの主観的な判断と行動に影響を及ぼし続ける[14]。このため，公判の終わりには，陪審員は，おそらく彼らが冒頭で信じた事柄と同じものを信じようとしているであろう。しかし，全くなす術がないというわけではない。我々は，彼らのしそうな証拠に対する知覚と反応を織り込んだ公判戦略をとることができるのである。

D 陪審員の知識と信念に結びつけることで抵抗に打ち勝つ

　心理学の研究は，人の知覚にはいつも隙間，不正確さ，曖昧さがあり，人は知識と経験に基づいて推論と結論を導き出すことで，無意識のうちにそれらの整合性をとっているのだということを明確に示している。もしも，知覚を何かなじみのあるもの，つまり我々がかねてから知っている，覚えている，あるいは固く信じているものと結びつけるか，心的に関連させることができなかったならば，人は以下の2つの処理のうちのどちらかをしようとする傾向がある。すなわち，(1)人は，単純にそれらの知覚の処理をしないかもしれない。つまり，人は，それらを完全に無視するかもしれない。あるいは，(2)人は，自分が今現在信じているあるいは信じたいと願う事柄との整合性をとるために，無意識のうちに知覚を修正してしまうかもしれない。

　このことは，もし陪審員が証拠の重要な部分についての知覚を何かなじみのあるもの——つまり真であると彼らがすでに知っている，あるいは信じているもの——に関連づけることができないとすれば，彼らは，その気に入らない証拠を無視するか，あるいは，持っている信念やバイアスとの整合性をとるため

に，それを修正してしまうかのいずれかを行うことを我々に伝えている。我々は，証拠に大きな隙間を残さないことによって，この現象が起こるのを防ぐことができる。あらゆる証拠の隙間は，陪審員が知らないことや言及されなかったことを，自身の推論，解釈，個人的なバイアスで補完するように導く。そして，それらは必然的に我々の主張に対する彼らの受け止め方を歪曲させる。

　たとえば，子どものいない陪審員は，専業主婦の母親は子どもを世話したり守ってあげたりする以外に，することがほとんどないと想像しているかもしれない。もし我々が，家の裏庭で隣人の犬に噛まれた幼児の母親の代理人であるならば，我々は，被告である犬の飼い主の過失についてだけでなく，依頼者である母親に過失がないことについても，同様に証明する証拠を提示する必要があろう。そうでなければ，陪審員は，子どもの被害を防ぐために母親ができた，あるいはすべきだったことについての個人的な思い込みによって，この証拠の隙間を補完してしまうであろう。そのため，陪審員は，自分自身の信念やバイアスと事件の事実との整合性をとるために，犬の飼い主よりもむしろ母親を非難するようになってしまうであろう。

III 判断の基盤：法廷における情報処理と推論

　多くの情報処理の手法は人間の意識レベル以下で作用するため，人はみな，自分でも完全には理解していない理由によって判断を形成している。たとえ我々がそうした作用に気づかないとしても，これらの認知処理は，我々の思考やどのように我々が世界を見るのかということに影響するだけでなく，賢明で合理的な判断形成に対しての重大な妨げとなる。

　我々は，一般的に（同時にそれは誤りでもあるが）これらの心理的な作業に対し，「意識的」あるいは「無意識」のいずれかの言葉を用いるのに対し[15]，心理学者は人が行う2つの異なる情報処理方法を説明するために，二重過程理論を提案している。すなわち，(1)自動的処理（「ヒューリスティックス」として知られているもの）と，(2)統制的処理（システマティックな処理として知られているもの）である[16]。これら2つの処理は，異なる種類の心的課題に対

して，それぞれ適合するものである。しかし，実のところ，それらは常に適切に用いられているわけではない。

いくつかの特定の処理方法は，世界についての異なる判断や結論，そして，ときには思考の誤り[17]や判断の失敗につながり得る。弁護人として，我々は，いつどのように陪審員が「自動的な（無意識のうちになされる）」思考の誤りに陥りやすいのかを理解している必要がある。そうすることで，そのことによる潜在的なダメージを最小限に抑える，あるいは，これらの思考の誤りを，公正な結果を得るために自分たちに有利になるように生かす術を見出すことができる。

A 自動的処理

自動的（あるいはヒューリスティックな）処理とは，一部の心理学者が潜在意識と呼ぶものである。それは，人の意識レベル以下で生じる認知的な処理を意味する。自動的処理は，脳の「自動操縦士」なのである。それは，おおよそ呼吸やまばたきのような身体の自律神経機能に相当する心の働きである。最上位のレベル（認知的推論）であるレベル5を除き，判断形成におけるあらゆるレベルの階層が，ある程度自動的処理に頼っている。一般的には，低いレベルであるほど，自動的処理に大きく依存している。

たとえ我々が気づいていないとしても，自動的処理は我々の意識の裏で絶え間なく機能している。それは最小限の心的労力しか必要としないので，情報処理を促進させる。たとえば，我々は，運転中はいつでも，とくに意識することなく，すぐさま赤信号を認識して停車する。これが「自動的な」反応である。

人の認知的な資源は限られているので，人は誰しもある程度の認知的節約家である。人は，四六時中，意識的に自分の感覚や知覚に目を向けていることはできまい。それゆえ我々は，可能な場合はいつでも自動的処理に頼ることで，無意識のうちに「心的な容量」を節約している。その方が，とても速い上に労力を要しないからである[18]。

自動的処理は，4つの顕著な特徴を持っている。それは，(1)我々は自動的処理に気づいていない，(2)我々はそれをコントロールできない，(3)我々はそ

れを無意識のうちに用いている，(4)それは最小限の思考や労力しか必要としないので認知的に効率的である，といった特徴である[19]。自動的処理は，迅速かつ効率的であるため，すべての知覚を全体的で，焦点化されず，構造化されていない経験として単純に符号化することによって，無制限とも思える大量の情報を取り込むことを我々に可能にしている。しかし，そこでは，現実と想像，過去と現在，覚醒と睡眠が十分に区別されていない[20]。

たとえば，我々がディナーのためにレストランに行こうと車を運転しているとして，無意識のうちに普段仕事に行くときの道を通ってしまったせいで，間違った方向へ進んでいるということに，急に気づくといったこともあろう。我々は，この道をとても頻繁に通っているので，無意識にそうするのである。それゆえ我々は，本来の目的地にたどり着くためには，他の道を行くことを意識的に決定しなければならないのである。

陪審員が1日に行う決定の大部分は自動的処理に適しているため，陪審員は自動的処理に大きく依存している。人生における決定のほとんどは単純で，型にはまった，繰り返し行われるものであり，統制的処理を用いることを要しない。マルコム・グラッドウェルが，彼の著書『ブリンク』[21]で主張したように，人は多くの場合，一瞬のうちに（自動的に）正確な判断に思い至る。それにもかかわらず，公判において我々が陪審員に求めるような重要な決定を行う際に自動的処理を用いることは，一般的に適切ではない。

自動的処理は，意図せずに起こるものであり，個々人の経歴，信念，バイアスと密接に結びついているため，もともとが誤りを犯しやすいものである。それが，しばしば問題のある結果が生じてしまう理由である。たとえば，陪審員の中には，制服を着ている証人は普通の服装をしている証人に比べて，より真実を述べそうだと信じるものがいるかもしれない。それは，制服それ自体がいくらかの専門性を伝達するからである。そういった陪審員は，警察官，看護師，あるいは兵士の言動に対して，意識的に自覚することのないまま，自動的に彼らの証言を必要以上に重視するであろう。

B 統制的処理

　統制的（あるいはシステマティックな）処理は，自動的処理とは対極に位置するものである。それは判断形成の階層の頂点に位置する。統制的処理は労力と集中を必要とする。それは，人が抽象的あるいは概念的な推論をなすにあたって用いる心的な処理機能である。それは，人が論理的で熟考された方法で，情報の体系化や解釈をするのに役立つ。我々は，テスト勉強や公判の準備のときに，統制的処理を用いている。二重処理は，人が自動的処理と統制的処理を同時に用いるときや，両者をいったりきたりするときにいつも起こる。

　もっとも知的で，強く動機づけられた人々は，実のところ統制的処理と認知的な労力に慣れ親しんでいる。彼らは，高い認知欲求を持っているので，新情報を処理するときにはいつでも統制的処理に頼る傾向がある。それに対して，認知欲求の低い人は，どうしても強い集中力を持続することを楽しむことができない[22]。彼らは，完璧な答えや結果を探求することよりも，素早く直感的に決定して先へと進むことを望んでいる。言い換えれば，彼らは無意識のうちにも認知的閉鎖へと向かおうとしているのである。

　認知欲求の低い陪審員は，認知欲求の高い陪審員と比べて，ずっと頻繁に自動的処理に頼りがちであろうとの推察には合理的なものがある。自動的処理は，彼らの判断形成を促進するが，同時に，彼らが陥りがちな思考の誤りの回数を増やしてしまいもする。自動的処理は，証拠がある結論を示唆しているにもかかわらず，陪審員を別の結論へと導いてしまうかもしれないのである。（しかしながら，情報について深く考えすぎることもまた，思考の誤りにつながり得るということを示唆する研究もある[23]。）

　当然ながら，我々は，陪審員が判断形成を行う前に，慎重かつ注意深く証拠を検討することを望んでいる。彼らが重要な情報に対して細心の注意を払わないのならば，彼らがそれを完全あるいは正確に想起する可能性はあまりない。言い換えれば，重要な情報を無視する，あるいは，選り好んでしか注意を向けないといったとき（それは同時にも起こり得るし，別々にも起こり得るが），陪審員はより思考の誤りに陥りやすいのである。

　陪審員の思考の誤りを最小限にするために，我々は自動的処理と統制的処理

の両方が働くように,様々な方法を用いて,もっとも重要な証拠を提示すべきである。適切にキーポイントを強調したり,繰り返したりすることは,陪審員がより効果的に証拠を処理することを助け,我々のメッセージを陪審員全員に届けることにつながる。そして,それを受け取った陪審員はそれぞれ,公判の種々の合間に,前述の処理を,単独あるいは組み合わせて用いている可能性がある。

C 動機づけられた推論

「推論」の過程をカテゴリ分けするにあたっては,多くの方法がある。それらは,人が頭の中で議論を組み立て,それを評価し,結論に至る過程であると定義される[24]。様々な種類あるいはカテゴリの推論が存在しており,それらはすべて,判断形成における階層の頂点に位置している。我々のほとんどは,**演繹的推論**と**帰納的推論**に慣れ親しんでいる。演繹的推論は,大まかにいえば,個別の例から結論を引き出すこと,あるいは一般化を行うことであり,それに対し,帰納的推論は,ちょうどその反対のことである。しかしながら,我々の目的にとってより重要なのは,また別の種類の推論である。すなわち,**動機づけられた推論**である。

人は,自分の判断が (1) 重要で,(2) 不可逆的で,(3) それについての責任が自分にあると考えるならば,正確な結果にたどり着こうと,より多くの時間と労力を投じるであろうということを,種々の研究が示している。我々としては当然,バイアスや個人的な動機づけに比較的とらわれない判断を生み出す傾向にあるという点において,公判において陪審員が動機づけられた推論を用いるように働きかけたいところである[25]。しかしながら,上記の構成要素が欠けているときには,陪審員は,公平であり先入観があってはならないにもかかわらず,個人的な目的や動機に基づいた非常に原始的な判断形成を行う傾向がある[26]。それゆえ,我々にとって重要なことは,陪審員に,その証拠に見合うだけの熟慮を行うように働きかけることなのである。我々は,彼らの決定が,我々自身にとって,依頼者にとって,そして地域社会にとって,いかに重要であるのかを予備尋問の冒頭に陪審員に伝えることで,彼らに動機づけられた推論と

統制的処理の使用を促すことができる。

　この事件は，私の依頼者であるスーザン・ミラーにとって非常に重要なものです。彼女には，裁判所に出廷し，同じ地域社会のメンバーによって事件に判決を下してもらうチャンスが，たった一度だけしかありません。彼女の弁護士として，私に課せられた使命は，この陪審員席に座っている全員が，ミラーさんに対して公平な存在であろうとされていることを確認することです。[もし我々が陪審員にどちらの側にも公平であることを求めたならば，彼らは我々を心から信用することはない。]ジョーンズさん，あなたはミラーさんに対して，可能な限り公平であろうとしてくださることを，我々と約束していただけますか？

　このアプローチは，事件の重大さと事件が2度審理されることはないという事実を強調している。

　最終弁論の冒頭には，我々は，陪審員が行う決定の重要性を改めて述べるべきである。また，陪審員には，評議において証拠に基づき自らの立場を仲間の陪審員に納得させる必要があることについても，彼らに警告すべきである[27]。

　我々の暮らすこのすばらしい国には，あなた方のような善良な市民が大きな影響力を行使することのできる場所が2つあります。それはすなわち，投票箱の前と陪審員席です。あなた方は，まさに今日このとき，非常に重要な職務についているのです。そして，私は，あなた方がその役目を十分に果たしてくれると確信しています。

　この公判の最後に，裁判官は，あなた方に陪審員室に戻り陪審員長を選ぶよう説示するでしょう。陪審員長の仕事の1つは，あなた方1人1人が，証拠についての自分の意見を述べ，こうあるべきだと考える公正な結果を仲間の陪審員に伝える機会を，確実に持てるようにすることです。

　ほとんどの陪審員は，人前で話すことに不安を感じる。そのため，彼らは，話す順番が来たときに，陪審員室で居心地の悪い思いをするのを避けるために，証拠に対してより深く注意を払おうとする。また，このことは，予備尋問においてなされた約束の責任を，お互いに課すことを陪審員に促しもする。

IV 陪審員の適切な情報処理への援助

　統制的処理と動機づけられた推論を促す我々の精一杯の取り組みにもかかわらず，陪審員は多くの判断形成を自動的に行おうとする。認知的な労力がほとんど必要ないがために，自然状態ともいえるもっとも低いレベルの階層の判断形成になってしまうのが，まさに人間というものである。

　幸いにも，この自動的処理がもたらすバイアスや思考の誤りは比較的予測可能なものなので，我々にとってこの現実は修正可能なものである。自分たちの主張を陪審員が持つ信念やバイアスと結びつけることによって，我々は，不適切な自動的処理による悪影響を最小限に留めることができるのである。すなわち，我々の知り得た陪審員の経歴や人生経験と，彼らの心や記憶がどのような働きをするかについての基本的な理解とを結びつけることができれば，我々は，証拠提示のもっとも説得的な方法を導き出すという自らの使命を相当程度合理的に果たすことが可能となる。言い換えれば，我々は，陪審員がもっとも低いレベルの判断形成の階層において決定を行う場合にさえ，依頼者にとっての公正な結果を得るために，予測可能なバイアスや自動的処理によって引き起こされる思考の誤りを抑えることが可能なのである。

　この後の章では，陪審員が公判で提示される情報を処理するために一般的に用いる，ほかのいくつかの重要な思考の手法について見ていく。我々は，まずどのように記憶が作用するのかを学ぶことから始める。その次に，知覚を自分たちが強固に抱く信念や自己イメージと一致させるために，陪審員がなぜそしてどのように無意識のうちに彼らの知覚を修正するのかについて検討する。また，我々の主張に沿って示される証拠に関して陪審員がなすであろう推論や引き出すであろう結論について，その恩恵を最大限にし，その悪影響を低減させる主張の構築方法についても検討を行う。最後に，最終章では，実際の冒頭陳述と最終弁論の文脈において，これらのテクニックの実践例を紹介する。

注

1) ERIC OLIVER, FACTS CAN'T SPEAK FOR THEMSELVES 1 (2005) (Anais Nin を改変) を参照。なお，本書を通じて，弁護士は「我々」，陪審員は「彼ら」と記述する (訳注：翻訳にあたっては，日本語としても読みやすくなるように，適宜，表現を選択した)。
2) ELIZABETH STYLES, ATTENTION, PERCEPTION AND MEMORY: AN INTEGRATED INTRODUCTION (2005).
3) SUSAN T. FISKE, SOCIAL BEINGS: CORE MOTIVES IN SOCIAL PSYCHOLOGY (2010).
4) THOMAS GILOVICH, HOW WE KNOW WHAT ISN'T SO: THE FALLIBILITY OF HUMAN REASON IN EVERYDAY LIFE (paperback ed. 1993).
5) IRVING KIRSCH, HOW EXPECTANCIES SHAPE EXPERIENCE (1999).
6) GILOVICH, *supra* note 4; Charles G. Lord et al., *Biased Assimilation and Attitude Polarization: The Effects of Prior Theories on Subsequently Considered Evidence*, 37 J. PERSONALITY & SOCIAL PSYCHOL. 2098 (1979).
7) KURT LEWIN, PRINCIPLES OF TOPOLOGICAL PSYCHOLOGY (1936); Kurt Lewin, *Field Theory in Social Science* in SELECTED THEORETICAL PAPERS (D. Cartwright, ed. 1951).
8) CARL R. ROGERS, CLIENT-CENTERED THERAPY: ITS CURRENT PRACTICE, IMPLICATIONS AND THEORY (1951); Carl R. Rogers, *In Retrospect: Forty-Six Years*, J. AM. PSYCHOL. 115-23 (1974).
9) JACK W. BREHM, A THEORY OF PSYCHOLOGICAL REACTANCE (1966).
10) Samuel Butler による次の詩を言い換えたものである。*Hudibras: The Third and Last Part*, 11. 547-50 (1694). この詩は，「意思に反して従っている者には今も自分自身の意見がある」と読むことができる。
11) *See, e.g.*, Eric S. Knowles & Jay A. Linn, *Approach-Avoidance Model of Persuasion: Alpha and Omega Strategies*, in RESISTANCE & PERSUASION, 117-48 (Eric S. Knowles & Jay A. Linn, eds. 2004); John V. Petrocelli et al., *Unpacking Attitude Certainty: Attitude Clarity and Attitude Correctness*, 92 J. PERSONALITY & SOC. PSYCHOL. 30 (2007).
12) David Brooks, *The Emotions of Reason and Morality*, WINSTON-SALEM JOURNAL, Apr. 9, 2009, at A7. *See also* D. Carlston, Impression Formation and the Modular Mind: The Associated Systems Theory, in THE CONSTRUCTION OF SOCIAL JUDGMENTS 301 (Leonard L. Martin & Abraham Tesser, eds. 1992) (外見，社会的地位，特性，見立て，関係性，評価，行動反応，物事に対する志向性，感情など，ある人について我々が見て取るさまざまな形態の情報が，記憶の中で同時に思い浮かぶことを主張している。それらの違いは，印象，判断，行動の報告に影響する)。
13) Daniel T. Gilbert et al., *When Comparisons Arise*, 69 J. PERSONALITY & SOC. PSYCHOL. 227-36 (1995).
14) Richard E. Petty et al., *Implicit Ambivalence from Attitude Change: An Exploration of the PAST Model*, 90 J. PERSONALITY & SOC. PSYCHOL. 21-41 (2006).
15) 「無意識」や「潜在意識」という用語は，今日，心理学の文献ではほとんど用いられない。これらの用語は「自動的」や「意識レベル以下」といった表現に取ってかわられた。「統制された」心的な過程は，これとは正反対のものであり，意識的で意図的な思考と同義である。
16) SHELLEY CHAIKEN & YAACOV TROPE, DUAL- PROCESS THEORIES IN

SOCIAL PSYCHOLOGY (1999).
17) Steven J. Sherman et al., *Social Cognition*, 40 ANN. REV. PSYCHOL. 281 (1989); SUSAN T. FISKE & SHELLEY E. TAYLOR, SOCIAL COGNITION (2d ed. 1991).
18) FISKE &TAYLOR, *supra* note 17.
19) John A. Bargh, *The Four Horsemen of Automaticity: Awareness, Efficiency. Intention, and Control in Social Cognition*, in HANDBOOK OF SOCIAL COGNITION VOLUME 1: BASIC PROCESSES 1, 2 (Robert S. Wyer Jr. & Thomas K. Srull, eds., 2nd ed. 1994). 自動的処理と統制的処理が，それぞれ低いまたは高いレベルの認知的な精緻化と呼ばれることもあることには注意されたい。
20) Charles J. Brainerd & Valerie F. Reyna, *Fuzzy Trace Theory: Dual-Processes in Reasoning, Memory, and Cognitive Neuroscience*, 28 ADVANCES IN CHILD DEV. & BEHAV. 41 (2001); Valerie F. Reyna & Charles J. Brainerd, *Fuzzy-Trace Theory: An Interim Synthesis*, 7 LEARNING & INDIVIDUAL DIFFERENCES 1 (1995).
21) MALCOLM GLADWELL, BLINK: THE POWER OF THINKING WITHOUT THINKING (2005).
22) John T. Cacioppo & Richard E. Petty, *The Need for Cognition*, 42 J. PERSONALITY & SOC. PSYCHOL. 116, 130 (1982).
23) Zakary L. Tormala et al., *Ease of Retrieval Effects in Persuasion: A Self-Validation Analysis*, 28 J. PERSONALITY & SOC. PSYCHOL. B ULL 1700-12 (2002).
24) DOUGLAS A. BERNSTEIN ET AL., PSYCHOLOGY 290 (8th ed. 2008).
25) Daniel W. McAllister et al., *The Contingency Model for the Selection of Decision Strategi.es: An Empirical Test of the Effects of Significance, Accountability, and Reversibility*, 24 ORG. BEHAV. & HUMAN DECISION PROCESSES, 228-44 (1979).
26) *Id.*
27) Ziva Kunda, *The Case for Motivated Reasoning*, 108 PSYCHOL. BULL. 480-98 (1990).

第3章

記　憶

I はじめに

　いかなる評決においても，それが正確なものとなるかどうかは，証拠を理解し，記憶する陪審員の能力に左右される。しかし，人の記憶は不安定で，不正確で，選択的で，しばしば不確かなものである。人生に対する姿勢は必然的に自伝的なものとなるため，人はまさに自分自身の言葉によって物事を記憶する傾向にある。それゆえ，記憶もまた非常に個人的なものなのである。実際，自己関連づけ効果の研究によれば，その情報が自己概念にどう関連しているのかを考えるほど，人は情報をよりよく記憶する[1]。つまり，人が何を，そしてそれをどのようにして上手に記憶するのかは，自分自身をどのように考えるのか，自分が何にもっとも価値を置いているのか，そして，どういった人生経験を積んできたのかが，必然的に反映されることになるのである。

　この数十年間，科学者たちは，記憶の謎を解き明かし始めている。人が情報をどのように獲得し，貯蔵し，想起するのかについて，彼らが研究を進めるに従って，多くの共通した情報処理の傾向が明らかになった。種々の記憶がどのように作用しているのかについては，様々な種類の複雑かつ相互に重複した複数の理論が存在するが，本書の目的を果たすにあたっては，もっとも単純なアプローチで十分であろう。

　本章では，公判において陪審員がよりどころとする基本的な記憶の類型の一部について検討する。短期記憶と長期記憶についての検討から始めて，陪審員による証拠の想起を改善する方法についての示唆で結びたい。

A 短期記憶と長期記憶

　短期記憶あるいは作業記憶は，限られた量の情報を短い時間だけ貯蔵するものである。一般的に，人は，情報を操作または実際に用いるにあたって必要な時間だけ，情報を短期記憶の中に保持あるいは「維持」する。そして，いったんその情報が目的を果たすと，その情報が将来的に重要なものとなるかもしれないというように考えない限り，人はたいていそれを忘れてしまう。その場合，

我々がそれを改めて想起するためには，意識的な努力を強いられることになる。

　たとえば，あるレストランにはじめて行って素敵なディナーを楽しんだとしたならば，我々はそのときに注文したメインディッシュを，思い出として心に刻もうとする。その一方で，我々は，おそらくメニューにあるほかの品目については忘れてしまうだろう。なぜならば，我々にとって，それらは全く重要なものではないからである。しかし，もし我々がレストランでウエイターとして雇われているとするならば，毎晩何を出すことができるのかをお客に伝えることができるように，我々は，レギュラーメニューと日替わりのスペシャルメニューをきちんと記憶しておく必要がある。短期記憶から長期記憶へと情報を転送しなければならないため，このことには意識的な努力を必要とする。

　長期記憶は，我々が長期間にわたって必要あるいは重要だと意識した情報を保持している。実際には，作業記憶内のわずかな情報だけが，符号化される，すなわち，長期記憶に転送されるだけである。新しい情報を得た際に，それを心の中でリハーサル，つまり，繰り返さなければ，たいていは18秒程度でそれを忘れてしまうだろう[2]。公正な評決にたどり着くためには，陪審員が証拠を覚えていることが必要とされることを勘案すると，このことは，公判弁護士にとって厳しい現実をつきつけるものであるといえる。

　我々が公判において提示する情報量が，陪審員の短期記憶の容量を超えてしまった場合には，陪審員が思考の誤りを犯す頻度が増える可能性が高くなる[3]。それゆえ，陪審員がより効果的に証拠を記憶に取り込み，それを思い出すことができるよう手助けし，彼らの仕事を容易にしてあげることが弁護士の仕事なのである。

B　情報過負荷（「認知的負荷」）

　公判は，本質的には陪審員にとってストレスを感じさせるものである。陪審員は，大量の新しい情報にさらされることになる。陪審員は，彼らが知らない人々のために，あまり詳しくもない事柄についての問題を解決することを期待されている。陪審員は，理解することが困難だと感じるであろう規則に従うように求められる。しかし，弁護士は，それらの規則がどのようなものかを公判

の最後の最後まで彼らに伝えることさえしない。それにもかかわらず，弁護士は，陪審員が証拠のやりとりについて，後れをとらずについてくることを期待するのである。しかも，たとえ弁護士が上手に証拠を提示できない場合でもそうなのである。

　陪審員の任務は，彼らが単なる消極的な聞き手の役割に追いやられてしまうことによって，いっそう困難なものとなる。彼らは，質問をすることが許可されていない。彼らは，追加の情報を求めたり，証拠のある部分について繰り返すように頼むこともできない。そして，彼らは評議室に戻るまでの間は，陪審員同士で事件について議論することさえできない。この積極的な関与の完全な欠落は，彼らが証拠に十分な注意を払うことをより困難にしている。このことは，公判が非常に長い場合にはとくに当てはまる。

　これらの要因が結びつくことによって，陪審員の判断形成に対してはかり知れない影響が生じる。多くの心理学研究によれば，情報過負荷は，**認知的負荷**として心理学者には知られており，とりわけ意識的な評議が必要とされる場合には，実際に正確な情報処理を妨害してしまうということが示されている[4]。このことは，我々が想像するよりも早い段階で，陪審員が「情報過負荷」を経験する傾向にあるということを意味している。

　弁護士は，陪審員が直面する課題の困難さに感謝し，彼らの記憶と注意の範囲の限界を尊重しなければならない。それらがあるからこそ，陪審員が証拠を理解，処理，記憶する能力を改善するための手法を作り出すことが大きな力になり得るのである。しかし，そのためにまずは，記憶が実際にどのようにして作用するのかについて，基本的な理解をすることが必要である。

C 記憶における符号化の方法

　我々は，情報をコンピューターに「ダウンロード」するのとほぼ同じように，情報を獲得し，それを記憶の中に符号化（入力）する。公判において，一般的に陪審員は3つの方法によって情報を記憶に符号化する。（聴覚による）**音韻的な符号化**は，情報を一連の音として符号化する方法である。それは，まるで我々が自分自身に話しかけているように行われる[5]。**視覚的な符号化**は，我々

が実質的に心の中の目で捉えることのできる画像やイメージとして，情報を符号化する作用である[6]。**意味的な符号化**は，我々が一般的な知識の貯蔵庫に頼り，新しい情報の意味を解釈するときに生じる[7]。我々がどのように情報を符号化するのかということは，我々が何を記憶するのかだけではなく，我々がどれくらい上手にそれを記憶するのかということにも影響を及ぼす。

音韻的な符号化は，情報の短期記憶への転送場面においてもっとも有力な方法である[8]。それは，公判の中で証拠を提示するために用いられる主要な方法でもある。陪審員が証拠に耳を傾ける際，彼らはそこで話されていることを，即座にそして無意識のうちに評価し，それを信じるか，信じないか，無視するか決定する。我々はこの現象を十分に利用し，ペース配分に気を配り，タイミングのよい休憩をとることによって，陪審員に我々が話すことの相対的な重要性をよく考えて評価させることが可能である。そして，それが彼らの記憶容量を増大させることにもなる。

II スキーマ

スキーマ（あるいは「スキマータ」）は，我々が周囲の世界を解釈し理解する上で，物，人，場所，出来事をカテゴリ分けするために，我々が生涯にわたって発達させていく基本的な認知の枠組みである[9]。我々は，スキーマに基づいて情報や過去の経験を体系づけることによって，新しく経験したことをよりよく理解することが可能となる[10]。また，我々のスキーマは，我々がどのように記憶を符号化し，**再構成**するのかを決定づけるものでもある。

スキーマを，我々の脳内において，すべての知識，信念，期待を体系づける心的なファイルフォルダとして考えてみれば，より理解がしやすいかもしれない[11]。情報そのものをそれだけで処理することは不可能なので，我々がそれをカテゴリ分けする際には，必然的に，自分が誰であり，どのように考え，そして，どのように世界を捉えるのかが反映されている。

A スキーマはどのようにして作られるか

　我々は，幼児のときからスキーマを作り始める。各スキーマは，ある行動，表象，心的活動についての1組の知識からなる[12]。我々が，新しい事柄にはじめて接触するとき，我々は，それをスキーマの中に取り込むことによって，この新規の情報，活動，概念を自分の記憶に統合するのである。

　たとえば，幼児ならば，「犬」についてのスキーマ，つまり心的表象がまだ十分に発達していないため，最初すべての四足動物を「犬」としてカテゴリ分けするかもしれない[13]。我々の「犬スキーマ」がより洗練されたものとなるにつれて，我々は犬と猫の違いがわかるようになるのである。さらに，その後で，我々は特定の品種の犬と他の品種の犬を区別することができるようになる。我々が犬についての経験から学ぶにつれて，犬スキーマは，洗練され，ある品種の犬は危険であり（それらはおそらく，過去に唸ったり噛みついたりしたことがあるという理由によって），別の品種は安全である（我々が愛するペットのように）というようなことを含むまでに拡張することになる。

　我々は，特定の行動の方法を学習する際にもスキーマを頼る。たとえば，ボタン穴に通してボタンを留めることについてのスキーマを作り出すことによって，我々はシャツのボタンを留める方法を学習する。バランスをとりながら操縦し，ペダルを漕ぐことについてのスキーマを作ることによって，我々は自転車の乗り方を学習する。我々は，単語や数学の計算についての適切なスキーマを作り出すことによって，読書やかけ算のような心的な活動を行う方法を学習する。

　我々のスキーマは，生涯発達し，変化し続ける。成人期までに，我々は数え切れないほどの非常に個人的なスキーマを作ってきている。2つの心の内容が全く同じということはないし，2人の人間の人生経験が同じということもないため，我々のスキーマはDNAと同様に唯一のものなのである。こういうわけで，2人の陪審員が同じように証拠を受け止め，記憶するということはないのである。

　陪審員は，様々な状況において特定の出来事がどのように展開するものであるのかということや，人々がどのように振る舞うものであるのかということについて，彼ら自身の先有概念（スキーマ）を持っている。たとえば，もし我々

が医療過誤訴訟に関わることになったとすると，陪審員は，医者や患者がどのように振る舞うものであるのかについて，一定の期待を持って法廷にやってくるだろう。弁護士は，それらの期待がどのようなものであるのか，そして，それらが陪審員による証拠の知覚に対して，どのような影響を及ぼす可能性があるのかについて，理解することが必要である。予備尋問の際，弁護士は陪審員にどれくらいの頻度で医者に通っているのか，かかりつけの医者はいるのか，これまでに専門医を訪ねたことはあるのか，医者がどのように振る舞うことを期待しているのか，医者が彼らにどれくらいの時間を費やすことを期待しているのか，医者に関する個人的な経験がポジティブなものか，ネガティブなものか，などを尋ねるべきである。

　陪審員のスキーマが，彼らの証拠に対する知覚に対して，どのような影響を及ぼす傾向があるのかについて，弁護士は，事前のフォーカスグループインタビュー，模擬陪審員への質問紙調査，予備尋問を通じて，検討する必要がある。これらの機会は，我々の依頼者の行動がいかに陪審員の期待に一致し，相手方がいかにそうではなかったかを示す証拠を，弁護士が明らかにし，提示するのに有用である。ほとんどの陪審員は，医者が，根気よく患者の病状の訴えに耳を傾け，患者が容易に理解できるシンプルな言葉を用いて，診断について時間をかけて説明をすることを期待している。その一方で，陪審員は，患者が担当医の指示に従い，定められたとおり正確に薬を飲むことも期待している。

　医療過誤訴訟において，被告である医師の代理人を務めるとするならば，弁護士は，依頼者が，原告の既往歴を調べ，原告からの病状の訴えを聴き，原告に対し詳細な診察をし，さらには，原告が処方薬の服用方法と時間について理解したことを確認するのに，どれほど多くの時間をかけたのかを明らかにする証拠を提示すべきである。また弁護士は，原告が医師の指示に従わなかったということについての証拠も提示すべきである。そうすることで，原告が我々の依頼者からなされた十分な休息をとるようにという指示に従わず，また，彼女のために処方された薬を購入することすらしていなかったということを示すことができる。

　陪審員はみな，ある種の人々，場所，物事についてのよく発達したスキーマを持っている。たとえば，「引っ越し業者」，「裁判所」，あるいは，「芝刈り機」

について，不愉快な経験をしたことのある陪審員たちならば，ただ単にそうしたものに言及するだけでネガティブな反応を生じさせるかもしれない。なぜなら，これらの人々や物事についての彼らのスキーマは，彼らを無意識のうちにも警戒態勢にさせるからである。しかしながら，他の陪審員は，同じ事柄について，全く異なったスキーマを持っている可能性がある。

　我々は，弁護士として，「法廷」について考えるときにはいつでも，法廷というものはこういうものだというような一定のイメージを心の中に持っている。そのイメージは，おそらくは自分たちが多くの時間を過ごしてきた法廷のようなものであろう。一方，我々とは異なる地域の弁護士は，法廷について，我々と同じイメージを持たないかもしれない。しかし，彼らの一般的な「法廷スキーマ」は，おそらく我々自身の持っているものと大きく異なることはなかろう。

　しかしながら，陪審員は，弁護士の持っている「法廷スキーマ」や「弁護士スキーマ」を共有しにくい。彼らが持っている法廷や弁護士のスキーマは，おそらく実際の経験よりも，テレビや映画，ネガティブな宣伝記事によって形成されてきている。それゆえ，法廷とはどういうところで，弁護士はどのように振る舞うのかということについて，陪審員が期待しているものは，実際の法廷や弁護士とは全く異なったものなのである。

　陪審員は我々弁護士を横柄で，高圧的で，不作法だと考えるように条件づけられてきたため，彼らの「弁護士スキーマ」はしばしば実際よりもよくないものである。我々は，常に，礼儀正しく堂々と振る舞うことによって，彼らのネガティブな弁護士スキーマに対抗しなければならない。我々は，よくある弁護士ではなく，どちらかといえば例外的な弁護士として見られる方が好ましいのである。

　弁護士にとって，陪審員のスキーマが，彼らの証拠に対する受け止め方に対して，どのような影響を及ぼす可能性があるのかを検討することは重要なことである。事前のフォーカスグループインタビュー，模擬陪審員への質問紙調査，影の陪審（訳注：陪審員と平行して公判を評価する模擬陪審），そして，もちろん予備尋問においても，これに関する情報を取り出すために我々が利用することのできる機会はたくさんある。これらの機会は，我々の依頼者がどの程度陪審員の期待（スキーマ）に沿う行動をしたのかや，相手方がどのくらいそう

しなかったのかを示す証拠を，弁護士が発見，展開，提示することに役立つ。

B 調節と同化

　既存のスキーマに適合しない何か新しいものに接触した場合に，どのように対処するのかということについて，人はいくつかの選択肢を持っている。第一に，もし相違が大きすぎるのであれば，新しい情報を捨て去り，それについて何も記憶しない可能性がある。第二に，もし我々が適切だと思われる既存のスキーマを持っていないとするならば，我々は新たなスキーマを構築することが可能である。この過程は，調節と呼ばれる[14]。第三に，人は，新しい情報を，その受け止め方を修正することによって，それが本来は属さないところに適合させることができる。この過程は，同化と呼ばれる[15]。新規の情報，経験，あるいは，出来事が一番うまく適合する場所をいったん決定してしまえば，我々は過去の知識や経験に基づいて，それに対して適切に反応することができるようになるのである。

　人は，子どもの頃に調節の過程を通して，新しいスキーマを急速に作り出す。しかしながら，我々のスキーマが，より複雑で専門化したものとなるに従って，この過程は時間をかけてゆっくり進むようになる。大人になると，人は，新規の情報を「調節」することによって，より適切な新しいスキーマを作ることよりも，むしろ無意識のうちに同化を選択する傾向にある。その結果，人は，既存であるとはいえ不適切なスキーマの中に押し込んでしまうことによって，しばしば，新しい情報を操作して，歪めてしまう（同化）。言い換えると，我々は，その形状を変えてしまっているということに明確な自覚のないまま，本来は四角い杭を丸い穴に押し込んでいるのである。これによって，我々は，誤って新しい情報を不適切なスキーマの中にカテゴリ分けしてしまっているために，それに対して不適切な反応をするかもしれないのである。

C スキーマによる弊害の例

　ほとんどすべての人は，サンタクローススキーマを持っている。我々は，サ

ンタクロースが白い毛皮をあしらった赤い服に身を包んだ，陽気で優しく親切な大柄の男性であることを知っている。しかしながら，我々の「サンタスキーマ」が乱された場合，きっと，我々は不意を突かれて，不適切な反応をするであろう。

　先日，前妻に対して恨みを抱いた元夫が，サンタクロースの格好をして前妻の家族のクリスマスパーティに銃を持って現れ，その場にいた家族に向かって発砲する事件が起こった。彼らのほとんどは，「サンタ」が発砲するのを見てショックを受けたため，通常よりも反応時間がだいぶん遅かった[16]。彼らのうちの何人かは，その場から必死で逃げるというよりも，むしろただ恐怖で凍りつき，立ち尽くしていた。その結果，彼らは殺されるか，負傷することとなった。こうなった理由の1つには，彼らの「サンタスキーマ」が乱されたことがあろう。被害者たちは，「サンタ」が人殺しであるなどとは，想像することができなかった。そのため，彼らは素早く反応して，危険な場所から逃げ出すことができなかったのである。

　公判においては，陪審員の個々のスキーマが，陪審員が訴訟当事者や彼らの態度をどのように評価するのかを決定する。幸いなことに，誰もが多くの類似の体験に日々の生活の中で遭遇している。それゆえ，弁護士も陪審員も，特定の経験，人，事柄がどのように見えるべきか，ということについての同じ基本的なモデル，すなわちスキーマを多数共有することになろう。しかし，普通でないか，予期しない出来事が法廷に持ち込まれた場合にはいつでも起こることであるが，もし我々の主張する事実が，陪審員のスキーマを乱したとするならば，陪審員が起こったことに対して誤った解釈をしてしまうということが，容易に起こり得る。

　たとえば，仮に我々の依頼者が，2台の車の事故でひどい怪我を負ったものの，どちらの車も破損していないといった場合，彼女の主張が正当であることを陪審員に説得するために，我々は苦労することになるかもしれない。彼らの「大事故」についてのスキーマは，おそらく巻き込まれた車自体への重大な被害を伴ったものである。そのことについて，我々はなんらかの説明をしなければならなくなろう。

　もし我々が陪審員のスキーマと一致する形で証拠を提示することができなけ

れば，彼らは証拠のあらゆる隙間を自分自身の記憶や人生経験によって補ってしまう可能性がある。言い換えれば，陪審員は，彼らの心や記憶の働き方と合致する方法によって，無意識のうちに「隙間を埋めて」おり，それが原因となって不公平な評決に至ることが起こり得るのである。（これらの概念は，第5章での信念耐久と確証バイアスについての議論において詳述される。）こうしたことが起こることを防ぐため，我々は，自分たちの証拠が陪審員の期待を満足させるように，陪審員候補者たちが持っている関連するスキーマがどのようなものであるのかについて知っておく必要がある。

III 記憶の再構成性

　想起は，再構成を伴う過程である。人がスキーマを検索し，過去の出来事や経験，あるいは情報を想起しようとするときにはいつでも，記憶を心の中に思い浮かべる際に，それを実際には「再構成」しているのである。言い換えれば，記憶から情報を呼び出すときにはいつでも，その情報をすぐに使用可能な状態とするために，自動的に再符号化する，あるいはその情報をある物から別の物へと変換するといったことをしているのである。このことは，記憶というものが，ある情報を知覚したときに形成され，その情報を想起するたびに再構成されるということを意味している。

　残念ながら，記憶の性質は，特定的というよりも全体的なものであり，再構成された記憶は不正確で，非常に選択的で，しばしば不正確なものである。人は，知覚の瞬間に脳内で自動的に符号化されたものについて，その詳細に至るまですべてを想起することはおよそできない[17]。通常，人は，とりわけ鮮明あるいは重要な記憶の要約を思い起こすことはできる。しかし，省略されていない完全な情報量を保ったままで，実際に起こったことを想起することはめったにない。その結果，我々の過去の出来事の記憶は広く浅いものとなる[18]。

　たとえば，車を運転するときにはいつでも，人は道路の前方に焦点を当てているため，通過する高速道路沿いのすべての広告板や建物を思い出すことはない。人の脳は，この周辺的な感覚データを自動的に知覚して記録するけれども，

そのデータを保持しているのは，ほんの一瞬の間だけである。それはすなわち，車がはみ出さずに道路上に留まっていられるように，目にしたことを解釈するのに必要な時間だけなのである。何か具体的なことを記憶するために，集中的に力を傾けない限り，人が知覚した内容はいったんその目的を果たすと，たやすく記憶から消失する。そうすることによって，人は情報過負荷を回避しているのである[19]。

A 顕在記憶と潜在記憶

記憶は，意識的にも無意識のうちにも，想起される。何かを思い出すために意識的な努力をしており，そうしていることに気がついているときにはいつでも，人は**顕在記憶**を用いている[20]。たとえば，ロースクールにおいて，教授が我々にその日の課題についての質問をしたならば，学生は，それに対して正しく回答するために，授業の予習において自分が読んでいた事柄についての顕在記憶を利用する。

反対に，先行経験が無意識のうちに現在の思考に対して，影響を及ぼすことが起こっているときにはいつでも，人は**潜在記憶**を用いている[21]。たとえば，もしあなたの依頼者が，陪審員にとって嫌な知り合いを思い出させるのだとすれば，その陪審員はあなたの依頼者のことを，無意識のうちに理由もわからないまま嫌うことになるだろう。こうした印象の結びつけは，潜在記憶を経て作られているため，ある人についての記憶が，あなたの依頼者に対する見方に対して，影響するのを許してしまっているということに，陪審員自身は気がつかない。こういうわけで，潜在記憶は「想起意識を伴わない記憶」と呼ばれている[22]。

潜在記憶は，真実であるかどうかにかかわらず，ある事実が真実であるかのように錯覚させるため，陪審員の判断形成に対して，大きな影響力を持つ。それは，陪審員が過去に考えたり，経験したりしただけかもしれない何かと，これらの事実が一致しているというだけの理由から生じるものである。潜在記憶によって，陪審員は，過去の個人的な知識や経験を現在の事件について学習した事柄にうっかり関連づけてしまう可能性がある。陪審員は，本来の情報源に

ついての顕在記憶を持っていないため，以前に知ったり経験したりした事柄と，今回の証言とを区別することができない。言い換えれば，陪審員は，潜在記憶と顕在記憶とを区別することができないかもしれないということなのである。

　証拠を再構成するとき，陪審員は，証拠の欠落や隙間を，彼らの個人的な態度，信念，意見から導き出される推論と結論からなる「記憶の詰め物」によって，無意識のうちに埋めてしまう。こういったことによって，陪審員は，ある記憶と別の記憶とを混同したり，あるいは，心の中には存在しても，実際には存在しなかった人々，場所，事柄，出来事についての詳細を「想起」したりしてしまう可能性がある。結果として，陪審員が正確な記憶だと信じていることは，実際には作り話——現実の記憶と信念や想像でしかないものとの組み合わせ——にすぎない可能性がある。それは，（彼らの記憶や証拠における）隙間を，そのように完全に埋めることができるように思えるというだけの理由によって，そうなるのである[23]。それが，それ以外のより正確な証拠についての彼らの記憶との間で，整合性がとれているというだけの理由によって，陪審員は，この「記憶の詰め物」が創作，想像，あるいは，不正確なものであるとしても，それを真実として受け止めているのである[24]。

　加えて，イメージされた記憶が鮮明であればあるほど，陪審員はそれが実際に起こったことだというように信じる傾向にある。これは，イメージの膨張として知られる現象である[25]。結果として，各陪審員の人生経験，価値観，バイアスは，証拠が示されたときに彼らの証拠に対する受け止め方に影響を及ぼすだけでなく，その後に記憶から証拠を思い起こすにあたっても，再度影響を及ぼす可能性がある。この可能性が，陪審員の無意識の思考の誤りを繰り返し生み出す規則性をまさに作り出すことになる。

B　スキーマと記憶汚染

　潜在記憶は，記憶の汚染と密接な関わりがある。人の個々の記憶は，「共有ストレージ」に置かれており，スキーマの内部は無数の「心的なファイルフォルダ」によって構成されているため，一部の記憶は必然的に相互に混同することになる[26]。

これは，人がスキーマから絶えず記憶を再構成し，使用し，再びファイリングしていることによって生じるものである。この過程において，人はときどき誤りを犯すことがある。人は，何の気なしにある記憶を誤った心的ファイルフォルダの中に間違えてファイリングしてしまい，その間違いにずっと気づかないままでいる可能性がある[27]。しかしながら，記憶がいったん込み入った心的な「記憶のネットワーク」に入ると，我々はもはやオリジナルの記憶と誤ってファイルされた記憶とを区別することができない。時間とともに，人はたくさんの記憶を間違ったところにファイリングしてしまう可能性があり，そのことは必然的に混乱を引き起こす。このようにして，人は気づかぬうちにも記憶を汚染してしまうことになるのである。

　陪審員が証拠に耳を傾けるやいなや，彼らは即座に新しい情報をそれに適した心的なファイルフォルダにカテゴリ分けしようとする。陪審員のスキーマは，年月を重ねて必然的に汚染されてきているため，新しい情報を，ときには適切な心的なファイルフォルダにファイリングし，ときには不適切な心的なファイルフォルダにファイリングするということを続けることによって，記憶の汚染が公判の間にも繰り返し生じる可能性がある。このことは，陪審員が誤りを犯す可能性を，急激に増大させることになる。

C 不正確な記憶の再構成の例

　再構成が生じるという記憶の性質と，記憶がいかに容易に汚染され得るのかに関して，もっとも有名な実験の1つが，1974年にエリザベス・ロフタスとジョン・パーマーによって行われた。その実験において，参加者は交通事故についての7種類の映像を観せられた。その後で，彼らのうちの何人かは，車が互いに「激突した」とき，その車がどのくらいの速度で走っていたのかと尋ねられた。一方，他の参加者は，車が互いに「当たった」とき，その車がどのくらいの速度で走っていたのかと尋ねられた。事故を想起した際，参加者は「当たった」という言葉に対してよりも「激突した」という言葉に対して，より速いスピードを示した[28]。質問の中の単語をたった1つ変えたことが，陪審員が記憶から出来事を再構成する過程に対して，大きな影響を及ぼしたのである。

2つめの実験では、参加者は、車が互いに「激突した」、「衝突した」、「ぶつかった」、「当たった」、あるいは、「触れた」とき、その車がどのくらいのスピードで進んでいたのかと尋ねられた。そして、単語が変わるに従って、参加者が推定したスピードは、「激突した」のときにもっとも速く、「触れた」のときにもっとも遅いというように変化する結果となった[29)]。

次に、ロフタスとパーマーは、参加者に、実際にはそうした事実はなかったのに、彼らが事故の場面で割れたガラスを見たのかどうかについて尋ねることによって、誤った事実を彼らの記憶に植えつけた。「激突した」という動詞が用いられたとき、その出来事を再構成した参加者は、映像にはなかったにもかかわらず、実際にガラスを見たというように想起した[30)]。これらの実験は、暗示の力を通して誤情報を埋め込むことによって、質問の語法や構文が、どのように実質的に陪審員の記憶の中身を変容させ得るのかということを示している。

D 干 渉

干渉とは、情報の貯蔵や検索が他の情報の存在によって阻害されるという過程である[31)]。すでに記憶に貯蔵されている古い情報を想起する能力に干渉をもたらす逆行干渉が生じるのは、記憶の中に新しい情報を入力するときである[32)]。たとえば、ある電話番号を調べて、それから電話をかける前にクレジットカードの明細に書いてある使用料を見たとすると、クレジットカードの明細にある金額の「干渉」によって、電話番号が短期記憶の中から失われてしまう。その結果、我々は電話番号に含まれる数字について、間違った順番で想起したり、あるいは全く忘れてしまったりする可能性がある。

陪審員が、証拠についての自分の記憶と仲間の陪審員の記憶とを比較対照した場合、陪審員の評議において、逆行干渉が生じるおそれがある[33)]。すなわち、1人の陪審員の証拠についての不正確な記憶が、別の陪審員の正確な記憶に対して「干渉」する可能性がある。それは、その陪審員が、他の陪審員が間違っていることはないだろうというように仮定して、多数派の記憶と一致させるために、実際に自分自身の記憶の内容を変えてしまうことによって生じるもので

ある[34]。

　順行干渉は，以前に学習した古い情報が，新しい情報を学習したり想起したりする能力に対して干渉する際に起こる[35]。これは，新しい情報が干渉情報である逆行干渉とは反対の作用である。たとえば，もし新しい電話番号を調べたとすると，人はその番号とすでに記憶に貯蔵されている古い電話番号とを容易に混同してしまう可能性がある。陪審員は膨大な量の新しい情報を記憶することを求められるので，順行干渉は公判において繰り返し生じる問題となり得る。陪審員は，過去の記憶と現在聞いている弁護士の主張とを，容易に混同してしまうのである。

　他にも多くの事柄，たとえば感覚の鋭敏さ，休憩，時間帯といったものが，記憶の質に対して干渉し得る[36]。陪審員の注意のレベルもまた，彼らが何を記憶するか，そして，どの程度よく記憶するかということに対して，はかり知れない影響を及ぼす。(陪審員の注意力を維持することについて，本書の中では多くの紙面を割いているため，ここでは割愛する。)

　我々の主張を重要な事実だけに絞ることは，相対的に重要でない情報が，より重要な情報に対して干渉することを抑止する。しかし，このことは，我々の立証がシンプルで，単刀直入で，簡潔でなくてはならい多くの理由のうちの1つにすぎない。

E 記憶についての真実

　公判において，我々は陪審員——彼らは事件や裁判に関する出来事について，全く無知な人である——に対して，目撃者の証言，資料の内容やその他の提示物，裁判官からなされる法律についての説示を十分に理解し，正確に記憶するということを，素朴に期待するかもしれない。しかしながら，我々が実際に目にするように，人の記憶の処理はこの期待を裏切るものである。

　陪審員は，自分たちのあり方や，自分たちが信じているものとの間で整合性のとれる方法によって，情報を処理する。その結果，陪審員は，公判が始まる前に信じていたことと一致する証拠を受容して記憶し，そして，信念や自己概念と一致しない証拠を拒絶，修正，忘却することになる。これらの要因はすべ

て，実際には不正確な記憶である可能性のある事柄に対する陪審員の裏づけのない確信の一因となる。

　問題の本質は，人の不完全な心的なファイリグシステムにある。新規の情報はそれよりも古い情報に対して，しばしば干渉し，そのことは新旧記憶の「混合」をほとんど不可避なものとする。その結果，陪審員は無意識のうちに証拠について不正確な仮定や推測を行うことが生じ得るのである。残念ながら，つまるところ，記憶というものは，現実を忠実に表す正確なものというよりは，比喩的象徴的なものであるため，彼らが知っていると考えていることと証拠が実際に示すこととは，互いに異なるものであり得るのである。

IV 陪審員の記憶を改善する方法

　記憶の誤りやすさは不可避なものであるが，証拠を理解し記憶する陪審員の能力を改善するために，我々が用いることのできる手法がある。これらのいくつかについて，概要を以下に述べる。

A 系列位置効果

　我々の情報を想起する能力は，その情報が配置される位置によって左右される側面がある。これは，系列位置効果と呼ばれる現象である[37]。この確立された心理現象についての知見に則してみれば，我々が立証する順番というのは，陪審員がどのように証拠を見るのかに対して，重要な影響力を持つといえる。彼らは，最初と最後に提示された証拠に対して，他にはない重みづけをする。これは，初頭効果や新近効果として知られる傾向である[38]。

1 初頭効果

　ほとんどの人は，ある特定の順番の中で最初に耳にした情報については，それを想起することができる（初頭効果[39]）。その理由は，2つある。すなわち，(1)我々の意識は課題のはじめにある情報を吸収するために，よりよく順応する。

そして，(2)我々が最初に耳にした事柄は，後で提示された情報よりも長い時間，我々の作業記憶の中に保持される。そのため，その情報は，後で想起したり，検索したりすることが可能な長期記憶に転送される可能性が，より高くなるのである[40]。

陪審員は，一般的に公判の冒頭により大きな注意を払うものである。このとき，彼らの意識は新鮮な状態であるため，弁護士は彼らのすべての注意をひきつけることができる。また，陪審員は，日々の公判や各休憩（ランチ休憩が例外であることはよく知られている）の後において，最初に提示される情報については，それを覚えている可能性が高い傾向にある。それは，彼らが意識を休ませて，リフレッシュする機会を持ったことによるものである。

争いになっている問題について，相手方の主張を評価するように求められる場合，とりわけ双方の主張が1週間以内に提示される場合には，初頭効果の影響力がもっとも大きくなる[41]。これは，公判が非常に長引かない限り，初頭効果が新近効果と比べて，陪審員の記憶と判断形成に対して，より重要な影響を及ぼすであろうことを意味している[42]。

陪審員の判断形成に対して我々が及ぼす影響力は，公判のはじめのところでピークに達し，それから時間が経つに従って急速に衰えていく。それゆえ，この強い傾向を踏まえた上で証拠を構築することが重要である。弁護士は，陪審員の注意をもっともひきつけることができるときに，重要な証拠を提示できるように主張を構成するべきである。初頭効果は，証言の順番に対しても影響を及ぼすであろう。たとえば，単に専門家の忙しいスケジュールに合わせるという理由だけで，順番を変えて専門家を呼ぶようなことは慎むべきである。陪審員が情報を取り込み，それを記憶する方法に順番を合わせることの方が，我々にとってより重要である。公判それ自体の中で，あるいは各証人の証言の中で，「新しい始まり」と「目立つ結論」を作り出すことは，我々が今まさに話題を変えようとしているのだというメッセージを陪審員に対して送ることになり，そのことによって彼らがより注意深くなるよう促すことになる。

たとえば，午前中の公判を，毎回もっとも重要で有力な証拠から始め，午前中の休憩の前にそれらについての結論づけをするようにしたならば，弁護士は，実際上，陪審員がもっとも重要なことに対して，より多くの注意を向けるよう

に態勢を整えさせ、無意識のうちに準備させたことになるのである[43]。もし弁護士が各休廷の前と各日の公判の最後にこの処理を速やかに繰り返すならば、陪審員は次に何が起こるかを聴くのを楽しみにするだろう。

2 初頭効果と陪審員による「公判ストーリー」

　人間のストーリーは2つないしは3つしかなく、それらは、まるでこれまでに語られたことがないかのように、激しく繰り返し語られ続ける[44]。

ウィラ・キャザー

　公判が始まるとすぐに、各陪審員は無意識のうちに自分自身が持つ心的な「公判ストーリー」を構成し始める。なぜならば、ストーリー形式というのは、新規の情報を体系化して記憶するために、もっとも容易でなじみのある方法だからである。実際、ストーリーは、陪審員が証拠の意味を素早く効率的に理解することを助ける記憶の補助装置としての役割を果たす[45]。

　各陪審員が持っている個別の公判ストーリーは、比喩的にいえば我々の主張する断片的な事実を結びつける「接着剤」のようなものとして役立つ。言い換えれば、ストーリーの力は、ばらばらなかけらや証拠の断片を統合して、まとまりを持たせる概念的な枠組みや「スキーマ」を提供する。

　陪審員の公判ストーリーは、彼らが最初に聞く内容によって、とくに大きな影響を受ける（「初頭効果」）。この冒頭における「公判ストーリーの構図」によって、主張全体に対する陪審員の受け止め方が決定され、特定の色づけがなされる。なぜならば、それは、陪審員が残りの証拠を処理するにあたって、フィルターとしての役割を果たすことになるからである[46]。

　これらの公判ストーリーは、いったん形成されると非常に変化しにくいものである。なぜなら陪審員は、新たに示された証拠に応じて、彼らの公判ストーリーを再考したり、修正したりはしないからである[47]。その結果、いったん陪審員が最初の立場をはっきりさせたならば、彼らはすぐにそれに固執するようになる。その後において、陪審員は、それを変えることを望まないため、公判の残りを、たとえ、それとは反対の有力な証拠に直面したときでさえ、最初の立場を支持し、正当化する事実を探しながら、証拠について選択的に耳を傾

けて過ごすことになる[48]。

　もし我々が原告の代理人を務めているならば，我々の方が最初に証拠を提示することができるため，このことは大きな強みであるといえる。もし我々が述べるストーリーが，非常に説得的であるならば，陪審員はそれを彼ら自身のものとして受け入れようとするであろう。その結果，我々の公判ストーリーは，陪審員がそれを通して残りすべての証拠を眺めるレンズとなるのである。

　我々がどのように立証を順序立てるのかということが，陪審員が焦点を当てることになる事柄を左右するため，初頭効果と新近効果は，当然我々の公判戦略に対して影響を及ぼす。原告の代理人として，我々は，彼らが相手方の悪事に対して焦点を当てることを望む。それゆえ，我々は，ターゲットである被告に焦点を当て，彼の悪行を1つ1つ説明することから冒頭陳述を始めるべきである。（このことは，被告自身を攻撃する機会として用いられるべきではなく，ただ彼の行いを攻撃するために用いられるべきである。）弁護士の目的は，陪審員の頭の中にターゲットである被告をまず位置づけることである。我々は，被告の悪事を説明し終えてはじめて，依頼者の振る舞いについて言及すべきなのである。

3 初頭効果，認知的不協和，サンクコスト

　自分の思考，信念，態度，行為が相互に一貫しないときにはいつでも，我々は心理的な不快感や認知的不協和を経験する[49]。たとえ，我々がこの現象を明確に意識していないとしても，認知的不協和は本能的に可能な限り早急に最小限に抑えられたり，取り除かれたりする[50]。その判断が，我々にとって重要な問題に関係する場合，この傾向はなおのこと顕著なものとなる。

　この心理的な現象は，人が2つの対立する観点を心の中で同時に持つことを困難にさせる。決断をしないでいることは，認知的不協和を生じさせる可能性を高める可能性があるため，人はあることについて無意識のうちにそうあってほしいと思ったり，あるいはそうなってほしくないと思ったりする。こういった傾向は，いったん決断したならばすっきりすることができるというだけの理由で，人に判断形成を急がせることになる可能性がある。実際，人は，中立であることは，どっちつかずであることと同等であるというように感じる傾向が

ある。

　公判において，認知的不協和が生じさせる本質的な懸念は，陪審員に対して証拠を時期尚早な段階で評価させてしまう可能性がある点にある。すべての事実が出そろうまでは断定することを差し控え，心を開いたままでいるということは，多くの陪審員にとって直感に反するものである。とくに，求められた判断が，彼らにとって個人的に重要なことであるならば，なおのことそうである。

　サンクコストの原理もまた，時期尚早な判断形成に関して一役買っている。判断をするときにはいつでも，人は自らそこに投資を行ったように感じる。すでに行われた判断を再考することは，認知的不協和のレベルを高める結果となるだけであるため，人は後ろを振り返るよりも，前に進むことを望む[51]。見返りが少ないことに目を瞑ってまで，自らの認知的な資源をその判断に投資し続けることは，時間と心的な労力の無駄であるように思われるものである。それは，自分たちは論理的で合理的な人間であるという，人の生得的な信念と合致しない。それゆえ，判断に投資した「認知的な資本」が多ければ多いほど，人はその判断に対して，あまり疑問を抱かなくなるのである[52]。

　サンクコストに関する例は豊富にある。人は，ただ投げ捨ててしまうにはかかったコストが高すぎるという理由で，履いたことがなくとも高価なシューズは捨てたがらない。多すぎる命が失われ，過剰な金額が費やされたという理由によって，米政府はベトナムに長居しすぎたのであろう。将来的によりよい判断を行うために過去の判断を撤回あるいは変更するよりも，人は，方向転換を行うことがさらなる認知的不協和を生じさせるかもしれないということに対して，生得的な恐怖を感じる。そのため，人はかたくなに従前の方針を堅持することになるのである。それが，陪審員は，彼らがすでに行った判断を振り返ったり，それに疑問を持ったりすることをしない理由である。こうした抵抗は，公判が進むにつれてただ増す一方である。それゆえ，陪審員の証拠に対する捉え方がより柔軟である公判の冒頭こそが，彼らを説得するのにもっとも適した機会なのである。

4 新近効果

　初頭効果とよく似た現象に，新近効果がある[53]。もし我々の妻（あるいは夫）

が職場に電話をかけてきて，帰宅する途中でいくつかの用事をすませるように頼んだとしたならば，我々は最初の用事だけでなく，最後の用事も覚えているだろう。それは，単に，それを忘れる時間がなかったという理由によってである。情報が作業記憶あるいは短期記憶の中に保持されているような短い時間であれば，人はまだその情報を検索することができるのである。しかしながら，新近効果は初頭効果よりもはやく消失する。その結果，時間が経つにつれて，人は最後の用事よりも最初の用事について，より想起しやすくなる[54]。

　もし公判が長丁場に及べば，新近効果はより顕著なものとなる。ほかのすべての条件が同じであったとするならば，このことは被告側に有利に働く傾向にある[55]。弁護士は，伏線を引くことによって，この新近効果を十分に利用することが可能である。たとえば，弁護士は「私はあなたに，あと少しだけ伺いたいのです」ということによって，証人の主尋問を締めくくることができる。同様に，最終弁論において，弁護士は「話を終える前に，私はあなたに……を思い出していただきたいのです」といって，それを終えることができる。終わりが近いというメッセージを出すことによって，陪審員があなたの話により注意を向けることを促すことになる。また，陪審員に一晩かけて考えさせるような記憶に残る事柄で毎日の審理を締めくくることも，重要である。そのことは，彼らに対して次の日の公判の準備をさせることになるからである。

B　反復，リハーサル，チャンク化

　反復やリハーサル（学習したことを練習すること）は，人の記憶を促進させる。それは，我々が，幼児期のレッスンにおいて学んできたやり方である。つまり，我々は，新しい情報を理解することができるまで，何度も何度もそれを繰り返し口に出してリハーサルするといったことをしてきた。しかし，我々がおそらく自覚していないと思われるのは，その情報を「チャンク」というまとまりによって習得していたという点である。

　チャンク化は，記憶を促進させるための補助装置である[56]。単語，文字，数字，情報といった情報のユニットを，4～7つの別個のグループにまとめることによって，人はそれらをより容易に記憶することができる。この7項目プ

ラスマイナス2というのが，人が容易に記憶することのできる最大限度の情報量であると考えられる[57]。電話番号が，当初は7桁であった理由もそこにある。今でさえ，我々はチャンク化を用いて，10桁の電話番号を3桁の市外局番，最初の3桁，そして末尾の4桁というように3つの別々のチャンクに分割することによって記憶している。

近年の研究は，我々の「純粋な」短期記憶の容量には，およそ4項目プラスマイナス1という限界が存在することを示唆している[58]。しかしながら，短期記憶の限界は，想起される素材に依存して変化する可能性がある。素材が複雑であればあるほど，我々が保持することのできる項目は少なくなるのである。

我々が幼い頃，小学校の先生はアルファベットをチャンク単位で暗唱するように，我々を訓練した。我々は，歌声で，一度に7文字までのグループに分割して文字を反復した。それが，我々がアルファベットを記憶の中に符号化することを促進したのである。（法廷においてはあまり効果的ではないが，歌うことによっても記憶は向上する[59]。）反復，チャンク化，リハーサルによって学習してきたことを記憶に留めておく能力が向上する可能性があることを，我々の先生は知っていたのである。また彼らは，アルファベットを教室の壁に示し，紙に自分で文字を書き留めさせることが，視覚と聴覚の両面からそれらを記憶の中に符号化することに役立つということも知っていたのである。このようにして我々は，アルファベットの文字を，短期記憶から長期記憶に転送したのである。その結果，我々が学ぶべき重要な概念の喪失が防がれたのである。

弁護士として，我々もまた教師であるということを覚えておかなければならない。弁護士は，難しい情報を単純化し，それをチャンクに分割することによって，自分たちの主張を意味がありかつ記憶に残るような方法で陪審員に伝えなければならない。それは，「情報過負荷」の問題を緩和するだけでなく，**判断回避**の問題に対処することにもなる。こうしたことは，弁護士が陪審員に対して，膨大な情報を過度にすばやく思い出すように求めるときには，常に生じるものである[60]。

判断形成を行うことが非常に困難になった場合，陪審員は以下の2つの方法のいずれかによって，それに対応しようとすることになろう。すなわち，（1）注意を払うことをやめ，判断することを拒む（判断回避）。あるいは，（2）入念

な検討や内省を経ることのないまま，軽はずみな判断を行い，不適切な結論に飛びついてしまう[61]。弁護士は，陪審員がそういったプレッシャーに屈することなく，証拠の重要部分を受け入れることができるように，容易に識別可能な個別の仕切りの中に証拠をチャンク化することによって，上記の対応を思い留まらせることができる。

　我々は，証人尋問をチャンクにまとめるべきである。たとえば，主尋問においては，明確に議論の主題を特定する「見出し」を用いて，関係のある一連の質問を開始することが有用である。証人に合図を出すことは，証人が話題からそれないようにし，より正確な答えを考えさせ，情報を伝達するのに適したペースを示すことに役立つ。それは，たとえば「7月24日の夜7時に，あなたがどこにいたのかを陪審員に話してください」というようにすることである。この「見出し」による効果は，証人の証言を改善することだけではない。すなわち，証人が話している内容を陪審員にとって適切な文脈に位置づけることになり，そのことが彼らの記憶を促進させることにもなる。

　陪審員が，ポイントを見失ったり，誤ったりしないように，通常，反対尋問は，情報の主題ごとのチャンクにまとめられるべきである。

　　　正当防衛であるという，あなたのご主張について話しましょう。
　　　あなたは，スミス氏をまず殴りました。そうですね？
　　　彼は，鼻血を出しましたね？
　　　実際のところ，鼻は折れていた。そうですね？
　　　そしてあなたが鼻を折った後に，はじめて彼が反撃したのですね？
　　　そして彼がそうしたとき，あなたは彼にナイフを突きつけましたね？

　その主題を扱い終えた後は，弁護士は同じやり方で別の主題に移ることができる。

　　　陪審員のみなさんと一緒に，そのナイフをちょっと見てみましょう。
　　　これは，ポケットナイフではありません。そうですね？
　　　あなたが，仕事で使っているものでもありませんね？
　　　刃渡りは，6インチですね？

　などである。

同様に，弁護士は冒頭陳述と最終弁論を咀嚼しやすい一口サイズのチャンクにまとめるべきである。これは，陪審員に対して記憶を保持しやすくさせるためだけのものではない。我々にも同じように有用である。5分ずつ4分割された情報のチャンクとして，冒頭陳述や最終弁論を記憶することは，20分間のチャンク1つでそれを行うよりも，ずっと容易である。

　我々は，3を使った修辞法の重要性について，長い間認識してきた。単語，フレーズ，他の別個に分けられた情報の断片を，3つのグループにチャンク化することは，英語ではとりわけ韻律的な性質を持っており，陪審員はそれによって注意を喚起される。しかし，研究によれば，陪審員はそれ以上に大きな容量を保持することが可能であると明らかにされており，弁護士は最大の数が3ではないことを認識すべきである。覚えようとする情報の複雑さ次第ではあるが，一度に4～7項目が容量であることが明らかにされている[62]。

C　証拠の「要約」と「関連づけ」

　公判において，陪審員は，膨大な量の新規の，そして時折矛盾する証拠を取り込まなくてはならない。そのため，陪審員は，短期記憶から長期記憶へと転送するために，新規の情報を忘れてしまう前にそれが提示されるごとに，それぞれのチャンクに対して，心の中で要約する機会を持つ必要がある。もし陪審員が，新しく提示された証拠を，すでに記憶の中に貯蔵されているより古い情報に結びつけることができたならば，彼らはその情報をより鮮明に，より長く記憶に留めることができるであろう。

　関連づけ（連想記憶とも呼ばれる）は，それをすでに記憶の中に貯蔵されているほかのものと結びつけることによって，ある概念やアイデアについて記憶する能力を向上させるものである[63]。個別に学習された事柄は，忘却されるか，より新しい情報によって置き換えられてしまいやすい。しかし，もしいくつかの関連する事実を結びつけることができるとすれば，学習や保持を促進する脳内の神経ネットワークやパターンを実質的に作り出すことになる。個別の事実がどのように他の事実と関連し，その上に築かれているのかについて，陪審員が理解することを助けることは，これらの関連する事実を短期記憶から長期記

憶へ転送することを促進することによって，証拠についての彼らの記憶を強固なものにする結びつきを作り出すことになる。

　弁護士の主張の中に，陪審員が独力で理解できないような複雑な情報が含まれている場合，陪審員が証拠を自分自身の人生経験に関連づけることを支援できる専門家証人を雇うべきである。そして，その専門家に対して，提示物や日常生活における比喩を用いるように働きかければ，その専門家は陪審員が神経の結びつき，すなわち「関連づけ」を生み出すのを手助けすることになろう。さらに，その関連づけは，そうしないと非常に困難あるいは難解で，容易に理解できないかもしれない事柄について，陪審員が理解できるようにするであろう。

D 複数の感覚チャネルの使用

　公判中，陪審員は絶え間なく情報を符号化している。弁護士は，視覚的補助や提示物を用いることによって，彼らが証拠の重要な部分を，より正確に符号化することを支援することができる。それら視覚的補助や提示物は，陪審員が情報を視覚的かつ音韻的に符号化するよう導く。符号化する方法を2つ以上用いることで，証拠についての陪審員の記憶力は，大いに向上することになる。

　視覚的提示物は，豪華であったり，高級であったりする必要はなく，ただ効果的でありさえすればよい。たとえば，弁護士は，黒板の真ん中に境界線を引き，片側に「原告が何をしたのか」，反対側に「被告が何をしたのか」といった見出しをつけるというような単純なことをすることもある。これによって弁護士は，依頼者の行動と相手方の行動とを，聴覚的かつ視覚的に比較対照することが可能となる。このような単純な提示物を用いる場合，陪審員は左から右へと読むことになるため，弁護士は強調したいと思う重要なポイントを，黒板の右側に書くべきである。その結果，彼らの視線は自然とどんな書面についても，右側で停止することになろう。

　弁護士は，判断についての簡単な樹状図を作ることによって，関係者それぞれの判断を図式的に説明することが可能である。もし最終的に自分の依頼者を傷つけることになる一連の誤った判断を相手方が行ったとしたならば，この手

法はとりわけ効果的である。我々は，相手方が利用可能だったすべての選択肢を説明し，相手方が他の明らかにすぐれた選択肢，すなわち，我々の依頼者を傷つけるという結果にならなかったと考えられる選択肢に対して，注意を払っていなかったということを明確に示すことができる。明らかにすぐれた選択肢があるにもかかわらず，相手方は，一貫して各場面で考え得る最悪の選択をしたことを示すことができるのである。

　人は誰しも，記憶の中で特定の人や場所に対して情報を結びつけることが可能な場合，その情報をもっともよく記憶することになる[64]。たとえば，もし陪審員に，その事件において重要であり，後に記憶の変容を生じかねない出来事が起こった場所の写真やビデオを示したとすれば，弁護士は，陪審員がその出来事をその場所に対して結びつけることを手助けできる。このことは，後で陪審員が，起こったことを想起しようとするとき，彼らが出来事をより正確に再構成することに役立つ。また，このことは，何が起こったのかについての「心の中の動画」を陪審員に作ってもらいたいと思う場所に対して，弁護士が「証拠を映すビデオカメラ」を設置することを可能にする。それは，基本的な出来事についての陪審員の記憶を促進させるだけではなく，実際に起こったことについて，心の中に同じ写真を陪審員全員が持つ可能性を高めることになる。

　たとえば，交通事故が起きた交差点について議論する場合，陪審員は交差点について，それぞれ異なったイメージを持つかもしれない。このことは，評議において，実際に起こったことについて，陪審員の意見を一致させることを妨げることになりかねない。しかし，もし弁護士が，交差点の写真や略図を提示し，関係する車両のそれぞれの位置を示したとすれば，陪審員の1人1人が彼らの頭の中で同様のイメージを持つことになるだろう。これによって，評議において，異議を唱えることのできないような口数の少ない陪審員の比較的正確な記憶を，他の陪審員の不正確な記憶が汚染するといった事態を防ぐことができる。

　弁護士は，主張の重要な各要素について，視覚的提示物を用意するべきである。単語とイメージを結びつけることは，陪審員の記憶を促進させるだけでなく，弁護士のプレゼンテーション技能を向上させることにもなる。公判で用いようとしている視覚的提示物と一致させるように自らのプレゼンテーションを

準備すれば，自分が次にいおうとしていることを，メモに頼ることなく飛躍的に明確なものにすることができる。もし提示物が，弁護士が話していることを正確に追っているように見えたならば，我々のプレゼンテーションはより洗練されているようにも見えることになるであろう。

事件によっては，音が重要な要素である可能性がある。たとえば，我々の依頼者が，大手物流会社であるフェデラル・エクスプレスの大きな中継拠点に対応するために滑走路を拡張した空港の，飛行経路上に住んでいたと仮定しよう。低高度のジェットエンジンの騒音は，彼らの家を基本的に居住不可能な状態にしていた。もし騒音公害を作り出していることについて空港当局を訴えるならば，もっとも強力な証拠となるのは，依頼者の家の裏口において記録された着陸のために進入してくる巨大なジェット機のエンジン音の録音であろう。陪審員自身がこの騒音を聞くことができるように，これを公判の中で再生することが，おそらくこの事件においてもっとも説得力のある証拠となるであろう。

E 記憶に残る公判ストーリーの作成

人は誰しも，ストーリーの中に情報を組み込もうとする。それは，それを記憶するために，もっとも容易で自然な方法だからである。我々自身，出来事をストーリーとして記憶し，ストーリー構成の中でそれらを他の人々に対して関連づける。ただし，それを効果的に行うためには技術が要る。

最初，事件の事実が単純なもののように見えたとしても，依頼者のストーリーを伝えるためにはさまざまな方法があり得る。弁護士は，公判の中で競合している語りを陪審員がどのように取捨選択しようとするのかを予測することによって，それを伝えるためのもっともよい方法を見出さなくてはならない。主張する重要な事実を選び，それらを人間の経験に即した一般的な言葉に翻訳することで，弁護士は，陪審員が記憶し彼ら自身のものとして採用しようとするような公判ストーリーを作ることができるのである。自分たちの公判ストーリーが，陪審員の公判ストーリーになれば，訴訟に勝てる可能性はより高くなるであろう。

1 語りすぎない

退屈な人間である秘訣は，すべてを話してしまうことである。

ボルテール[65]

　冒頭陳述で弁護士が語るストーリーは，必要最小限のものでなければならない。冒頭陳述は，陪審員が自分自身の個人的な公判ストーリーを作り出すときに用いるアウトラインあるいはスキーマの示唆程度の役割を果たすものであることが望ましい。弁護士の公判ストーリーの重要な要素を，彼ら自身の公判ストーリー中に取り込むことが容易であればあるほど，陪審員は弁護士の出来事についての考え方を真実であるというように認めるようになるだろう。

　弁護士は，重要な事実をいわないままで終わることをおそれるあまり，情報を提示しすぎて失敗する傾向がある。弁護士は，このアプローチがリスクを最小限にするというように考えるかもしれないが，それは単に陪審員に対して伝えたいメッセージを希薄なものとし，混乱を生じさせ，より多くの同意できない情報を与えてしまうだけである。

　弁護士は，いうべき事実を適切に選択することによって，訴訟に勝つのであって，議論したり，飾り立てたり，解釈したりする必要はない。よいストーリーとは，いずれも読者や聞き手にとって，発見のための旅路のようなものでなくてはならない。証拠を適切な文脈の中に置くために過不足のないストーリーを語りさえすれば，弁護士は，陪審員の好奇心をかき立て，彼らにもっと知りたいと思わせることができるであろう。

2 自分たちの公判ストーリーを記憶に残り「利用可能」なものとする

　弁護士は，公判ストーリーを作り始めるにあたり，以下の質問をまず考えてみることになる。依頼者のストーリーのどの要素が，陪審員の心に響くだろうか。ストーリーは，どこから始まるべきか。誰がそれを語るべきか。それを，どの観点からすべきであるのか（一般的にもっともよいのは，大きな喪失を被った人の観点である）。ストーリーを生き生きとさせるために，どのようなツール（たとえば，パワーポイントによるプレゼンテーション，提示物，視覚的補助など）を使うべきか。

初頭効果を利用し，判断できない状態にあることのストレスをうまく生かすために，冒頭陳述は，陪審員が即座に相手方の悪行の証拠を「利用できる」ようにすることから始めるべきである（利用可能性ヒューリスティックスの議論については，第8章を参照）。相手方（たち）や相手方の不適切な行動について言及するよりも前に，自分の依頼者のことを話題にしてしまっては，陪審員が相手方に対するよりも厳しく自分の依頼者の行動を精査し，判断することを促してしまうだけである。

　弁護士は，公判ストーリーを陪審員にとってなじみのある言葉によって語らなければならない。陪審員の言語で語ることによって，彼らが弁護士のいうことを信じようとする可能性が高まるのである。陪審員の心に響くであろうと考えられる特定の単語やフレーズ（それは，フォーカスグループインタビューにおいて発見され得る）が見つけ出されれば，陪審員はこれらの「短い言葉」をいっそう記憶しようとし，評議において仲間の陪審員に対して，それらを繰り返して話すことになるであろう。

3 公判ストーリーに入り直せるポイントを複数提供する

　陪審員の注意のレベルは，公判の中で当然増すときもあれば途切れるときもある。それは，まるで彼らの頭が情報過負荷を避けるために，定期的な「コマーシャル休憩」をとるようにプログラムされているかのようである。このプロセスは，テレビを見ている間の「チャンネルサーフィン」と似ている。人は，一時的に興味をひかれるショーを見つけても，その番組に興味を失い，チャンネルを変えてしまうかもしれない。しかし，より興味をひくものを見つけることができなかったならば，その人は最初のショーに戻り，それをずっと見続けることになろう。ただし，それは，もしその人がチャンネルを変えていた間に起こったことを把握できるとすればの話である。弁護士の公判ストーリーは，陪審員に対して，これと同様のことを許さなくてはならない。

　よいストーリーはみな，ほかのことを考えている間に失ったパーツを，すぐに統合できるように構成されているため，再度話の流れに戻ってこられるポイントを多数備えているものである。もし弁護士の公判ストーリーが一貫性のあるもので，説得力があり，しっかりと興味をひきつけるものであるならば，注

意が途切れた後でも，陪審員は容易に話の流れを見つけることができるだろう。しかしながら，もし流れの中でうまく証拠を再結合できなかったならば，陪審員は注意が途切れたままでいることになる可能性が高い。

F 記憶に残るテーマを用いる

　テーマとは，我々の証拠が基礎を置く大きな社会共通の価値観であり，たとえ話やイソップ物語によく似ている。よいテーマは，依頼者のストーリーを，単に事実が存在していること以上により大きく重要なものに見えるようにし，直接的に人間の有する普遍的なストーリーの中に位置づける。説得力のあるテーマは，反対の意見に囚われているであろう陪審員も含め，すべての陪審員にとって，すべての証拠を，記憶に残りかつ意味のある形で結びつける強力な心理的統合機能を持つ。

　すぐれたテーマは，個別の事件における善悪の特定だけに留まらず，陪審員のより大きな善悪の感覚に対しても浸透する。もし陪審員の評決が，個々の訴訟当事者や係争事実を超えて，広範囲にわたる影響を及ぼすことになると陪審員が信じるとするならば，陪審員はよりいっそう進んでその役目を引き受けることになるだろう。もし弁護士が，その訴訟が善悪を明確に選択する場であることを示すことによって，陪審員が持つ社会共通の価値観の侵害であるという感覚を目覚めさせることができるならば，陪審員自身が起こったことによって自分自身が不当な扱いを受けたというように感じることになるだろう。それは，もし我々のテーマが，彼らの持つ善悪についての個人的な観念と一致していればの話である。

　普遍の真理とは，明確には定義できないものであるため，我々のテーマを表現するための方法は，いつでも多様に存在する。たった1つの単語やフレーズがそれを担うことを期待すべきではないため，我々は，テーマを1つだけしか持たなかったり，テーマをある特定の方向に決定するといったリスクをあえてとる必要はない。各陪審員は，それぞれ異なった形で証拠を取り込み，それを解釈するものである。したがって，もし我々が掲げるテーマにおける特定の表現が，陪審員の気分を害したり，彼らの心に響かなかったりするならば，我々

はためになるどころか，有害なことをしたということになる。

　テーマは，短く，簡潔で，陪審員が理解し，記憶し，評議室で繰り返すのに容易なものであることが望ましいが，それらは単なる「インパクトのある発言」を超えたものであるべきである。インパクトのある発言は，単に人目をひくだけのスローガンあるいは上手な言い回しでしかない。それはたとえば，「被告の会社は，仕事がとても忙しく，注意が行き届かなかった」というようなものである。しかし，これは，企業の強欲と無関心というより大きなテーマが内在した表現の1つである。ただし，使いすぎると，インパクトのある発言も迎合的あるいは安っぽい広告と同程度のものにしか見えない。

　ロードアイランド州プロビデンスの弁護士であるマーク・マンデルは，「よいテーマというものは，それをくどくどと定義するといった誤りを犯すことなく，その意味を明らかにするものである」というのが持論である。たとえば，O.J.シンプソンの刑事裁判においては，ジョニー・コクランの「（この手袋が）もし合わないならば，みなさんは無罪を言い渡さなければならない」という，たった1行のインパクトのある発言に対して，多くの賛辞が贈られた。ただ，このキャッチフレーズは，コクランのテーマではなかった。「不当な起訴」という彼の重要なテーマをより記憶に残りやすくしたのは，まさに力強い繰り返しによる作用であった。誰しもが一度や二度は不当に非難された経験を持っており，そのためこれは陪審員の心に響く本質的なテーマだったのである。

G　寓話，比喩，寓意，神話を用いる

　寓話，比喩，寓意，神話は，抽象的な概念というよりも物事の一般性や普遍的な真実を語るため，とりわけ説得的なテーマを作り出す。陪審員は，「正義」，「合理的な疑い」，「過失」といった法律上の抽象的な概念よりも，社会共通の価値観を示す話に関連づける方が簡単だと感じるものである。次の例について，考えてみよう。

　　ある人が，川の土手を歩いていると，下流に大量の遺体が浮いているのを目にする。彼は，善良な人であるため，これらの遺体を1体ずつ川の外へ引き上げ始める。彼は，

1つ1つの遺体を川の中から背負い出し，それを土手の上に運び，埋葬する。彼はくたくたになって，すっかり元気がなくなるまでこれを行う。とうとう最後には，「私は，もうこれ以上できない」とつぶやくことになる。

それで，彼は，川の上流へと少し歩いて行くが，そこで川の中で溺れ死にそうな人々を目にすることになる。彼は善良な人であるため，川に飛び込み，溺れ死にそうな人たちを1人ずつ引き上げ始める。彼は，その人たちを土手まで引きずっていき，蘇生させる。しかしまもなく，彼はまたしても疲れ果ててしまうことになる。

それで，彼は，さらに川の上流へと少し歩いていくが，そこで川の中に人々を投げ入れている1人の男を目にする。この話に示されている価値観は，もしあなたが問題の根源を捉えていたならば，それを一度にすべて解決できるということである[66]。

このストーリーは，製造物責任訴訟や，被告が予防措置を講じるべきであったのにもかかわらず，それを怠り，その結果として誰かが傷つけられてしまったというような他の訴訟において，効果的なものとなり得よう。それは，依頼者に起こったことを陪審員が連想することのできる単純なストーリーに結びつけることによって，依頼者のストーリーを活気づけ，一般化することになる。このようにして，ストーリーとテーマの力は相並んで，我々の最終弁論に文脈や意義を添えるものなのである。

注 ....

1) T.B. Rogers, *A Model of the Self as an Aspect of the Human Information Processing System*, in PERSONALITY, COGNITION, AND SOCIAL INTERACTION 193-214 (Nancy Cantor & John F. Kihlstrom, eds. 1981); T.B. Rogers et al., *Self-Reference and the Encoding of Personal Information*, 35 J. PERSONALITY & SOC. PSYCHOL. 677-88（1977）.

2) *Id.*

3) ジョン・ブラウン，ロイド・ピーターソン，マーガレット・ピーターソンは，リハーサルが妨害された場合に，情報がどれくらいの時間記憶の中に留まっているのかをはかるために，「ブラウン・ピーターソンの手続き」を考案した。*See* John Brown, *Some Tests of the Decay Theory of Immediate Memory*, 10 QTRLY EXPERIMENTAL PSYCHOL. 12-21 (1958).

4) *See, e.g.*, Pierre Barrouillet et al., *Time and Cognitive Load in Working Memory*, J. EXPERIMENTAL PSYCHOL.: LEARNING, MEMORY, AND COGNITION 33, 570-85 (2007); D.T. Gilbert & R.E. Osborne, *Thinking Backward: Some Curable and Incurable Consequences of Cognitive Busyness*, J. PERSONALITY & SOC. PSYCHOL. 57, 940-49 (1989); G.T. Gilbert et al., *On Cognitive Busyness: When Person Perceivers Meet Persons Perceived*, J. PERSONALITY & SOC. PSYCHOL. 54 , 733-40（1988）; J. Sweller, *Cognitive Load*

During Problem Solving: Effects on Learning, 12 COGNITIVE SCIENCE 257-85 (1988).
5) DOUGLAS A. BERNSTEIN ET AL., PSYCHOLOGY 246 (8th ed. 2008).
6) *Id.*
7) *Id.*
8) *Id.*
9) JEAN PIAGET, THE ORIGINS OF INTELLIGEN CE IN C HILDRE N (1952); FREDERIC BARTLETT ET AL., SCRIPTS, PLANS, GOALS AND UNDERSTANDING: AN INQUIRY INTO HUMAN KNOWLEDGE STRUCTURES (1977).
10) JEAN PIAGET, THE LANGUAGE AND THOUGHT OF THE CHILD (1959).
11) FREDERIC BARTLETT, REMEMBERING: AN EXPERIMENTAL AND SOCIAL STUDY (2d ed. 1995).
12) BERNSTEIN, *supra* note 5, at 465.
13) *Id.* at 466.
14) PIAGET, *supra* note 9.
15) *Id.*
16) Robert Dougherty, *Santa Slayings Consume Christmas Eve in California*, ASSOCIATED CONTENT: BUSINESS & FINANCE, December 27, 2008, *available at* http://www.associatedcontent.com/article/1339944/santa_slayings_consume_christmas_eve.html?cat=17.
17) BARTLETT, *supra* note 11.
18) *Id.*
19) *Id.*
20) Michael E. Masson & Colin M. Macleod, *Reenacting the route to interpretation: Enhanced perceptual identification without prior perception*, 121 J. EXPERIMENTAL PSYCHOL. 145 (1992).
21) Henry L. Roediger, *Implicit Memory: Retention without Remembering*, 45 AM. PSYCHOL. 1043 (1990).
22) *Id.*
23) German E. Berrios, *Confabulations: A Conceptual History*, 7 J. HISTORY OF THE NEUROSCIENCES 225-41 (1999).
24) Elizabeth Loftus & John Palmer, *Reconstruction of Automatic Destruction: An Example of the Interaction between Language and Memory*, 13 J. VERBAL LEARNING & VERBAL BEHAV. 585 (1974); ELIZABETH LOFTUS, MEMORY: SURPRJSING NEW INSIGHTS INTO HOW WE REMEMBER AND WHY WE FORGET (1980).
25) Maryanne Garry & Devon L. Polaschek, *Imagination and Memory*, 9 CURRENT DIRECTIONS PSYCHOL. SCI. 6-10 (2000).
26) John D. Bransford & Jeffery J. Franks, *The Abstraction of Linguistic Ideas*, 2 COGNITIVE PSYCHOL. 331 (1971)（各記憶が，独立して貯蔵されていないことを説明している。）
27) BARTLETT, *supra* note 11; William Brewer & James C. Treyens, *Role of Schemata in Memory for Places*, 13 COGNITIVE PSYCHOL. 207 (1981). スキーマは，概念，命題，イメージ，心的モデル，記憶のスクリプト，認知地図と同様に，思考の構成要素である。
28) ELIZABETH LOFTUS, MEMORY, *supra* note 24.
29) *Id.*

30) Id.
31) BERNSTEIN, *supra* note 5, at 262-63.
32) Id. at 263. Geoffrey Keppel & Benton J. Underwood, *Retroactive Inhibition of R-S Associations*, 64 J. VERBAL LEARNING & BEHAV. 400-04 (1962). 近年行われたある研究において、2つのグループの参加者に対して、無意味綴りを記憶させる実験が行われた。一方のグループには、綴りを朝方に記憶させ、それから8～12時間後にそれらの綴りを想起することができるのかどうかについてのテストを行った。このグループは、綴りを夜間に記憶してから就寝し、翌朝テストを行われたグループと同程度には、無意味綴りを想起することができなかった。夜間に記憶したグループの参加者は、テストまでの間ただ寝ていただけであるため、記憶とテストとの間に知覚したものが、彼らの綴りについての記憶に干渉することがなかったのである。John G. Jenkins & Karl M. Dallenback, *Obliviscence During Sleep and Waking*, 35 AM. J. PSYCHOL. 605 (1924).
33) Nancy Pennington & Reid Hastie, *Explanation-Based Decision-Making: Effects of Memory Structure on judgment*, 14 J. EXPER. PSYCHOL.: LEARNING, MEMORY & COGNITION 521 (1988).
34) Id. 文化コードと社会的な遵法意識については、第7章を参照。
35) BERNSTEIN, *supra* note 5 at 264.
36) Pierre Barrouilet et al., *Time Constraints and Resource Sharing in Adults' Working Memory Spans*, 133(1) J. EXPER. PsYCHOL.: GEN. 83-100 (Mar. 2004).
37) 系列位置効果は、かつては「系列再生」として知られており、記憶に関するもっとも古い理論的枠組みである。系列位置効果は、ドイツの心理学者ヘルマン・エビングハウスによって、次の論文の中で示された。MEMORY: A CONTRIBUTION TO EXPERIMENTAL PSYCHOLOGY (1885). この論文は、1913年にドイツ語から英語に翻訳されている。
38) 初頭効果と新近効果の概念は、リチャード C. アトキンソンとリチャード M. シフリンによって、彼らの次の論文の中で紹介された。*Human Memory: A Proposed System and its Control Processes*, in THE PSYCHOLOGY OF LEARNING AND MOTIVATION II (Kenneth W. Spence & Janet T. Spence, eds. 1968).
39) Id.
40) Id.
41) Norman Miller & Donald Campbell, *Recency and Primacy in Persuasion as a Function of the Timing of Speeches and Measurements*, 59 J. ABNORMAL & SOC. PSYCHOL. 1-9 (1959).
42) Id.
43) 「プライミング」は、人は、先行して示された刺激を意識的に想起できないにもかかわらず、なぜそれに対してより速く正確に反応することができるのかを説明する概念である。E.T. Higgins et al., *Category Accessibility & Impression Formation*, 13 J. EXPER. SOC. PSYCHOL. 141-54 (1977); Nira Liberman et al., *Completed vs. Interrupted Priming: Reduced Accessibility from Post-Fulfillment Inhibition*, 43 J. EXPER. SOC. PSYCHOL. 258-64 (2007).
44) WILLA CATHER, O PIONEERS! (1913) Part II, Ch. 4.
45) Nancy Pennington & Reid Hastie, *The Story Model for juror Decision-Making*, in INSIDE THE JUROR: THE PSYCHOLOGY OF JUROR DECISION-MAKING 192-221 (1993).
46) Solomon E. Asch, *Forming Impressions of Personality*, 41 J. ABNORMAL & SOC. PSYCHOL. 258-90 (1947).
47) Loren J. Chapman & Jean Chapman, *Illusory Correlations as an Obstacle to the Use of Valid*

Psychodiagnostic Tests, 74 J. ABNORMAL PSYCHOL. 271-80 (1969); Mark Snyder, *When Belief Creates Reality*, in 18 ADVANCES IN EXPERIMENTAL SOC. PSYCHOL. 247-305 (L. Berkowitz, ed.1984).

48) Asher Konat et al., *Reasons for Confidence*, 6 J. EXPER. PSYCHOL.: HUMAN LEARNING & MEMORY 107-18 (1980); Derek Koehler, *Explanation, Imagination, and Confidence in judgment*, 110 PSYCHOL. BULL. 499-5 19 (1991); Charles G. Lord et al., *Biased Assimilation and Attitude Polarization: The Effects of Prior Theories on Subsequently Considered Evidence*, 37 J. PERSONALITY & SOC. PSYCHOL. 2098 (1979).

49) LEON FESTINGER, A THEORY OF COGNITIVE DISSONANCE (1957).

50) John M. Neale & Martin Katahn, *Anxiety, Choice, and Stimulus*, 36 J. PERSONALITY 235-45 (1968); Alan Monat et al., *Anticipatory Stress and Coping Reactions under various Conditions of Uncertainty*, J. PERSONALITY & SOC. PSYCHOL. 237 (1972).

51) Hal Arkes & Catherine Blumer, *The Psychology of Sunk Cost*, 35 ORGAN. BEHAV. & HUMAN DECISION PROCESSES, 124-40 (1985).

52) *Id.*

53) Atkinson & Shiffrin, *supra* note 38.

54) Miller & Campbell, *supra* note 41.

55) *Id.* しかしながら,双方の弁論に賛成か反対か,双方の弁論が1週間程度間隔を置いているかどうかなどに応じて,そのほかにも,この過程に影響を及ぼすさまざまな変数が存在する。そのため,初頭効果と新近効果に関して大まかに一般化する以上のことは難しい。

56) George Miller, *The Magical Number Seven, Plus or Minus Two: Some Limits on Our Capacity to Process Information*, 63 PSYCHOL. REV. 81- 97 (1956). 記憶に関するミラーの研究によれば,被験者がおよそ5～9項目,平均して7項目を短期記憶に保持できることが一貫して示された。

57) *Id.*

58) 証明についての詳細な議論は,次の文献を参照。Nelson Cowan, *The Magical Number 4 in Short-Term Memory: A Reconsideration of Mental Storage Capacity*, 24 BEHAVIORAL & BRAIN SCI. 87-185 (2000). なお,ミラーの古典的な研究とコーワンの新しい理論とを一致させる試みについては,116-19ページを参照。

59) Ellen K. Carruth, *The Effects of Singing and the Spaced Retrieval Technique on Improving Face-Name Recognition in Nursing Home Residents with Memory Loss*, 34(3) J. OF MUSIC THERAPY 165-86 (Fall 1997).

60) Richard E. Petty & Blair G. Jarvis, *An Individual Difference Perspective on Assessing Cognitive Processes*, in ANSWERING QUESTIONS: METHODOLOGY FOR DETERMINING COGNITIVE AND COMMUNICATIVE PROCESSES IN SURVEY RESEARCH, 221-57 (Norbert Schwarz & Seymour Sudman, eds. 1996).

61) *Id. See also* Donna M. Webster & W. Kruglanski Arie, *Individual Differences in Need for Cognitive Closure*, 67 J. PERSONALITY & SOC. PSYCHOL. 1049-62 (1994).

62) *See* Cowan, *supra* note 58.

63) Eliot R. Smith & Sarah Queller, *Mental Representations*, in SOC. COGNITION, 5-27 (Marilyn Brewer et al., eds., 2004).

64) William F. Brewer & James C. Trevens, *Role of Schemata in Memory for Places*, 13(2) COGNITIVE PSYCHOL. 207-30 (Apr. 1981).

65) VOLTAIRE, SIXTH DISCOURSE ON THE NATURE OF MAN (1738).
66) このいわゆる「川の寓話」は，ソール・アリンスキーをはじめ，大勢の人々が作者とされている。

第4章

なぜ，そして，どのように陪審員は知覚と記憶を操作するのか

Ⅰ はじめに

　本章では，陪審員が，そのときに信じている，あるいは信じたいと思っていることとの間で整合性をとるために，なぜ，そして，どのように無意識のうちに自分の知覚と記憶を変容させるのかということについての検討から始める。そしてまた，このことが，なぜ，そして，どのように，陪審員の公判における判断に対して影響を及ぼすのかについても検討する。本書の残りにおいては，こうした主題の多様な側面について取り上げることにする。

A　基本的な本能：マズローの階層ピラミッド

　アブラハム・マズローは，人間の欲求が明確な階層性を有していることを理論化したアメリカの心理学者である。彼は，今日ではマズローの階層ピラミッドとして広く知られている彼の有名な「欲求のピラミッド」で，それら基本的欲求を重要とされる順に示している[1]。

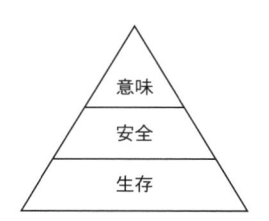

```
     /\
    /意味\
   /------\
  /  安全  \
 /----------\
/    生存    \
--------------
```

　もっとも重要な人間の欲求は，たとえば，水，食料，睡眠といった，生存に必要なことに対してのものである。これらの基本的な生理的欲求は，マズローのピラミッドの基盤を形成しており，最初に満たされる必要がある。これらの欲求が満たされると，人は，安全と安心に対する欲求を含むピラミッドの次の段階に進むことができる。その後，我々は，所属，自尊心，目的，そして最終的には意味の段階へと移っていく[2]。

B 基本的欲求としての自己保存と保護

　マズローのピラミッドの基盤にある基本的欲求（それは漠然と「基本的あるいは主要な本能」と呼ばれている）は，人間にとってのもっとも強い動機づけである。これらの本質的な欲求は，文字通り我々が生き残るために人生の中で行う多くの決断に対して，自動的に（無意識のうちに）作用するものである。

　ほとんどの人は，食料，衣服，住居についての基本的な欲求を満たすことができるけれども，保護欲求についてはそれを満たすことがより難しい。人は，この危険で何が起こるのか予測もつかない世界の中で，自分たちの身の安全を保ち続けることが容易ではないということを知っている。災厄がランダムに発生することを我々がおそれるのは，こうした理由からである。そういった出来事の発生は，人が常に被害から自分自身を守れるわけではないのだという厳しい現実を，我々に突きつける。

　恐怖は，過度に強い反応を喚起する強力かつ根源的な感情であるため，人は自分を守ることができないというように考えてみるだけのことにも耐えられないものである[3]。脳の原初的な部分（**扁桃体**[4]）が，安全や幸福に対する脅威を知覚するやいなや，人は直観的にそれを排除しようと反応することになる。

　もし知覚された脅威が非常に深刻なものであるならば，人は，これに限ったことではないが，以下の3つのうちの1つを含む様々な反応をする可能性がある。それはすなわち，(1)毅然として立ち向かう，(2)逃げる，(3)知覚した脅威が現実であれ想像であれ，それをおそろしいものではないと思えるようにするために心の中で変えてしまう，の3つである。これらのうち最初の2つは，我々に基本的に備わっている行動における「闘争・逃走」反応である。3つめの選択肢は，**再評価**（人が脅威，つまりストレスの対象に対して，どのように考えるのかを変えることを，単に意味している[5]）として知られており，我々にはあまりなじみがないが，人の思考と行動に対してかなりの影響力を有する反応である。

　人は，脅威を感じると，その脅威を排除しようとするだけではなく，将来的に同様の脅威から自分自身を守ることができるように，その原因を特定あるいは解明しなければならないという気持ちに駆られる。その際，人は，無意識の

うちに責任を負うべき人や物を探そうとする。言い換えれば，人は過失や責任の所在を明らかにすることによって，困難な状況（つまり，まさにその脅威）について「説明」するのである[6]。その脅威の原因を特定したというように考えることができたならば，人はたいてい安心しておそれが小さくなるのである。

しかしながら，もし何がその脅威や災厄を引き起こしたのかについて特定あるいは解明できなかったならば，人は意識的あるいは無意識のうちに，その脅威に対する知覚を変える可能性がある。言い換えれば，人は，おそらく自分なりの説明を作ることによって，脅威に対する考え方を再評価するのである。その際に好まれるのは，同じようなことは自分たちにはもはや起こり得ないというように信じることのできる説明である[7]。心理学者は，この種の自己生成された説明について，認知的なコーピング方略と呼んでおり[8]，それには，ストレスのかかる状況に対する考え方の変容を引き起こすことも含まれる。

C 認知的なコーピング方略

認知的なコーピング方略は，現実の加害者や単に「脅威を感じさせる」情報から知覚した脅威に対処することを助けることによって，安全や保護を感じたいという人の不可抗力な欲求を満たす心のメカニズムでしかない。これらのコーピング方略によって，人は，自分たちの身に起こる可能性のある事柄に対して，ずっと脅えていることなく生活を送ることができるのである[9]。認知的なコーピング方略は，ストレスを和らげ，人が健全さを保持することを助けるが，よくある思考の誤りを生じさせることもあり得る[10]。もっとも一般的な思考の誤りについては，本章および次章で議論される。

1 「公正世界」信念

我々の基本的欲求の1つである保護欲求は，公正世界信念を生じさせる。この認知的なコーピング方略によって，人は，よいことが「よい」人々に起こり，悪いことが「悪い」人々に起こるのは，世界がかくあるべきだからであるというように思い込む。正義は常に最後に勝利しなければならないため，公正世界は，いついかなるときもよい行動に報い，（おそらく自分たち以外の）悪い行

動を罰するはずなのである。この信念によって，人は，この世界を秩序だっていて予測可能なところであると考えることができ，また，実際にそうあるということを心から願い，必要としている。

　ポジティブな自己概念は，人の幸福にとって重要なものであるため，我々は，自分たちのことを本質的に「よい」人だというように，自己中心的に思い込んでいる[11]。我々は，適切に振る舞う限り，すなわち「よい人」である限り，「悪い人」に生じる結果に懸念を感じる必要はないのである。

2 コントロール幻想

　我々の公正世界信念は，もう1つの認知的なコーピング方略を生じさせる。人は誰でも，行為の結果がどのようなものとなるのかについて，予測することができるというように考えている。それゆえ，もし人生の中で起こり得ることを，高い確率で予測することができるというように信じているならば，我々は，これから自らの身に起こることをコントロールすることができるのだというように，自分自身に対して言い聞かせることができる。この自己防衛のためのフィクションは，コントロール幻想と呼ばれるものである[12]。正しいことと間違ったこと，よいことと悪いことを区別することができる限り，我々は，理屈の上では，公正世界の要求通りに振る舞うことができるはずなのである[13]。

　我々は，なんとしても自分の運命を支配することのできる世界に住んでいたい（より正確には，そうすることを必要としている）。あらゆる問題に対して，一目でわかるような解決策を持ちたいと願う。あらゆる「悪い」結果についての説明を求める。人生に秩序と安定を強く望むため，曖昧なことや決定できないことに対しては困惑する。それゆえ，結果をコントロールして，現実あるいは想像上のありとあらゆる被害から自分自身を守れるというように信じることは，この世界が，どんなに「善良」かつ良識的で責任感があるとしても，罪のない人たちが傷ついてしまう可能性のある，危険で予測不可能な世界であるということを認めるよりも，はるかに心地よいことなのである。

　人は，自分に起こることについては，限られた範囲でしかコントロールすることができないということについて，客観的には気がついていても，おそれを抱いているときにはいつも，合理的な思考を放棄してしまう傾向にある。人は，

自分に起こるかもしれないことに対して，常におそれを感じながら暮らすことを避けるため，それに必要なありとあらゆることを信じようとするのである[14]。

　残念ながら，我々は，結果を予測し，コントロールする能力を，他者については過小評価する一方で，自分に関しては過大評価する傾向にある。たとえば，我々は，コイントスのような運に左右されるゲームで遊ぶときや宝くじを買うときにはいつでも，結果をコントロールすることができるというような幻想を膨張させてしまう（この幻想が，カジノを商売として成立させ，ギャンブラーに借金を背負わせるのである）。仮に，その運に左右されるゲームが技術も要する内容であった場合，我々は，なおさら結果をコントロールすることができるというように不合理に信じてしまうのである[15]。

D 認知的不協和

　我々がそうあるべきだと考える通りに世界が回っている限り，我々の公正世界信念とコントロール幻想は機能し続ける。しかし，なんらかの「悪い」ことが，どういうわけか「よい」人の身の上に起こってしまうと，これらの信念が危機に瀕することになる。たとえば，ある人が自身に落ち度がないのに，ひどく傷つけられたか，あるいは殺害されたというような，おそろしく，予測不可能な出来事を耳にしてしまった場合，我々は次のように考えざるを得ない。「もし，それが自分の身に起こっていたとしたら？　私はどのように対処したのだろうか？」

　出来事の結果が公正世界やコントロール幻想について我々が持っている観念と一致し得ない場合，我々は，この種の悪い結果によって個人的な脅威を感じてしまうことになる。我々は，その出来事と心の奥深くにある態度や信念との間における，こうした不一致を解消することができないため，この不一致によって，我々には認知的不協和，つまり心的な不快感が生じるのである[16]。

　認知的不協和から生じる不安によって，我々は，何が起こったのかについての説明を見出そうとする。それはすなわち，この不都合な出来事と我々の公正世界信念との整合性をとることのできる説明である。このことは，実際に起こっ

たことと公正世界においてはそのようになったはずだと我々が信じていることとの間で整合性をとるために，しばしば我々に根拠のない思い込みをさせてしまうことになる。

　興味深いことに，我々は，人生における曖昧さや不公平さというものに対して，単にそれらは存在しないものなのだというように自分自身を説得することによって，それらを排除することを選択する場合がある。このことが，我々の賢明で合理的な判断を下す能力に対して，影響を及ぼし得るということは明らかである。

II　法廷において説明を求めようとすること

　公正世界とコントロール幻想という自己防衛のためのフィクションは，しばしば法廷において維持しがたい状況に陥る。そうなった場合，陪審員は，レベル1やレベル2の判断形成を用いる可能性がある。この種の低いレベルでの判断は，弁護士を驚かせたり当惑させることがある。

　たとえば刑事事件において，陪審員は，一見「よい」人が重大な犯罪の被害者になり得たという事実を受け入れることに対して，困難を感じるかもしれない。しかし，被告人が，「悪い」人のように見えるか，あるいは故意に「悪い」ことをしたというような場合には，公正世界がそうした人たちを罰しようとするため，陪審員は，有罪の評決を下す方が楽だというように感じるであろう。（残念ながら，刑事犯罪においては，まさに起訴されているという事実のみによって，一部の陪審員の目には，彼らが「悪い」人のように映ることがある。）

　一見「よい」被告人が，重大な犯罪に関わっていたことを示す証拠に直面した場合，陪審員は認知的不協和を経験することになる。陪審員が思い描く公正世界においては，「よい」人は「悪い」ことをしないため，陪審員は，この信念と事件の事実の間で整合性をとることについて，困難さを感じるのである。（この傾向は，実質的には第6章で議論される防衛的帰属にあたるものである。公正世界信念とコントロール幻想は，防衛的帰属の根本にある原因なのである。）

A 刑事事件において陪審員はどのようなものの見方をするのか

　もし我々が，陪審員が「よい」人だというように受け取りそうな刑事被告人の弁護人ならば，我々は，公判において明らかに有利である。それは，刑事訴訟における挙証責任の原則が我々に有利に作用するだけでなく，我々の「よい」依頼者が有罪判決を受けるほど「悪く」振る舞ったということについて，陪審員が信じたくないと考える可能性があるからである。

　多くのコメンテーターは，認知的なコーピング方略が，ウィリアム・ケネディ・スミスとO. J. シンプソンの驚くべき無罪判決の一因であったというように信じている。被告人は，いずれも若く，魅力的で，裕福で，有名であった（**魅力効果**については，第6章を参照）。両者は重大な犯罪で起訴されたが，ほぼ間違いなく有罪となるような強力な証拠があったにもかかわらず，無罪となった。これはどうしてだろうか。

　罪のない若い女性が，一見「よい」男性によってレイプあるいは殺害されたかもしれないという事実は，公正世界の概念やコントロール幻想と矛盾する。「よい」人に見える魅力的な男性が，そうしたおそろしい犯罪を犯し得るとしたならば，陪審員，とりわけ女性の陪審員は，こうした「悪い」男を見分けて，それを避けることができない以上，いったいどのようにすれば性犯罪者から身を守ることができるのだろうか。

　陪審員による被告人に対する受け止め方が，検察側の証拠と食い違った場合，陪審員は，認知的不協和を軽減するために，認知的なコーピング方略を用いる可能性がある。実際，ウィリアム・ケネディ・スミスのレイプ事件を無罪とした直後に，陪審員が述べたコメントのいくつかの例は，彼らが自分たちの評決をどのように正当化したのかを示唆している。

　　私は，大金を持っている人が，欲しいものを手に入れるために，レイプという手段をとらなければならなかったということが，ちょっと信じられません。[17]
　　彼は，おそらくちょっと調子に乗ってしまったんですよ。かわいい女の子ですし。わかるでしょう。男ならやりそうなことですよ。私にも息子がいますし。[18]
　　私は，よい判断をしたと思いましたし，他の人もみなそう考えているように見えま

す。[19]

　　彼は，誰もレイプする必要がないですしね。[20]

　ハンサムで若いスミス医師は，陪審員に対して脅威を及ぼすようには見えなかったため，彼を性犯罪者としてイメージすることは，陪審員にとって明らかに難しいことだったのである。
　陪審員は，自分自身の安全や幸福に対する脅威を感じると，それが現実のものか，想像上のものかにかかわらず，次の2つのうちいずれか1つの方法によって対処するようにしばしば動機づけられる。それはすなわち，(1)彼らは，脅威を与えている証拠を，単に無視する。または，(2)彼らが信じていること，あるいは，信じたいことが真実となるように，証拠に対する彼らの受け取り方を変える[21]，といった対処である。こうした無意識のうちになされる反応は，陪審員が，現実と彼らの抱く公正世界信念や保護欲求との間に生じる不一致を取り除くのに役立つ，認知的なコーピング方略の例である。
　このような判断は，判断形成におけるもっとも低いレベルの階層において行われるため，陪審員は，自分たちが認知的なコーピング方略に依存していることについて，通常は気がつかない。しかしながら，こうした対処方略は弁護士の主張についての陪審員の受け止め方に対して，劇的に影響を及ぼす可能性があるため，弁護士は，これらの手法がどのように作用するかを十分に知っていなくてはならない。

B 民事事件において陪審員は自分の知覚をどのように操作するのか

　原告が被害を受けている場合，誰も原告のように傷つきたいとは思わないので，その原告の代理人を務めることは，そもそも困難なことである。誰も原告の立場に自らを重ね合わせたいとは思わないであろう。とくにそれが，重大な傷病，死，疾患についての訴訟や，子どもを亡くすなど，自分が潜在的に影響を受ける可能性のある状況や損失に関わる訴訟であるならば，なおのことである。
　何の落ち度もないのに，ひどく傷つけられた「よい」人間のように見える原

告に直面した場合，陪審員は，認知的不協和を経験することになる。この経験は，次に，陪審員の根源的な「闘争・逃走」反応を活性化させる。そして，それは，まるで自分の安全に対して本物の個人的な脅威が存在するかのような反応を，彼らにもたらす。

陪審員は，原告に何が起こったのかを考えることから無意識のうちに「逃避」するため，しばしば，論理や根拠もそれに合わせて動くことになる。同じようなことが自分たちに起こることはないというように，陪審員が自分自身を納得させようとすればするほど，事実と空想の境界は不明瞭になる。陪審員は，とりわけ被害を与えようという故意を持った人が見当たらない場合においては，実際に悪いことがよい人に対して起こるということを認めたがらないものである。

コントロール幻想もまた，被害を防ぐために原告にできることが何もなかったということを認めることについて，陪審員を躊躇させる。陪審員は，原告が結果をコントロールする能力を持っていたということを前提として，どうして原告はそのような悪いことが起こるのを「受容」したのかというように，疑問に思い始める。この無意識のうちになされる反応は，自分は自分の運命の支配者であり，それをコントロールすることができるというように信じたがる，陪審員の無謀な欲求から生じるものである。

陪審員は，起こってしまった嫌な現実を直視したいとは考えないが，「公正世界」が責任の所在が明らかであることを要求するため，彼らはその悪い結果が生じた経緯を説明しなくてはならない気持ちに駆られることになる[22]。責任を負わせる先を見つけることは，陪審員の認知的不協和を緩和させることにも役立つのである。

陪審員が説明を見つけようとするとき，彼らは，もし自分たちが原告の立場にいたとしたならば，原告とは違うように行動したであろうと思われる，ありとあらゆることを考慮する。このようにして陪審員は，原告と違って，自分たちならば状況をコントロールし，被害を避けることができたというように思い込んでしまうことになる。たとえ事実が，原告の立場からは状況をコントロールすることが不可能であったことを客観的に示しているとしても，この思い込みは変わらない。この傾向は，明らかに被告側にとって有利なものである。（反

実仮想思考についての議論，および，第6章の根本的な帰属の誤りを参照。これらの概念は，相互に密接に関係している。)

　陪審員は自分自身では全く気づいていないけれども，原告の苦境に対して彼らが無意識に示す反応は，恐怖に基づくものであるため，その状況とは不釣り合いなほどに強く不適切なものとなる傾向にある[23]。このことは，すべての現実あるいは想像上の被害から自分を守りたいという陪審員の強い欲求が，彼らの正確かつ客観的に責任の所在を明らかにしたいという欲求以上のものであることを証明しているともいえる。

　多くの場合，もっとも単純で，もっとも満足のいく説明は，被告には原告を害する故意がなかったという理由によって，原告自身を責めることである。たとえ原告側の過失相殺を示す証拠がない場合においても，陪審員にとっては，これが，起こったことと彼らが心から信じたいこととの間で整合性をとるにあたっての簡単な方法なのである。あるいは別の方法として，陪審員は，原告のことを，まさに当然の報いを受けた「悪い」人にちがいないというように思い込む可能性もある[24]（第6章および第7章の社会的バイアスおよび文化的バイアスの議論を参照）。はたして，これら以外に公正世界がこの事件が起こることを容認する理由があるだろうか。

　陪審員は，自分たちが無防備ではなく，もっとコントロールすることができると感じられるように，事件の事実を変えることによって，原告と同様の結果に苦しむことへの恐怖を，無意識のうちに和らげる傾向にある。陪審員が自己生成した「説明」は，自分たちが安全であるということを再確認するために役立つが，それらの説明は，客観的に見れば，不合理で証拠による裏づけが全くない可能性がある。とくに原告の代理人を務めているのであれば，弁護士は，これらの認知的なコーピング方略に対応するための準備をしておく必要がある。

C 原告側の代理人はどのように応答し得るか

　陪審員が，被害を受けた原告に対して，不合理なあるいはおよそ考えられないような高い水準の注意を要求してくる可能性がある場合，弁護士は，それを予防するように努めなくてはならない。さもなければ，依頼者は，陪審員の判

断から生じた予想外の結果に耐えなくてはならなくなるであろう。

　認知的不協和によって陪審員は，しきりに責任の所在を求めるようになる。陪審員は，判断できないことに耐えられないことから，何が起きて，それは誰の過失なのかということを，早々に，そしてそれはときには過剰なほどに早く決定することになる。弁護士は，起きた事柄について，単刀直入に相手方を責めることによって，陪審員が，判断できないでいることのストレスを取り除き，起こったことについて我々の依頼者を非難するという自然な傾向に抗えるように支援することが可能である。

　陪審員は，他の人たちと同様に，自分たちがもっともよく知っている事柄に対して批判を行う傾向がある（第8章の利用可能性バイアスを参照）。それゆえ，弁護士が焦点を当てると決めたものが，たいていの場合，どのような判決が下されるかを決定づけることになる。

　公判において，（我々は過去においてはしばしばそうしてきたが）我々の依頼者に対して焦点を当てることから始めたとするならば，陪審員は，我々の依頼者の振る舞いを批判しようとする。しかし，弁護士がその逆に，最初に被告に焦点を当てたならば，陪審員は，無意識のうちに，我々の依頼者ではなく，被告に対してあら探しを始めるだろう。弁護士は，我々の依頼者や，依頼者が行ったあるいは行わなかったことについてではなく，相手方や，相手方が行うことができたあるいは行うべきだったのにそうしなかったことについて，裁判を行う必要がある。そして，被告が複数人いる場合には，弁護士は，最初に鍵となる被告について，次にその他の被告について，そして最後に原告について言及すべきである。

　証拠には，いつでも隙間があろう。すなわち，陪審員が公判で探し求めるが，弁護士がまだ見つけることができなかった情報が存在するだろう。弁護士は，公判の前，できれば提訴前に，フォーカスグループインタビューと模擬公判のいずれか，または両方を実施することによって，これらの欠落部分を確認しておく必要がある。弁護士がまだ認識していなかった証拠における重大な欠陥を発見する上で，これらはもっともすぐれた機会となる。フォーカスグループインタビューの参加者が知りたいと考えるものが，陪審員が公判において何を必要とするのかということを弁護士に教えてくれる。それは，必然的に，彼らに

とって重要な信念，価値観，人生経験を反映した事実や主張となるであろう。

探すべきものがわかったならば，弁護士は，陪審員を満足させ，彼らが起こったことについて自分の依頼者を責めようとする可能性を下げ，訴訟において勝つ確率を高めるような証拠を，意識して準備することが可能となる。もし弁護士が，不足している重要な事実を見つけることができなかったとしたならば，我々は公判に進むことよりも和解をすることを検討すべきである。証拠に残された隙間は，常に挙証責任がない被告に対して有利に働くことになる。

D 1つの事例

ひどい雷雨の中，仕事に出かけるために車を運転していた原告の代理人を務めると仮定しよう。原告の車がアパートの前に立っていた樹齢100年の巨大な老木の下を通りすぎたとき，200ポンドもの重さのある木の大枝が，直接原告の車の上に落ちてきた結果，彼女は四肢麻痺の状態となってしまった。事件が起こった市には，事前に市の許可を得ることなく市内で樹木を切り倒すことを禁止するという条例が存在した。

事故の4年前，アパートのオーナーは，木を伐採するために，市の許可を申請していた。この木は，これまでにも何度か相当に大きな枝を落としたことがあり，腐敗と虫害の症状を示していた。こうした状況にもかかわらず，市の樹木管理担当者は，木を検査するためにやってきた際，この木はすぐに危険というわけではないと明言した。また，この樹木管理担当者は，この木が保存されるべき歴史的なランドマークであるということを指摘した。

市の樹木管理担当者は，そのアパートのオーナーに対して，この木を切る許可の発行をきっぱりと拒否した。そして，このオーナーは，許認の申請手続きをそれ以上求めることはしなかった。なぜなら，そうしたところでどうにもならないだろうというように考えたからである。その結果，原告が大怪我を負うまで，その木はそこにそのままになっていた。

我々は，原告の弁護士として，その事故についての話と，我々の依頼者がどのくらいひどい怪我を負ったのかについての話から，公判ストーリーを開始したいという誘惑に駆られるかもしれない。しかし，もし我々がそうしたならば，

陪審員は，無意識のうちに原告に起こった出来事から自分たちを遠ざけたいと考えるだろう。

陪審員は，原告の被害のことはすでに知っている。もし我々の公判ストーリーが，雷雨や大枝の落下から始まったとすれば，陪審員は，(1)原告が，そんな悪天候の中で運転していることを非難するか，あるいは，(2)その天気についての責任は誰にもないため，起こったことを神の御業に帰属させることになるであろう。しかしながら，もし我々が，アパートのオーナーによる木の伐採許可の申請を市が拒否したという，事故の4年前の話からストーリーを始めたならば，陪審員の反応は全く違ったものとなるだろう。

選択肢の1つとして考えられるのは，市の樹木管理担当者がその歴史的な木を保護する決定をしたことに焦点を当てることから，冒頭陳述を開始することである。このアプローチは，樹木管理担当者の共同被告（アパートのオーナー）や原告よりも，樹木管理担当者の行為に対して，陪審員が焦点を当てることを促進する。事件を構成する出来事の順番をただ変えるだけで，陪審員に**再評価**を促したり，あるいは，彼らがそれらの出来事をどのように考えるのかを変えることを促したりすることができるのである。

最初の焦点を，市の樹木管理担当者の方に当てることによって，我々の主張は，第一に，市民よりもよく木の面倒を見ている市に対して向けられることになり，第二には，彼の賃借人を保護しなかったアパートのオーナーに対して向けられることになる。そして，我々の依頼者が行った雷雨のときに車を運転するという判断については，焦点をもっとも当てにくくすべきである。市の樹木管理担当者の判断が原告の受けた被害よりも以前のことであることを示すだけでなく，被害を引き起こしたものであることを示すことによって，我々は，陪審員が市の行いをいっそう批判するように仕向けることができる。

同様に，もし弁護士が，アパートのオーナーのことや，彼が樹木のメンテナンスを行って自分の不動産を賃借人や通行人にとって安全な状態にしておかなかったことから語り始めるとするならば，陪審員は，起こったことの責任が，主に彼にあるというように考える可能性がある。いずれの被告がまず責任を負うべきであるのかの判断は，我々が誰にもっとも責任を負わせたいと思うか次第なのである。

もし主被告の行為が，我々の公判ストーリーの焦点であるならば，陪審員は，原告や原告の被害から自分たちがむりやり遠ざけられているというようには，あまり感じないであろう。それどころか陪審員は，無意識のうちに主被告の行為を批判したくなるであろう。とくに，事件の事実が，被告の行為について，故意がある，あるいは，不当である，ひどいものであったといった構成を正当化する場合においては，なおのこと主被告の行為を批判したくなるであろう。陪審員は，自らが例外的な違反行為として捉えることを，進んで罰しようとする傾向がある。

E 陪審員に本来の仕事をさせる

　陪審員は，不正行為について自分自身の結論を導き出そうとする。弁護士の仕事は，相手方の不正行為についての判断を下したり，事案についての結論を出したりすることではなく，ただそれを強調する明らかな証拠を，陪審員に対して提示することである。陪審員は，彼らが弁護士によって弁護士側の申立ての内容を主張することを求められていると感じるのではなく，弁護士がただその事実を示してみせることによって，陪審員に違法行為を処罰するように促していると感じるとき，より進んで違法行為を罰しようとする。陪審員は，その事件を自分で自由に判断することを望んでいる。陪審員は，自分たちがするべきことについて，弁護士から口出しをされることを，決して望まないのである。
　相対的に距離を置き，判断を避けた状態でいることによって，弁護士としての我々に対する信頼性は高まる。相手方への個人攻撃が効を奏することは，ほとんどない。もし我々が，基本的でありのままの事実と，陪審員としての仕事を果たすための適切な材料を彼らに与えたならば，彼らはほとんどの場合において正しい判断に達するだろう。
　次章では，もっとも一般的な陪審員のバイアスについて検討する。これらのバイアスもまた，陪審員の知覚と記憶を変容させる際に大きな役割を果たすものである。

注

1) Abraham H. Maslow, *A Theory of Human Motivation*, 50 PSYCHOL. REV. 370 (1943).「明確な」欲求の階層性が存在するのかどうかについては，一部で論争がなされてきた。しかしながら，マズローの理論は，一般的によく知られており有力なものである。進化心理学の観点に立ったピラミッドに関する異なる捉え方については，次の文献を参照。Douglass T. Kenrick et al., *Renovating the Pyramid of Needs: Contemporary Extensions Built Upon Ancient Foundations*, 5 PERSPECTNES ON PSYCHOL. SCI. 1-74 (2010).
2) *Id.*
3) Paul Ekman, *Basic Emotions*, in HANDBOOK OF COGNITION AND EMOTION 45-60 (Tim Dagleish & Mick Power, eds. 1999).
4) 扁桃体は，恐怖や攻撃と関連する脳の部位であり，我々の「闘争・逃走」反応を引き起こすものである。また，視覚的な学習や記憶においても重要な役割を果たす。Simon Killcross et al., *Different Types of Fear-Conditioned Behaviour Mediated by Separate Nuclei within Amygdala*, 388 NATURE 377-80 (1997).
5) Lawrence E. Williams et al., *The Unconscious Regulation of Emotion: Nonconscious Reappraisal Goals Modulate Emotional Reactivity*, 9 EMOTIONS 847-54 (2009).
6) See MELVIN J. LERNER, THE BELIEF IN A JUST WORLD: A FUNDAMENTAL DELUSION (1980).
7) Williams et al., *supra* note 5.
8) Susan Folkman & Judith T. Moskowitz, *Coping: Pitfalls and Promise*, 55 ANN. REV. OF PSYCHOL. 745-74 (2004).
9) *Id.*
10) JUDITH BECK, COGNITIVE THERAPY: BASICS AND BEYOND (1995).
11) Constantine Sedikides & Michael J. Strube, *Self-Evaluation: To Thine Own Self Be Good, To Thine Own Self Be Sure, To Thine Own Self Be True, and To Thine Own Self Be Better*, 29 ADVANCES IN EXPER. SOC. PSYCHOL. 209-69 (1997).
12) Ellen J. Langer, *The Illusion of Control*, 32 J. PERSONALITY & SOC. PSYCHOL. 311 (1975).
13) Tom Pyszczynski et al., *Why Do People Need Self-Esteem? A Theoretical and Empirical Review*, 130 PSYCHOL. BULL. 435-68 (2004).
14) LERNER, *supra* note 6.
15) Ellen J. Langer & Jane Roth, *Heads I Win, Tails It's Chance: The Illusion of Control as a Function of the Sequence of Outcomes in a Purely Chance Task*, 32 J. PERSONALITY & SOC. PSYCHOL. 951 (1975).
16) LEON FESTINGER, A THEORY OF COGNITIVE DISSONANCE (1957).
17) Mary I. Christine Evans, *Courtyard Jury' Has Own View on Trial*, MIAMI HERALD, Dec. 3, 1991.
18) *Id.*
19) Nancy S. Marder, *Deliberations and Disclosures: A Study of Post-Verdict Interviews of jurors*, 82 IOWA L. REV. 465 (1997).
20) Mary I. Coombs, *Telling the Victim's Story*, 2 TEX. J. WOMEN L. 277, 301 (1993).
21) Charles G. Lord, *Biased Assimilation and Attitude Polarization: The Effects of Prior Theories on Subsequently Considered Evidence*, 37 J. PERSONALITY & SOC. PSYCHOL. 2098-2109

(1979).
22) LERNER, *supra* note 6.
23) LERNER, *supra* note 6.
24) どういう人が「被害者を責める」傾向にあるのか，そして，それはなぜなのかについての詳細な議論は，次の文献を参照。Kees van den Bos & Marjolein Maas, *On the Psychology of the Belief in a Just World: Explaining Experimental and Rationalistic Paths to Victim-Blaming*, 35 J. PERSONALIIY & SOC. PSYCHOL. BULL. 1567-78（2009）.

第5章
陪審員共通のバイアス

I バイアス入門

　受け入れがたい事実であるが、人間はみなバイアスを持っている。「バイアス」という言葉は、日常会話において偏見や頑固な考えなどといったネガティブな意味を内包している。しかし、社会心理学において、この用語はよりニュートラルな意味を持っている。バイアスは、単に、我々が情報を処理する際に、ポジティブであれネガティブであれなんらかの影響を情報に与える人の好みであり、傾向である[1]。別の言葉でいえば、バイアスとは、物事について考える際に前もって持っている概念や意見を指している。

　人は、人生において遭遇する外的影響や内的影響に対して、予測可能な一貫した方法で繰り返し反応することによって、バイアスを形成する。我々のバイアスの一部は、実際のところ、自己高揚動機や自己保護動機に基づいた原始的な生存メカニズムである[2]。その他のバイアスは、我々が情報を処理する際に生じる不可避な副産物である。

　（第8章で論じられる）「ヒューリスティックス」のようなバイアスは、本質的には、我々の情報処理をより高速かつ効率的なものとするためのショートカット分類スキーマである。ただし、これらは、厳密にいえば、それを目的として発達したものではない。これらバイアスとヒューリスティックスの2種類の認知処理は全く異なる形で機能するにもかかわらず、ともに我々の知覚や記憶を無意識的に変容させることによって、思考や判断形成に重大な影響を与える可能性があるものである。

　陪審員たちが事件に対してとりそうな反応を、より正確に捉えるために、彼らが公判において提示される証拠を知覚し、処理し、記憶する際に、無意識のうちに頼りにしてしまっているもっとも共通のバイアスについて、我々弁護士は理解しておく必要がある。本章では、**認知バイアス**と**動機づけバイアス**、その中でもとくに、陪審員の「公判ストーリー」の形成に影響するものについての検討から始める。引き続く2つの章では、社会的バイアスとも言える**帰属バイアス**と、**文化バイアス**を扱う。これらのバイアスは、ともに判断形成の階層性のレベル3を構成するものであり、すべて密接に結びついている。また、こ

れらは相互に共同して機能する傾向もあるため，法廷においてこれらの作用を隔絶しようとすることは，不可能ではないにせよ，極めて難しい。

A 関連づけと神経ネットワーク

　第2章で述べたように，人間の脳は，神経ネットワークの複雑なシステムによって構成されており，それは，すでに知っている情報と新しい情報を比較したり，関連づけることによって，新しい情報を解釈することを促している[3]。人はみな，認知的節約家なので，節約が可能なときはいつでも，無意識のうちに認知的資源を残しておこうとする。大人であれば，こうした節約の方法の1つは，新しい情報を調節するのではなく，むしろそれを同化させてしまうことである（記憶についての第3章参照）。つまり，人は，これまでに出会ったことのないものをより適切に分類する新しいスキーマを創造するよりも，当てはまりの悪い既存のスキーマにむりやり新しい概念や観念を入れようとするのである。さらに人には，同意できないような新しい情報は，同化させるかそれ自体を完全に無視するかのどちらかを行う傾向にある。これは，バイアスのかかった同化と呼ばれる認知過程である。

B バイアスのかかった同化と信念の耐久力

　心理学の研究によると，人は，自分たちが信じていることや，信じたいと思っていることと矛盾する新情報に出会ったときには，これらの矛盾を含む知覚に対して，バイアスを働かせて処理する[4]。我々の知覚は，個人的な信念バイアスのフィルターを無意識のうちに通過しているので，見たもの，聞いたものを，必ずしもそのまま信じるわけではない。それよりも，話者の意図を考慮することなく，自分がすでに信じているものを見たり，聞いたりする傾向にある[5]。

　バイアスのかかった同化作用は，無意識のうちに起こるので，バイアスが時間とともに深く染みついていく。また，このようなバイアスそのものを変えることは，深刻な認知的不協和を引き起こすため，膨大な負担を強いることになる。したがって，我々はバイアスの変化を頑なに拒み，なんとしても固執しよ

うとする。それがバイアスを修正または反証するような、バイアスと矛盾する情報があり、それが信頼に値するものであると知った後であったとしても、固執し続けるのである[6]。人は、自らのバイアスを変化させようとは思わないし、そもそもそれに気づかないので、いわゆる信念バイアスは「耐久」力があるといわれる。

信念の耐久力は、知識と信念が、思考の内容をどのようにコントロールしているのかを、広範に記述する心理学用語である[7]。人は、日々の生活の中で何かを決定をする際、自分たち自身の個人的な信念バイアスに頼って判断することを習慣としている。これらの信念バイアスに固執し続けるのは、そうしないと深刻な認知的不協和を引き起こすことになるからであり、それは我々が無意識のうちに避けていることだからである。

公判中の陪審員たちについても、同じことがいえる。彼らが、自分たちの信念バイアスと一致しないような証拠を見たり聞いたりしたときには、それを、以下の2つの方法のどちらかで扱ってしまい、公正かつ平等な方法で、それを評価することができないときがある。(1)その存在を、完全に無視する。(2)そのときに信じているものと一致するように、一致しない証拠に対する受け止め方を変える[8]。どちらの方法をとっても、個人的な信念バイアスが変化させられるよりは、むしろそれと一致しない証拠の方が、無視または歪曲されてしまうことが多い。これが、バイアスのかかった同化の実態である。バイアスのかかった同化は、陪審員たちの認知的不協和を解決するかもしれないが、証拠が示すものがどんな内容のものであっても、彼らの信念バイアスを維持させようとする。

C 公判ストーリーへの悪影響

人は、新しい「出来事情報」を聞いたとき、起こったことを解釈し、意味を理解するために、直感に基づき、心の中で1つのストーリーを構築し始める[9]。心理学の研究は、陪審員たちが公判においても同様の反応を引き起こしていることを示してきた。即時かつ直観的な形で証拠の意味を理解しやすくするため、陪審員たちは「公判ストーリー」を構築する。(第3章参照。)

陪審員たちは，記憶の中にしまい込まれた「公判スキーマ」から当該事件に類似したものを探すことから，公判ストーリーの構築を始める。陪審員たちは，最初に，事件の中で起こったことと自分たちの知っている世界を，直感的に比較する。日常生活の中で依拠し，慣れ親しんだスキーマは，人の記憶の中でもっともすぐに利用可能なものであるので，彼らが最初にアクセスするストーリースキーマとなりがちである。そのストーリースキーマは，陪審員たちに，「あ，これみたことがある」，「この後どうなっていくのか，わかるぞ」，あるいは「私にも以前に同じ事が起こった」といった考えを抱かせやすい[10]。（第8章の利用可能性ヒューリスティックスを参照。）

　陪審員たちは，人がどう振る舞うはずであるのか，出来事はどう展開するはずであるのか，物事の仕組みがどのように機能するはずであるのかについて，前もって考えを持っている。彼らは，我々の事件の事実を理解し，記憶するために参照する枠組みとして，これらの原形となるストーリーの公式，すなわち「前もって組み立てられたストーリーの型」を用いる。これは，2つの意味で，不幸なことである。第一に，陪審員のストーリースキーマは，陪審員の個人的信念バイアスの影響を避けることができない。第二に，陪審員にとって，もっとも容易に思い出すことができるスキーマが，公判で提示された証拠によく当てはまるものであるという必然性はない。

　陪審員たちが，記憶の中からこれらの個人的な「ストーリースキーマ」の束を想起する際には，大量の無関係な情報や経験が無意識のうちに引っぱり出されてきて，証拠の判断に影響を与える。これによって，陪審員たちは，この事件における実際の事実と，それと類似した「ストーリースキーマ」を無意識のうちに混ぜ合わせてしまい，混乱に陥る（第3章の記憶の汚染に関する議論を参照）。さらに悪いことに，陪審員たちは，これらの混濁したストーリーが真実であり，証拠を正確に反映しているものと信じていて，自分たちの知覚や個人的な公判ストーリーが，客観的には不正確であるかもしれないということに，決して気がつかない。結果として，陪審員たちは，事実だけではなく，事実以外のものに基づいて，事件についての最終的な決定を下すかもしれないのである。そして，残念ながら，仮にそうであったとしても，それがどの程度生じているのかについては，我々は評決が出されるときまで全く知ることができない。

D 陪審員の信念バイアスと結びつける

　なんらかのメリットがあるか否かを問わず，陪審員の信念バイアスが持っているインパクトは巨大で，公判の結果を左右するものであるため，弁護士はこれらについて対処しなくてはならない。陪審員たちが自ら，自分たちの信念バイアスを理解したり，説明したりすることは難しいので，我々が彼らのためにそれをしなければならない[11]。

　幸運なことに，ほとんどのバイアスは，非常に体系的であり，一貫した形で，予測可能なパターンで作用する[12]。さらに陪審員たちは，同様の信念バイアスを多く共有する傾向にある。事件の事実を，陪審員たちの信念バイアスに結びつけることができるならば，証拠を正確に知覚し，処理し，記憶するための陪審員たちの能力を向上させるだけでなく，彼らが実際にその証拠を信じる可能性を高めることができる[13]。新情報と陪審員自身が固有に持つ世界観や人生経験とを結びつけることができたならば，事前に予測される通りに，陪審員たちは，新しい情報を信用できるものとして考えるだろう。

　人々に共通して共有されているバイアスを発見するのに，もっともよい方法は，フォーカスグループインタビューを実施することである。それによって公判の最終的な結果を常に予測することができるわけではないが，フォーカスグループインタビューの結果は，常に有益なものである。しかし，それに追加の費用をかけることに見合わない事件のために，もっとも共通するバイアスがどんなものであるのかを知っておくことは，我々の事件の陪審員たちが，この事件の特定の係争事実に対して，どのような反応を示しそうであるのかという点について，精度の高い予測を行う上で役に立つであろう。

II 陪審員の「公判ストーリー」構築に影響を及ぼす認知バイアス

　事件を陪審員の信念バイアスにうまく結びつける方法について検討する前に，もっとも共通のバイアスがどのようなもので，陪審員の公判ストーリーや判断形成にどのような影響を与えるのかについて，理解しておく必要がある。以下

の認知バイアスと動機づけバイアスは，陪審員による公判ストーリーの構築において，決定的な役割を果たすものである。

A 確証バイアス

　確証バイアスは，信念の耐久力やバイアスのかかった同化と密接に関連する。このバイアスが明らかにするのは，人はみな，すでに信じているものを信じ続けたいと思いやすいということである[14]。

　人にとって，既存の認知的枠組みにうまくフィットしない情報を処理することは，困難を極める。そのため，人は情報をほとんど持っていなかったり，それに対処するための経験的基盤を有していないことについては，無視したり，強い疑いの目を向けがちになる。これが，我々の信念バイアスが変わりにくい理由でもある。信念バイアスの変化は，解決することが困難な，深刻な認知的不協和を発生させる[15]。

　心理学の実験結果によれば，我々の知覚は，既存の信念や期待といった**認知的要因**に影響を受けるだけでなく，願望や欲望，情動的愛着といった**動機づけ要因**にも影響を受ける[16]。結果として，我々の願望や期待は，これらの経験についての記憶と同様に，実際に我々の経験を形成する[17]。我々は，認知的不協和を避けるために，自分が見たいと期待したり，願ったりすることを見る傾向にあるので，たとえば，スポーツイベントに参加した際，自分たちのチームが惜しい試合に負けたなら，自分たちのチームの選手の誰かではなく，審判を責めやすい。

　人はまた，自分たちの手でバイアスを増大させる。そのため，人は，自分たちと同じように考え，同じように振る舞う人と関わることを好むし，あるテレビ局のニュース番組を他の局のニュース番組よりも好むことになる。たとえば，Foxニュースが好きな人は，普通ならばMSNBCニュースを好まないだろう。両方のテレビ局は，ともにニュースと情報を提供しているが，それぞれ特定の政治的バイアスを持っている。人は，自分たちの信念バイアスを確証するテレビ局を選ぶ傾向にあるのである。

　確証バイアスは，公判における陪審員のストーリー構築に強い影響力を持つ。

陪審員たちは，すべての証拠を誠実に，客観的に評価するよりも，自分たちの既存の信念を確証させてくれる証拠を探し，それに対して不均衡なまでに重きを置く傾向がある。つまり，彼らは，実際に起こったことを確証するために確証バイアスを用いるのではなく，彼らが通常起こると信じること，あるいは実際に起こったと信じたいことを確証するために，それを用いる。このため，陪審員たちは，彼らが信じる，あるいは信じたいと思っているものに適合しない公判ストーリーを拒絶しやすく，その代わりに，適合しない公判ストーリーは，彼らの信念バイアスとより一致する彼ら自身のストーリーに置き換えられる。

　我々は，陪審員たちの証拠に対する反応に驚かされることがある。たとえば，ある眼科医が，高齢の患者に対して不必要な白内障手術を行ったとして，81件にものぼる医療保険詐欺の罪で起訴されたことがある。手術は明らかに不必要なものであったため，それは検察官の側に有利なケースであった。被告弁護人は，62歳の依頼者が，長期の懲役刑を受けるかもしれないことに対して心から心配し，公判コンサルタントを雇うことに決めた。

　公判コンサルタントは，公判前に一連のフォーカスグループインタビューを行った。この参加者は，当初，新しい証拠がいくつか加えられるまでは，眼科医に有罪の心証を持っていた。そこで，公判コンサルタントは，以下のような事実から冒頭陳述を始めるように被告人の弁護人にアドバイスした。しかし，このとき，その弁護士はそのアイデアに懐疑的な見方をしていた。そもそも弁護士の方は，絶対にこの情報を陪審員に知られないようにして戦おうという計画を立てていたので，彼はコンサルタントのアドバイスを，ほとんど即座に拒絶しかけた。ところが，これらの新しい事実が加えられると，フォーカスグループインタビューの参加者は，毎回のように被告人に対して無罪の心証を持ったのである。

　コンサルタントのアドバイスに基づいて，弁護人は，公判において，以下のように冒頭陳述を始めた。

　　医師のスタントンさんとその妻は，信じられないほど裕福です。彼らは，アメリカと海外に4つの豪華な家を持っています。彼らは，このニューヨーク，ちょうどセントラルパークに面した五番街に，アパートを持っています。彼らはまた，400エーカー

の大きな牧場を，モンタナに持っています。それから，彼らは，南太平洋の島フィジーに，浜辺の家を持っています。そして，南フランスにも，広大な別荘を持っています。さらに，彼らは，総額4000万ドルを超える資産を持っています。

この夫婦が莫大な資産を持っているという証拠は，検察側の主張にあった重大な隙を突いた。そう，被告人にとって，手術は必要がなかったのである。では，被告人の動機は何か？ お金持ちの医師が，なぜ医療保険詐欺に意図的に関与するのだろうか？ どれだけ被告人が裕福であるのかを陪審員たちが理解した途端，この話が理屈に合わなくなったのである。その結果，彼は無罪になった[18]。

検察側は，動機に関する問いに答えなかったので，陪審員たちは，彼ら自身でそれに対しての答えを作り出したのである。彼らは，自分たち自身の公判ストーリーを作った。それは，豊かな人が普通どのように振る舞うのかについて，彼らの信念バイアスを確証するものであった。被告人のような豊かな人が，リスクを冒す理由が考えられないので，信じられないほど豊かな医師が意図的に医療保険詐欺を行ったという事実は，陪審員たちにとっては信じられなかったのである。

被告人の弁護人が，公判前にフォーカスグループインタビューの恩恵を受けることのないまま，この事件を戦っていたら，おそらく結果は異なったものとなっていたであろう。しかし，依頼者の無罪を得るために，公判前に潜在的に陪審員たちが有している信念バイアスについて入念に調査することで，彼は，陪審員たちが信じたいことと，まさに合致する公判ストーリーを作り出すことができた。これが，確証バイアスを自分たちに有利な形で用いる方法である。（この事件は，第7章の中で論じる規範バイアスの好例でもある。）

B 後知恵バイアス

「しくじったね」私は叫んだ。「結果を見ての通り」
彼は，冷静に私に目を向けた。
「こうすると決めたときには」彼は言った。

「私は，私を導く結果を持たなかった」

　　　　　　　　　　　　　　　　　　　　　　　アンブローゾ・ビアス[19]

　結果がどうなったのかを事前に知っている場合，我々は，後知恵バイアスによって，ある結果が起こるのが当然だと信じることになる[20]。広く知られたこの現象は，ストーリーを語る順番が，日常とは逆になる公判においても見られる。

　後知恵バイアスは，陪審員の公判ストーリーの構築において，非常に強く影響を及ぼす。公判が始まると，陪審員たちには，誰が当事者であり，なぜ彼らが法廷にいるのかが説明される。これは，我々が話をする機会を得る前に，我々のストーリーがどのように終わるのかを知り得る独特な立ち位置に，陪審員たちがいることを意味している。時間的な順序とは逆の順番で，出来事が心理的に明らかにされていくので，彼らの公判ストーリーは，基本的に最後から始まって，前へ前へと遡っていく。彼らが聞くそれぞれの新情報，とくにその出来事の原因に関することは，無意識のうちにしかも不可避的に，これらの結果についての知識に基づいて形成され，歪められることになる[21]。

　結果について予め知っていることによって，陪審員たちは，その結果が当然であると過大視し，また前もって結果について予測することのできる自分たちの能力を過大視する。別の言葉で言えば，後知恵バイアスによって，陪審員たちは，結果は当然で，そうなることは明らかであり，最初から予測可能であったというように考える。これによって，彼らは，一方または双方の当事者を，現在から見て明らかに予測可能なことであるのに，被害を予測し被害を避けることを怠ったのが悪いとして責めるのが容易となる[22]。

　このような予知能力は，出来事の後から生じる性質のものであるのに，陪審員たちは，それでもなお，自分たちがその当事者と同じ立場にあっても，その不運な結果を予測できたであろうことを決して疑わない。陪審員たちは，その当事者が，事件が実際に起こったその時点においては，後知恵の利得に預かれないということを，すぐに忘れてしまうものなのである[23]。

■1 後知恵と反実仮想思考

　反実仮想思考は，しばしば後知恵バイアスと結びつく（この詳細については第8章のヒューリスティックスについての記述を参照）。反実仮想思考とは，起こった現実とは異なる可能性を心の中でシミュレーションしたりイメージしたりし，心の中でその結果を演じてみせるといったものである[24]。特段理由もないのに何か悪いことが起こったとき，公正世界信念とコントロール幻想によって，我々は，現実よりもより好ましい選択肢を想像することで，悪い結果を無意識のうちに「なかったこと」にする[25]。実際に起こったことのおぞましい現実に直面するよりも，自分なら何をしそうで，何ができて，何をすべきであったのかを想像する方が，より容易であるし，動揺を少なくすることができるのである[26]。

　公判において，陪審員たちは，なぜそんな酷い出来事が起こる余地があったのかの原因を説明するために，自己を保護するような反実仮想思考に頼って考える。とくに深刻な被害や死が関わる事件では，決定的な原因について，陪審員たちは，他の可能性，つまり普通はよりポジティブな結果が起こる可能性を想像することで，原告に起こった悪いことを，無意識のうちに「なかったこと」にする傾向がある。「もし原告が……していれば……」といったように，それが想像にすぎないとしても，事件のストーリーに対して，より好ましいエンディングを作り出すように，事実を足したり減らしたりするために，陪審員たちは反実仮想思考を用いる[27]。しかし残念なことに，反実仮想思考は，後知恵バイアスを悪化させてしまう傾向にある。

　たとえば，弁護士デイビット・ウェナーとグレッグ・クジマノによって作られた以下のストーリーを考えてみよう。

　　ジョーンズ氏は，47歳，3人の子の父親で，銀行の重役にまでのぼり詰めた人物である。彼の妻は，病気のために数ヶ月間，自宅療養している。事件の日，ジョーンズ氏は，定刻通りにオフィスを出た。彼はときどき，妻に頼まれ家事をするため，少しばかり早く職場を離れることがあったが，その日はその必要はなかった。
　　その日，ジョーンズ氏の車は，いつもの帰り道を走らなかった。その日は格別に晴れた日だったので，ジョーンズ氏は，職場の友人に，海岸沿いの道を通って景色を愉しみながら車を走らせるつもりだと話していた。

大きな交差点で事故は起こった。ジョーンズ氏が交差点に近づいたとき，信号が黄色に変わった。加速して交差点を通りすぎることもできただろうが，ジョーンズ氏が交差点で止まるために急ブレーキを踏んだのを，目撃証人が見ていた。これはジョーンズ氏が運転しているときには，よくあることだという家族の証言もある。
　信号が変わった後，目撃証人たちが道を渡り始めると，軽トラックが加速しながら交差点を通過し，ジョーンズ氏の車の左側にのり上げた。ジョーンズ氏は，即死だった。後に，そのトラックは酔っ払った未成年者によって運転されていたことがわかった。
　このような状況においてはよくあることだが，事件後の数日間，ジョーンズ氏の家族や友人たちは，「もし……してさえいたら」と考えたし，実際にそういった話もした[28]。

　このような事件に際して，我々は否応なく考えてしまう。「もし，ジョーンズ氏が普段の道を選んで帰っていたら。もし，もう少し早く職場を出ていたら。もし，あの信号で止まらなかったら。もし，あのような運転を彼がしなければ。」しかし，最初に次のように言う人は，ほとんどいない。「もし，酔っ払いの未成年がお酒を飲まず，そして車を運転さえしなければ。」
　この簡単な例は，後知恵バイアス，反実仮想思考，初頭効果，**利用可能性ヒューリスティックス**（第8章で論じる）の効果を，よく説明している。もし陪審員たちが，彼らの公判ストーリーはどのように終わるべきであるのかという知識に基づいて公判を聞き始めたならば，彼らは，自分たちの公判ストーリーを即座に作り始め，どのようなものであれ，我々が最初に彼らに利用することができるようにした情報に焦点を当てる（これは，初頭効果と新近効果の例でもある）。
　この場合，ストーリーがジョーンズ氏のことから始められているため，我々は，彼自身，そして彼がしたこと，彼が実際にすべきであったことについての反実仮想を作りがちである。我々の「もし……してさえいれば」は，彼を殺した酔っ払い運転手ではなく，彼に当てはめられている。明らかに，これらの心理学で指摘されている概念は，我々の受け止め方に強力な影響を与えている。

2 最後の行為者を責める

　一連の出来事が残念な結末を迎えたとき，人々は，当然のことのように，そ

の悪い結果についての最後の行為者を責める傾向にある[29]。たとえば，重要なバスケットボールの試合中，スター選手が，タイムアップのホイッスルが鳴る直前の最後のシュートでミスをしたとしよう。その結果，たった1点差でその選手のチームが負けたとしたならば，我々は，その選手がそれまでにどんなによいプレーをしていたのかを完全に忘れて，そのチームが負けたことについてその選手を責めることが多い。「あの選手が，あのシュートをミスしなければ，チームは勝っていたのに……」と，我々は思うだろう。

　反実仮想思考をしているときは，通常，最後の出来事をなかったことにすることに焦点が当てられる（新近効果）[30]。反実仮想思考で，人は何が起こったのかを心の中で分解して考えようとするので，自然と最後の行為者の行いをなかったことすることに焦点が当てられる。人は，最後の行為者が他のことをしたかもしれなかったこと，することができたこと，すべきだったことについて，ついつい思いをめぐらせてしまう。

　陪審員たちは，同じことを公判の中で行う。最後の原因となる出来事から遡って理由づけを行うので，通常，その最後の原因となる出来事が彼らの公判ストーリーが留まる場所となる。陪審員たちは，起こったこと自体を明らかにする必要はなく，単にそれがなぜ起こったのか，誰が責任を負うべきなのかを解き明かさなくてはならない。

　後知恵バイアスは，陪審員たちに，原因について不適正な重みづけをしながら，個人的な公判ストーリーを構築するよう促す。これによって，損害を導くことになった一連の出来事の中で，最後の行為者を責める傾向をより強くする。また，起こったことについて予測し，回避することに関して，最後の行為者の能力を過大視する傾向にある。

　民事事件の公判ストーリーにおける責任をめぐる議論は，スター選手が最後の決定的なシュートに失敗して終わったバスケットボールのゲームと同じように，一般的には原告に対する損害の発生で終わる。陪審員たちは，前もって結果を知っているので，悪い結果を引き起こしたという意味でも，あるいは，その時点では不可避であったとしても，後知恵によって，損害がその当事者にとっても予測可能なもののように見えるがために[31]，その損害を避けるのに必要な手続きをとらなかったという意味で，原告を最後の行為者としてイメージし

やすい。この点が，被告の代理人以上に，原告の代理人にとって大きな課題となるのは，明らかである。

　公判における原告代理人は，反実仮想思考が，証拠に対する陪審員の受け止め方にどれだけ影響を与えるのかについて，とくに意識しておく必要がある。何が起こったのかについての直感的反応は，類似した運命を辿ることへの恐怖によって影響を受けるため，陪審は，公正世界信念と起こったこととの不協和を打ち消そうとして，悪い結果を心理的に「なかったこと」にする傾向がある。不幸なことに，とくに被告の行為が意図的，あるいは，無謀であると思われない程度の過失しかなかった場合には，これによって，損害を受けた原告の行いは，被告の行いよりも厳しく判断されることになる。類似の損害から自分たちを「守ろう」とするために，無意識のうちに陪審員たちは，自らを守ることができなかった原告を非難するであろう。不幸なことではあるが，この種の「保護」は，もっとも被害を受けた人の保護や被害の回復には何の役にも立たない。

　たとえば，陪審員は，ガンを患っているということをイメージしたくないものである。そのため，自分の医師が自分に対して，誤診でガンを見落とし得るなどということはさらに受けつけにくい。このような場合，陪審員は，以下のような反実仮想を作り出しがちである。「もし原告がセカンドオピニオン（あるいは3番目や4番目）を依頼してさえいれば，自分の胸のしこりがガンであると知ることができただろう」，「もし健康全般に気をつけてさえいれば，こんなことは起こらなかっただろう」，「もし原告がもっとよい人であったなら，ガンにはならなかっただろう」。

　自分たちの死と直面することに対して，陪審員には恐怖心があるため，陪審員たちは，原告に起こったことは自分たちには決して起こらないと，自らを説得しようとする。その結果，陪審員は，原告が注意不足だったのであり，責任感のない人物であったのだと，何の証拠もなく思い込むであろう。自分たち自身が損害を受けるリスクについての不安を低減し，起こったことを正当化したいという陪審員たちの無意識的な欲求は，彼らの中の客観性よりも勝り，彼らの判断を歪めるであろう。

C 自己奉仕バイアス

> すべての女性が強く，男性は見目麗しく，そして，すべての子どもが平均以上の，レイク・ウォビゴン（アメリカの架空の都市）からのニュースです。
>
> ギャリソン・キロワー

　人は自分たち自身の能力を過大視する傾向にある[32]。この，いわゆる**自己奉仕バイアス**は，帰属バイアスのうちの1つで，自分たちの失敗を他者や外的環境のせいにし，自分たちの成功は個人的な成果とすることから生じる（社会的バイアス・帰属バイアスについては第6章を参照）。これらの自己奉仕バイアスは，非常に個人主義的な社会であるアメリカ文化において，とくに顕著である[33]。

　我々は，陪審員たちが公正に原因を決定し，責任の所在を明らかにすることができるように，陪審員たちが，訴訟当事者と対比して自分たち自身をどのように見る傾向があるのかについて，理解する必要がある。陪審員たちは，自分たちの自尊心を向上させるために，個人的公判ストーリーを構築する傾向にある。また，陪審員たちは，自分たちの行いが訴訟当事者の行いとどのように異なるのかを想像する際には，そのための物差しとして，現実の自己である現実自己ではなく，理想の自己である理想自己を用いる傾向がある。

　陪審員たちは，自分たちの現実自己が，まさに原告と全く同じように振る舞うであろうことを認めることに抵抗を示す。後知恵の利益によって，陪審員の理想自己は，原告よりも勇敢で，強くて，賢いので，いかにして損害を避けることができるのかに思いをめぐらせることができると彼らは考える。この過程で，陪審員は，自分たちが行っていることを意識することなく，事実の受け止め方を無意識のうちに変容させるであろう。

　心理学者は，この，他者よりも自分自身により信頼を置く生得的な傾向を，皮肉っぽく**平均以上効果**と呼んでいる[34]。すべての点において，平均以上の人などいないことは，明らかである。にもかかわらず，人は，公正世界信念とコントロール幻想を長続きさせるために，自分は多くの人よりもすぐれているという信念にしがみついている。

ポジティブな自己イメージを維持することによって，人はより満足感を得られる。自分は賢く，魅力的で，知的であると感じることは，誰にとっても楽しいことである[35]。自分たちが常に，自分たちの「理想」，すなわち「平均以上の自分」であることがかなわないとしても，自己奉仕バイアスは，我々の自尊心を保護し，他の人から善人だと思われたいという生得的欲求を満たすのに役立っている[36]。

　自分たちが本質的にすぐれており，平均以上の人間であるという信念を保持するために，我々は，他者に対する知覚と同様に，ときには自己に対する知覚をも変えなければならない。たとえば，何か悪いことが起こったとき，自らの現実自己を責めることは滅多にない。その代わり，我々の「理想自己」，そうでありたいと思い，そうであることを熱望する自己は，非難することのできる誰かほかの人を探すか，コントロールできない環境に対して悪い結果を帰属させようとするかのどちらかを行うのである。

D 偽りの合意効果

　偽りの合意効果とは，他者も自分と同じように考えていると仮定することで，他者に自分自身の行為や信念を投影する傾向を指す[37]。この自己奉仕バイアスは，他者が自分と一致している可能性を過大視することで，情報の解釈と評価の仕方に影響を与える。実際に，我々は，他者が自分たちと同じではないということを発見して，しばしば驚くことがある[38]。

　偽りの合意効果は，公判のあらゆる場面に存在する。我々は，たいていの場合，我々が弁護士としていおうとしていることを陪審員がよく理解しているという過大評価をする。「私は，自分のいおうとしていることがわかります。ですから，陪審員のみなさんもきっとわかるでしょう」というのは，効果的な公判戦略ではない。陪審員たちは，証拠について，必ずしも我々が受け取るように，あるいは我々が彼らに期待するように受け取るとは限らないことを，常に肝に銘じるべきである。また，たとえ彼らがそのように受け取ったところで，彼らは，依然として納得していないままかもしれない。

　たとえば，我々と陪審員たちが同じ証拠を見たとしても，実際に起こったこ

とについて，それぞれが心の中に異なったイメージを形成する。我々の仕事は，起こったことについて，誰もが心の中に同じイメージを共有するようにすることである。これこそが，よい公判には，単純で正確な言語表現と，理解しやすい提示物が不可欠な要素であることの理由の1つなのである。ところが，事件について我々が知っていることは多く，陪審員が知っていることが少なく，両者の間には格差があるため，我々には，陪審員に証拠がどのように見えているのかを理解することは困難であり，また，陪審員たちが証拠の意味を理解するのにどれだけ苦労するのかを理解することも困難である。

　同様に，陪審員たちも，偽りの合意効果の被害者となる。たとえば，評議の間に陪審員たちは，事件において起こったことを，仲間の陪審員がまるで異なる受け止め方をしている可能性に気づき，ショックを受けることがしばしばある[39]。

E　論証の隙間の放置がもたらすもの

　事件が公判にかけられるまでに，数週，数ヶ月，場合によっては数年の間，弁護士は証拠と向き合う。弁護士は，事実や法に詳しいので，陪審員たちが知る必要のあることをすべて陪審員たちにいい，彼らは弁護士が望むような形で，それを理解したというように誤って思い込んでしまうことは，よくあることである。

　弁護士は，偽りの合意効果の犠牲者となるわけにはいかないし，証拠に対する陪審員たちの反応が，我々自身の反応と同じであるという前提に立つこともできない。我々が証明に隙間を残していたとしたら，陪審員たちが，我々の主張の論拠と一致する内容の「詰め物」で，その隙間を埋めてくれることは期待できない。逆に，陪審員たちは，証拠におけるすべての隙間を，自分たちの信念バイアスに基づいて無意識のうちに埋めることになるだろう。

　陪審員たちは，当該悪い結果をもたらすべく事前に起こったにちがいないと彼らが考えたものが，実際に起こったか否かとは関係なく，現実に起こったと信じる傾向にある。そして，彼らは個人的な公判ストーリーの終わりを「適切」なものとするため，無意識のうちにも証拠に基づかない事実を前提とする。そ

のときにこそ，彼らが，実際に起こったことを誤って解釈する可能性がより高くなるのである。

　評議の間においてさえ，陪審員たちは，その時間の半分以上を，自分自身の経験を思い起こし，それらの経験と事件とが，どのように比較できるのかを考えるのに費やす[40]。これらの個人的なストーリーは，事件における事実や争点の文脈や意味づけに役立つかもしれないが，しばしば証拠における隙間を埋めるための「詰め物」として，陪審員に使われる。さらに悪いことに，陪審員たちが評議中に個人的なストーリーを共有すると，他の陪審員たちの判断にも不公正な影響を与える場合がある。自らの経験を語るストーリーテラーを，他の陪審員が，当該問題に対する「近所の専門家」として見なすようになることは，とくに危惧すべき事態である。

　陪審員たちは，自分たちの人生経験と矛盾する事実を無視したり，歪めて理解したりする傾向があるので，彼らが持っている可能性のある類似の経験を，予備尋問の間に発見しておくことは，難しい仕事でもあるが，必要なことである。このような人生経験は，よい陪審員となるにあたって必要なものではない。実際には，その逆こそが真である。ある特定の経験が，陪審員になんらかの影響を与えた可能性があるのか，それが将来的に，類似の経験に対する陪審員の反応にどのような影響を与える可能性があるのかについて，把握するのは難しいことである。ただ，もしその事件において費用負担が可能であれば，専門のジューリー・コンサルタントが，このような問題についての最善のガイドラインを提供してくれる可能性がある。

　本来バイアスが有効な場面があったとしても，陪審員たちの中心的な信念バイアスを変えることは不可能である。しかし，陪審員たちの信念とバイアスが，依頼者の主張を受け取る際に，どのような影響を与える傾向があるのかを，より深く理解できるように学ぶことはできる。事例によっては，陪審員の信念バイアスを自分たちの主張に結びつけること，あるいはいっそのこと，逆に主張の方を陪審員の信念バイアスに結びつけることによって，有害となる可能性のあったバイアスの効果の矛先を転換することができる（Aの裕福な眼科医の事例を参照）。陪審員の信念バイアスや情報処理方略によって，我々の公判戦略を導き，伝達するようにすることで，我々は，説得に対する陪審員の抵抗を打

ち破り，我々の訴訟理由こそが正当であることを陪審員に説得するための，チャンスをより多く得るのである[41]。

III 原告に対する陪審員のバイアスの克服

　これまでに出てきた相互に関係する概念のいくつかが組み合わさることによって，それらが公判においてどのような役割を果たすのかについて，我々は一定の見識を得るに至った。たとえば，損害を受けた原告の代理人であることによって，自分たちの証拠を先に提示することができるということは，確実に有利な点である。陪審員は，自分たちが類似した損害を受けるかもしれないという恐怖を軽減するために，我々の依頼者が受けた被害を，無意識のうちに「なかったこと」にしたいと思うということを，我々は知っている。我々が，陪審員たちに，彼らの本質的に弱い部分と向き合うように頼んだとすれば，彼らの保護に対する基本的欲求，公正世界信念，コントロール幻想，そして後知恵バイアスは，それぞれが融合することによって，深刻な認知的不協和を引き起こすだろう。

　陪審員がそれらの不協和を軽減するにあたって，もっとも簡単な方法は，どんな形であれ，原告に起こったことは当然の報いだというようにイメージすることである。陪審員の公正世界観によれば，悪いことは悪い行為者にのみ「起こり得る」ことになるので，原告は悪行を働いたか，あるいはそもそも悪い人間でなければならないと陪審員たちは考えている（第3章参照）。この考えに基づいて，陪審員は，損害を避けるために，原告がすることができ，そしてすべきであったすべての方法をイメージする（反実仮想思考）。

　後知恵バイアスとコントロール幻想によって，陪審員たちは最終的な結果をもたらした原因を，原告に帰属させようとする。そのため，すぐに彼らは，原告の反応にこそ責任があるというように考える。「もし，自分が原告の立場だったならば，自分はそんな被害に遭うことはなかっただろう」（これもまた，以下で述べる自己奉仕バイアスである）。法廷の中で座っている陪審員たちには，事件当時の原告にとっては，これから何が起こるのか，損害を避けるためにど

のような行動をとるべきなのかを，予測できなかったというようにイメージすることは難しい（ここには，そもそも，原告には状況をコントロールできたはずだという当然の前提があることに注意が必要である。これは，第6章で論じる，防衛的帰属と根本的な帰属の誤りの例でもある）。

　陪審員たちの視点をすみやかに変え，陪審員が最初に被告に対しての詳細な検討を行うように持っていくことで，これらのバイアスの効果を軽減することができる。我々の主張のすべては，我々の依頼者についての話ではなく，被告自身や，被告にすることができたこと，または被告がすべきだったことについての話でなくてはならない（もし，我々が被告の代理人なら，原告自身のことや原告の過失についての主張を行うことで，原告を責めやすいという陪審員の持つ傾向の利点を，最大限利用することができる）。

　原告の冒頭陳述では，被告がその状況をどれくらいコントロールしていたのかといったことや，差し迫った損害を防いだり避けたりすることがどれくらいできたのかについて，疑問を差し挟む余地のないほど事実に基づいた言葉を用いて証明することによって，原告が不当なことをしたかのように陪審員がイメージするのを阻止しなくてはならない。我々は，冒頭陳述を，現在形の能動態を用いてかつはっきりとした声で，被告の不当な行為をそれぞれ列挙することから始めるべきである。我々の公判ストーリーを，最小限の形容詞や副詞とともに，単純な名詞—動詞の文章構造を使って語ることは，我々の公判ストーリーを，より直接的かつ鮮明に，そして強力に見せる。また，このような語り方は，主役としての被告の役割を強調し，訴えのもととなる損害に関しての主役であり，直接の原因でもある被告の役割を強調することにもなる。

　原告が損害を受ける直前，あるいは原告が申立てにある被害を受ける可能性を最初に生じさせた時点において，被告が追求することが可能であった，またはすべきであった行為の代替案が明確に示されなければならない。そのためには，どうしても陪審員の反実仮想思考に働きかける必要がある。そうしなければ，被告に可能であった選択肢，すなわち，被告がそうすることができ，そしてそうすべきであったにもかかわらず，そうしなかった選択肢のすべてを想像することは，陪審員たちには難しい[42]。

　これが，陪審員のバイアス思考を抑制する方法である。すなわち，弁護士に

よる提示がなければ思いつかないであろう選択肢を提示することである[43]。ごく簡単にいえば，我々自身の反実仮想を提示することで，陪審員の反実仮想思考と戦うのである。被告の行いが，非難に値するものであるかのように見せることが，そうした選択肢の持つ効能である[44]。その際，もっともよいのは，陪審員たちが自分たちでこの結論に到達することである。そうなれば，我々に必要なのは，最終弁論において，もう一度これらの反実仮想を述べることだけである。それが，我々の側の陪審員たちに対して，評議の際に，他の陪審員たちを自分側につくように説得するための簡明かつ効果的な主張を提供する方法である。

　もし，被告の作為，あるいは不作為を，公正かつ専門的な立場から，意識的な判断の産物として位置づけることができるならば，被告はよりいっそう有責に見えることになる。

　　バーク医師（被告）は，どんな場合でも考えられる中でもっとも悪い診断の可能性を，真っ先に検討するという，臨床医のもっとも大事な原則を冒しました。女性が胸にしこりを見つけたとき，考えられる中でもっとも悪い診断は，それがガンであることです。ガンは，命に関わる可能性がありますので，医師は，最初にガンの可能性を検討すべきなのです。バーク医師がすべきだったのは，簡単な針生検です。手術は不要です。入院も不要です。麻酔も不要です。たった5分間，外来の手続きをするだけで，彼は知る必要のあることを知ることができたでしょう。つまり，そのしこりがガンであると。しかし，バーク医師は，針生検をしないことを選びました。それが必要ないとの判断を下したのです。そして，彼は，患者に，何でもないのだから，服を着て家に帰り，その胸のしこりについて心配することをやめるように，と言いました。

　　その患者は，彼に言われた通りにしました。そして，1年後，彼女は乳ガンで亡くなりました。

　もし，被告の行為は意識的な決定の産物だと陪審員が信じたならば，陪審員たちは，より進んで被告に対して，責任を課すだろう。陪審員たちは，民事事件においては，故意があったという証拠を求める傾向にあるので，単純過失事件においては，それを陪審員に提供するのが，もっともよい方法である。

　被告の非難に値する行為や粗末な判断について述べた後でのみ，自分たちの依頼者がしたこと，あるいはしなかったことについて言及すべきである。これ

によって，陪審員たちは，原告の行為は，害を作り出すというよりも，もっぱら避けることに向けられていたと信じやすくなる。

　損害から自分たちを守ってくれると我々が信用する人（たとえば医師）が，我々の期待に沿ってくれないときには，公正世界信念が打ち砕かれることになるため，人は即座にその人に対して責任を押しつける[45]。そして，それは陪審員たちも同じである。問題の被告が専門家であり，原告がそうでないとしたならば，被告が専門知識を持っているということは，治療について被告が原告より高い基準を持っていると見なされることであるということを強調すべきである。「結果をコントロールする上で，より優位な立場にいたのは誰でしょうか？ 手術用ナイフを巧みに操る執刀医でしょうか，それとも麻酔にかかっている患者でしょうか？」といったようにである。

IV　陪審員のバイアスに打ち勝てない場合があることを知る

　深刻な損害を受け，補償を受けるべき潜在的な原告は数多くいるが，それらの事件では，上手に裁判を受けて勝訴を勝ち取ることができているとはいえない。たとえば，その後原告になる人物が，睾丸ガンの診断を下されて治療を受けたとしよう。最初の一連の治療が終わった後，睾丸の1つが野球ボールくらいの大きさに腫れたとする。

　原告は，ガン専門医に対して，この睾丸の膨張を報告する。ガン専門医は，騒ぐ必要はなく，膨張の症状は異常なことではないと説得し，ガンが転移していることを指摘しない。しかし，不幸なことに，このガン専門医の判断は間違っていた。

　原告は，このガン専門医を信頼していたので，セカンドオピニオンを求めなかった。彼は，更なる治療を受けるのが遅れ，ガンが転移してしまった後になってから，ガン専門医のところに戻ってきたので，診断結果は深刻であった。原告は，最終的に，弁護士に相談したが，そのときでさえ，当初は，自分の担当医を訴えることに抵抗があった。

　このような事件は，公判において打ち勝つことが不可能な問題を生じさせや

すい。この事件を受任する前に，陪審員が，証拠をどのように見る傾向があるのかについて考えなければならない。公判が始まれば，陪審員は，原告のガンは，再発し，転移したことを知ることになるだろう。後知恵バイアスによって，陪審員たちは，自分たちならば，顕著な睾丸の膨張の症状をガンの再発の兆候として即座に判断することができたであろうと考えることになる。もし原告に過失があったにちがいないと陪審員たちが確信すれば，彼らは，原告とは違った形で振る舞う方法について，想像を巡らせ始めるだろう。

　もし私が原告の立場なら，膨張した睾丸が，明らかなガンの兆候だとわかるだろう。もし私のガン専門医が，心配することは何もないといったとしても，私ならそのようなことに耳を傾けないだろう。私なら即座に治療を求めるか，他のガン専門医を紹介するように依頼するだろう。もし医者が断ったとしても，私なら自分自身で他のがん専門医を見つけるだろう。もしそれがうまくいかなければ，私なら自分のかかりつけの一般医のところに行って，すぐに紹介してくれるようにお願いするだろう。そうでなければ，私なら救急病院へ行くだろう。そして，私ならガンの治療が十分に受けられるまで，粘り強く主張するだろう。だから，私には，原告のようなことは起こらない。

　原告の弁護士は，最終的にこの事件には勝つことができないだろうといった[46]。弁護士は，陪審員たちが前述の自問をし，それに対し自分はそれらの多くに答えることができないことを知っていた（しかし，依頼者にセカンドオピニオンを得るように勧めることは，倫理的に必要である）。

　我々は，事件を受任する前に，陪審員になるであろう人々がこの証拠をどのように知覚するのかを見極めるため，「反実仮想のチェックリスト」を心の中で思い浮かべてみる必要がある。このように，陪審員が意識的，あるいは無意識的なレベルで，事実についてどう反応する傾向があるのかについて，最初にある程度の時間を費やすことが重要である。陪審員の判断形成の階層性は，事件に勝つことができるのかどうかを見極めるために役立ち得る。

　残念ながら，しばしば本来賠償を受けるべきであるにかかわらず，損害に対して適正な補償を受け取ることがないであろう多くの原告がいるという現実を我々自身認めなければならない。我々の仕事は，これらの事件において，できるならば和解を成立させるように努力し，それができないならば，事件を受任

すること自体を辞退することである。

注 ....

1) SUSAN T. FISKE & SHELLEY E. TAYLOR, SOCIAL COGNITION (2nd ed. 1991).
2) Roy F. Baumeister, *The Self* in HANDBOOK OF SOCIAL PSYCHOLOGY 680-740 (D.T. Gilbert et al., eds., 4th ed. 1998); E. Tory Higgins, *Self Knowledge Serving Self-Regulatory Functions*, 71 J. PERSONALITY & SOC. PSYCHOL. 1062-83 (1996).
3) Eliot R. Smith & Sarah Queller, *Mental Representations*, in SOCIAL COGNITION 5-27 (Marilyn Brewer et al., eds.) (2004).
4) Charles G. Lord et al., *Biased Assimilation and Attitude Polarization: The Effects of Prior Theories on Subsequently Considered Evidence*, 37 J. PERSONALITY & SOC. PSYCHOL. 2098 (1979).
5) Edward Hut, *Do I See Only What I Expect? Evidence for an Expectancy-Guided Retrieval Model*, 58 J. PERSONALITY & SOC. PSYCHOL. 937-51 (1990).
6) Lee Ross et al., *Perseverence in Self-Perception and Social Perception: Biased Attributional Processes in the Debriefing Paradigm*, 32 J. PERSONALITY & SOC. PSCYHOL. 880-92; JUDITH BECK, COGNITIVE THERAPY: BASICS AND BEYOND (1995).
7) *Id.*
8) LEON FESTINGER, A THEORY OF COGNITIVE DISSONANCE (1957).
9) Valerie F. Reyna & Charles J. Brainerd, *Fuzzy-Trace Theory: An Interim Synthesis*, 7 LEARNING & INDIVIDUAL DIFFERENCES 1 (1995); FREDERIC BARTLETT, REMEMBERING: A STUDY IN EXPERIMENTAL AND SOCIAL PSYCHOLOGY (1932).
10) Nancy Pennington & Reid Hastie, *Evidence Evaluation in Complex Decision-Making*, 51 J. PERSONALITY & SOC. PSYCHOL. 242-56 (1986).
11) 人々がバイアスに気づいたときや，バイアスが自らの判断にネガティブな結果をもたらすかもしれないと危惧したとき，人々はバイアスを正そうとする。しかし，ときに彼らの修正は行きすぎたものとなる。Duane T. Wegener & Richard E. Petty, *The Flexible Correction Model: The Role of Naive Theories of Bias in Bias Correction*, 29 ADVANCES IN EXPER. SOC. PSYCHOL. 141-208 (1997); Leonard L. Martin, *Set/Reset: Use and Disuse of Concepts in Impression Formation*, 51 J. PERSONALITY & SOC. PSYCHOL. 493-504 (1986).
12) Norbert L. Kerr et al., *Bias in Judgment: Comparing Individuals and Groups*, 103 PSYCH. REV. 687,687-89 (1996).
13) Eliot R. Smith & Sarah Queller, *Mental Representations*, in SOCIAL COGNITION 5-27 (Marilyn Brewer et al., eds.) (2004).
14) Charles G. Lord et al., *Biased Assimilation and Attitude Polarization: The Effects of Prior Theories on Subsequently Considered Evidence*, 37 J. PERSONALITY & SOC. PSYCHOL. 2098 (1979).
15) Loren J. Chapman & Jean Chapman, *Illusory Correlations as an Obstacle to the Use of Valid Psychodiagnostic Tests*, 74 J. ABNORMAL PSYCHOL. 271-80 (1969); Mark Snyder, *When Belief Creates Reality*, in 18 ADVANCES IN EXPER. SOC. PSYCHOL., 247-305 (L. Berkowitz, ed. 1984).

16) 16. DOUGLAS A. BERNSTEIN ET. AL., PSYCHOLOGY 18 (8th ed. 2008).
17) 17. Edward R. Hirt, *Do I See Only What I Expect? Evidence for an Expectancy-Guided Retrieval Model*, 58 J. PERSONALITY & SOC. PSYCHOL. 937-51 (1990); Michael Conway & Michael Ross, *Getting What You Want by Revising What You Had*, 47 J. PERSONALITY & SOC. PSYCHOL. 738 (1984).
18) これらの事実が概ね基づいている事件に公判コンサルタントとして関わったウェストヴァージニア州のチャールストンの弁護士ジム・リーに感謝する。
19) BARRY GOLDMAN, THE SCIENCE OF SETTLEMENT 171-72 (2009) (quoting Ambrose Bierce).
20) Baruch Fischoff, *Hindsight is Not Equal to Foresight: The Effect of Outcome Knowledge on Judgment under Uncertainty*, 1 J. EXPERIMENTAL PSYCHOL.: HUMAN PERCEPTION & PERFORMANCE 288-89 (1975).
21) Richard Thaler, *Mental Accounting and Consumer Choice*, 4 MARKETING SCIENCE 199-214 (1985).
22) Jonathan Baron & John C. Hershey, *Outcome Bias in Decision Evaluation*, 54 J. PERSONALITY & SOC. PSYCHOL. 569-79 (1988).
23) Fischoff, supra note 20, at 288; FREDERIC BARTLETT, REMEMBERING: AN EXPERIMENTAL AND SOCIAL STUDY (2d ed. 1995).
24) Daniel Kahneman & Amos Tversky, *The Simulation Heuristic*, in JUDGMENT UNDER UNCERTAINTY: HEURISTICS AND BIASES 201-08 (Daniel Kahneman et al., eds. 1982).
25) *See* generally, MELVIN J. LERNER, THE BELIEF IN A JUST WORLD: A FUNDAMENTAL DELUSION (1980); Ellen J. Langer, *The Illusion of Control*, 32 J. PERSONALITY & SOC. PSYCHOL. 311 (1975).
26) Neal J. Roese & James M. Olson, *Counterfactual Thinking: A Critical Overview*, in WHAT MIGHT HAVE BEEN: THE SOCIAL PSYCHOLOGY OF COUNTERFACTUAL THINKING, 1-55 (Neil J. Roese & James M. Olson, eds. 1995).
27) Neal J. Roese & James M. Olson, *Counterfactuals, Causal Attributions, and the Hindsight Bias: A Conceptual Integration*, 32 J. EXPERIMENTAL & SOC. PSYCHOL. 197 (1996).
28) David Wenner & Greg Cusimano.
29) Dale T. Miller & Saku Gunasegaram, *Temporal Order and the Perceived Mutability of Events: Implications for Blame Assignment*, 59(6) J. PERSONALITY & SOC. PSYCHOL. 1111-18 (Dec. 1990).
30) Ruth M.J. Byrne et al., *The Temporality Effect in Counterfactual Thinking about What Might Have Been*, 28 MEMORY & COGNITION, 264-81 (2000); Dale T. Miller & Saku Gunasegaram, *Temporal Order and the Perceived Mutability of Events: Implications for Blame Assignment*, 59 J. PERSONALITY & SOC. PSYCHOL. 1111-18 (1990); Clare R. Walsh & Ruth M.J. Byrne, *Counterfactual Thinking: The Temporal Order Effect*, 32 MEMORY & COGNITION 369-78 (2004).
31) Nyla R. Branscombe et al., *Counterfactual Thinking, Blame Assignment, and Well-Being in Rape Victims*, 25 BASIC & APPLIED SOC. PSYCHOL. 265 (2003).
32) Youngme Moon, *Don't Blame the Computer: When Self-Disclosure Moderates the Self-Serving Bias*, 13 J. CONSUMER PSYCHOL. 125 (2003).
33) Amy H. Mezulis et al., *Is There a Universal Positivity Bias in Attributions? Meta-Analytic

Review of Individual, Developmental, and Cultural Differences in the Self-Serving Attributional Bias, 130 PSYCHOL. BULL. 711 (2004).

34) Mark D. Alicke et al., *Personal Contact, Individuation, and the Better-than-Average Effect*, 68 J. PERSONALITY & SOC. PSYCHOL., 804-25 (1995).

35) Ross et al., *supra* note 6.

36) Daniel T. Gilbert et al., *Looking Forward to Looking Backward: The Misprediction of Regret*, 15 PSYCHOL. SCI. 346-50 (2004).

37) Lee Ross et al., *The False Consensus Effect: An Egocentric Bias in Social Perception and Attribution Processes*, 13 J. EXPERIMENTAL & SOC. PSYCHOL., 279-301 (1977).

38) これを，関係する概念である投影と比べてみよう。ジークムント・フロイドは，投影を，他者に対する自分たちの「悪い」あるいはネガティブな思考を他者に帰属させようとする心理的な防衛機制として定義した。つまり，人は，それらの思考を自分たちが受け入れやすいものにするために，他者にそれらを「投影」するのである。我々は，ネガティブな思考あるいは性格特性を持つことで，我々が感じる恥の感情を軽減するために，これらの感情を自分たちが持つことを拒否するのみならず，それらの感情を他者に帰属させようとするのである。*Sigmund Freud, The Interpretation of Dreams*, in 8 THE STANDARD EDITION OF THE COMPLETE PSYCHOLOGICAL WORKS OF SIGMUND FREUD (J. Strachey, ed. 1900).

39) Nancy Pennington & Reid Hastie, *Explanation-Based Decision-Making: Effects of Memory Structure on Judgment*, 14 J. EXPER. PSYCHOL.: LEARNING, MEMORY, AND COGNITION 521-33 (1988).

40) ERIC OLIVER, THE FACTS CAN'T SPEAK FOR THEMSELVES (2005).

41) Julia R. Zuwerink & Patricia G. Devine, *Attitude Importance, Forewarning of Message Content, and Resistance to Persuasion*, 22 BASIC & APPLIED SOC. PSYCHOL. 19 (2000).

42) Edward R. Hirt & Keith D. Markman, *Multiple Explanation: A Consider-an-Alternative Strategy for Debiasing Judgments*, 69 J. OF PERSONALITY & SOC. PSYCHOL. 1069-86 (1995).

43) Paul Slovic & Baruch Fischhoff, *On the Psychology of Experimental Surprises*, 3 J. EXPERIMENTAL PSYCHOL.: HUMAN PERCEPTION & PERFORMANCE 544 (1977).

44) Edward R. Hirt & Keith D. Markman, *Multiple Explanation: A Consider-an-Alternative Strategy for Debiasing Judgments*, 69 J. OF PERSONALITY & SOC. PSYCHOL. 1069-86 (1995).

45) 前の大統領のビル・クリントンと前のニューヨーク州知事のエリオット・スピッツァーは，この点についての一番わかりやすい例である。我々は彼らを重要な指導者として信任したのだから，彼らを「よい」ものとして知覚する必要がある。後に，彼らが非難され得る一面を見せ，我々が自分たちの非合理的な知覚と誤った期待に気づいたとき，我々は彼らに反発を感じて，彼らを猛烈に非難した。

46) ノースキャロライナ州のウィンストン・セーレムのコマーフォード&ブリッドのトム・コマーフォードが，この実体験を共有してくれたことに感謝の意を表する。

第6章
社会的バイアス：帰属理論

I はじめに

　人間は,極めて社会的な生き物である。我々は,自分自身について考えること,そして自分の思考や感情や能力を他者のそれらと比較して評価しようとすることに,非常に多くの時間を費やしている。人は,他者がなぜそのように振る舞うのかについて思い悩むし,ある出来事がなぜそのようにして起こったのかについて考えをめぐらせる。これらの社会的比較が,我々の考えの正確さや能力の高さ,そしてその他多くのことについて,ある種の見方を与え,それによって自分たちが何者であるのかをより深く理解させてくれている。

　人は,他者について理解し,判断するにあたって,社会的知覚に頼っており,この社会的知覚に基づいて,他者に対して適正に振る舞うにはどのようにすればよいのかを決めることができる[1]。不幸なことに,我々は,しばしば社会的情報を誤解することがある。それは,知覚にバイアスを与え得るし,我々が不適切あるいは愚かに振る舞うことの原因となり得る。

　社会的バイアスは,陪審員の判断形成に重要な役割を果たし,前章で論じたバイアスのすべてに密接に関係する。多くの社会的バイアスや認知的バイアスは,相互に結びついて作用するので,公判においてこれらの影響を分離することは,ほぼ不可能である。(本章は,我々が前章でまさに論じてきたすべての概念を基礎としている。そのため,本章は,前章と照らし合わせて読むことをお勧めする。)

　我々は,陪審員に公正であることを期待するが,陪審員は,社会的バイアスに対しての免疫を持っていない。陪審員自身の自己概念(それは,現実とほとんど関係を持たないかもしれない)は,どのように訴訟当事者の行為を評価し,どのように因果関係を見定めるのかという点において,重要な役割を果たす。不幸なことに,社会的比較をするために陪審員が用いる自己中心的な基準は,しばしば不正確であり,我々の主張に対する彼らの受け止め方に不利に作用することがある。

II　帰属バイアス

　帰属理論というのは，人がどのように行為と結果の因果関係を見定めるのかを記述した心理学の専門用語である。これは，つまり，コントロールの主体を，どのように人や事物に帰属させるのか，あるいは割り当てるのかということである。しかし，我々の目的に限れば，それは陪審員が非難や落ち度の責任を，どのように割り当てるのかについての研究であるといえよう。

　人は，なぜ物事が起こったのか，そして何が（自分自身を含む）人の行動を動機づけているのかについて知ることに，生まれつき貪欲な好奇心を持っているので，無意識のうちに，これらのことを自分自身に説明しようとする。しかし，これらの説明は，バイアスのかかった利己的なものとなりがちである。人は通常，どのような状況においても，他者よりも自分自身に信頼を置く。そのため，人は通常，自分自身に求めるものよりも多くのものを他者に要求することによって，他者の行為について不公正な判断をする傾向がある[2]。

　我々のスキーマは，人々がどのように振る舞うべきなのかについての特定の期待を形成する。これらの期待は，人生の予測可能性や保護という主要な欲求と相まって，さまざまな帰属バイアスを生起させる。我々にとって，(1)行動を理解するため，(2)将来の行動を予測するため，(3)予期される行動をコントロールし，それを調整する方法を決定するために，特定の特徴を自分自身や他者に帰属させることができることは，重要である[3]。つまり，自分自身を保護し，心の健康を維持し，将来を見据えた予定を立てるために，人々の行為が予測可能な結果を引き起こすものであると考えることができることが，人には必要なのである[4]（第2章の公正世界信念とコントロール幻想を参照）。これによって，我々は，なぜ（自分自身も含めた）人がそのように振る舞うのかについての表には現れない前提を持たされることになる。

　我々が，人間の動機づけと因果関係について行う説明には，それぞれ個人的な癖がある。これは，人が他者や事象を評価する際，習慣的な参照点として自分自身を無意識のうちに用いるからである。このような，他者を一貫して自分自身と関連づけて評価する心理現象は，**自己参照効果**と呼ばれる。

我々が自分自身を他者と比較するにあたって，さまざまな**自己奉仕バイアス**が，自分たちにとって都合がよいようにバイアスをかけるので，我々は比較することによって都合がよい場合の方がほとんどである。とくに，我々の知的能力，性格，あるいは才能が関わるときには，その傾向が強い[5]。人は，恐怖のようなネガティブな属性をどれくらい多くの人が共有しているのかについては，過大視する傾向がある。しかし，自分自身で個人的な強みだと思っていることを，どれくらい多くの人が共有しているのかについては，過少評価する傾向にある[6]。

　関連する帰属バイアスの1つ，**自己中心バイアス**は，ポジティブな結果や行動の結びつきについては，他者の寄与よりも自分の功績を過大視し，ネガティブな結果や行動については，自らの影響をあまり主張しないという傾向を生み出す[7]。たとえば，結婚したカップルは，トラブルの原因について相手側の落ち度を過大視し，しかし他方で，トラブルを解決するにあたっては，それぞれが自分の功績をより強調する傾向がある[8]。ただしこれは，単に自己中心性の問題ではなく，人は自分自身の行為を思い出す方が，他者の行為を思い出すよりも容易にできるという**利用可能性**の問題なのかもしれない[9]（第8章の利用可能性ヒューリスティックス参照）。

A　行為者―観察者バイアス

　フリッツ・ハイダー（Fritz Heider）の著名な本『対人関係の心理学』（The Psychology of Interpersonal Relations）によると，「行動は，（観察の）場を圧倒する」[10]。これは，社会的な状況において，観察者は，行為者とその行動に焦点を当てる傾向があり，他方で，その他のすべてのものは，ただの背景に退いているように見える，ということを端的に意味する。そのようなことが起こる理由の1つは，何に注目するかが，我々の因果知覚，あるいは「因果帰属」において強力な影響力を持つからである[11]。

　我々が観察者だとすると，行為者が置かれている状況よりも，行為者の方が主要な要因であるように見える。そのため，直観的にその人の行動を説明しようとするとき，その人がいる状況よりも，人としてのその行為者に焦点が当て

られるのは，極めて自然なことである。これは，他の人がどのような状況に置かれているのかに気づくのがまれであることに起因する。その結果，情報の欠如によって，行為者の内的，すなわち属性としての特徴が，その人が置かれている状況や環境よりも顕著に見えることになる。

　人は，自分たちの世界に対する心理的なコントロールを保持しなければならないと感じているので，たいていの状況下において，観察だけに基づいて他者がしようとしていることを予測できると信じる必要がある。そのため，我々は，1人の人としての行為者に関して，十分な情報を持っていると思い込む傾向がある。この傾向は，行為者の行いを説明するために，**内的特徴への帰属**あるいは**属性への帰属**に我々が大きく依存することをもたらす[12]。

　我々が観察者ではなく行為者であるときには，それとは逆のことが常に成り立つ。我々は，人の行動は，その人の持つ内的な属性に対応していると考える傾向にある（**対応バイアス**）[13]。帰属バイアスについての調査によると，ある状況において人がどのように振る舞う「べき」なのかについて，我々は非現実的な期待を持っている。これはおそらく，せっかく何の苦労もなく行った属性帰属を状況の影響を考慮して修正するには，我々は忙しすぎるし，またそもそもそうしようという動機づけがないことによるものである[14]。

　自分自身が，ある行為をしているとき，人は，自分が行っていることに焦点を合わせているので，その「行為をしている」自分自身を「観察する」ということはない。しかし，自分たちが置かれている状況については，最大限に意識している。それは，我々にとって，より重要なことだからである。そのため，我々自身の行為を，個人的あるいは属性的特徴に基づいて説明する（**内的帰属**）よりも，状況要因に基づいて説明する（**外的帰属**）という傾向がある。とくに，自分の行動が，その場にふさわしくなかったときや，不適切であったときには，そうなりやすい。この心理学的現象は，**行為者―観察者バイアス**と呼ばれている[15]。

　行為者―観察者バイアスによって，人は，自分自身の功績については内的に帰属させようとする傾向があるが，一般的に，他者に対して同じようにすることには二の足を踏む傾向にある。人は，ポジティブな結果を経験することになった場合には，喜んですべてが自分の功績であると主張する。たとえば，もしテ

ストでA評価をとったならば，我々はそのよい成績を自分の知性や能力，すなわち生まれ持った「よい性質」に帰属する傾向がある。しかし，もし同じクラスの人が，自分よりもよい成績をとったとしたならば，我々はその人はただ運がよかっただけだと思うか，自分よりも長い時間を費やして勉強したおかげだと思うか，あるいは教師のお気に入りの生徒だったからだというように思うだろう。行為者—観察者バイアスは，その人の功績を，その人が持っているどんなポジティブな内的属性よりも，外的属性に対して帰属させようとする傾向をより高めるものである。

簡単にいえば，人は，自分は内的属性ゆえにポジティブな結果が得られるが，他者は他者自身の内的属性からネガティブな結果を得ることになるのだと信じる傾向にある[16]。そのため，人に焦点を当てることを選ぶのか，状況に焦点を当てることを選ぶのかという点においてもまた，それと関わりのある結果の如何によって左右される傾向がある。よって，行為者—観察者バイアスは，以下のように要約できよう。

- 自分にとって何か好ましいことが起これば，それは自分の功績である。しかし，何か好ましくないことが起これば，それは自分の落ち度ではない。それは，他者の落ち度か，あるいは単に，自分にはコントロールできないもの，つまり自分が置かれている状況のせいかのどちらかである。
- 他の人が好ましい結果を得るときには，しばしば自分のときとは異なり，その人の功績とするのをよしとしないことがある。ほかの人に好ましくないことが起こったならば，それは，その人自身の落ち度か，そうでなければ，おそらくその人が悪い人間で，悪い結果にふさわしい人だったからであると考えられる。

行為者—観察者バイアスは，親しい友人や家族のような，よく知っていて自分が好む人に対しては，その影響が減少することが報告されている。我々は，その人たちの欲求や，動機づけ，思考について，より多くの情報を持っているので，そのぶん，その人の行動を，外的な圧力による影響を受けたものとして説明する傾向にある[17]。しかし，陪審員は，友人や家族の裁判に関わることが許されないため，彼らは，同じように状況を疑うといった有利な扱いを，訴訟当事者に対して適用するということにはなりにくい。

B 根本的な帰属の誤り

　行為者—観察者バイアスは，なぜ他者に悪いことが起こったのか，その理由を見出そうとするときに，もっとも顕著に表れる。他者を観察するとき，状況よりもその人自身に注目することによって，内的あるいは属性的要因を過大視するという我々の傾向は，非常に強い自己保護バイアスであり，幅広く判断に誤りを生じさせる[18]。実際，人の属性的帰属をなす傾向は，多くの場合において，明らかに不正確なものであるため，心理学者はその性質を単なる「バイアス」ではなく，根本的な「誤り」であるとして，**根本的な帰属の誤り**と呼んでいる[19]。

　他者が悪い結果を経験することになる場合，その結果の原因を考える際には，その人の個人的，内的属性の影響が過剰に強調される。この根本的な帰属の誤りによって，我々は，誰か他の人の不運を，その人の悪い性格や不道徳，その他の個人的な欠点に対して，不当に帰属させようとする可能性がある。我々は，無意識のうちに，その人たちの行動は，外的要因すなわち状況的要因によってではなく，その人の属性によって引き起こされているのだと単純に推測する。陪審員が，損害を負った原告に対しては，その人が当然その結果を引き受けるべきなんらかの理由を持っていたにちがいないというように推測することがある多くの理由の中の1つがこれである。

　損害を負った原告の代理人をする場合，陪審員たちが根本的な帰属の誤りによって，起こったことについて我々の依頼者を責めるために，依頼者の行為や属性に対して不公正な詮索を行う可能性があることを，我々は承知している。陪審員たちは，裁判を道徳に関する演劇のように見る傾向があるので，我々は，第1幕のシーン1（冒頭陳述）を，「悪」者について語ることに当てなければならない。そうすることによって，陪審員は，すぐに責任を帰属させることができる。しかし，それは我々の依頼者に対してであってはならない。我々の公判ストーリーが，原告の行為よりも被告の行為をより目立たせることができればできるほど，陪審員は，自分たちの公判ストーリーを，原告よりも被告の悪い行いや属性から組み立て始めるようになりやすくなるだろう。そうしなければ，前章で例示したように，陪審員は，原告が置かれていた弱い立場を考慮するこ

とができないであろう。

C 社会的役割

陪審員は,「役者」(弁護士, 当事者, 目撃者) がどのような服装をしているのか, 出身はどこで, どのような職についているのかといった, さまざまな無関係なものに基づいて, 公判の結論を導き出すことがある。このようなことは, 陪審員が一般的に, 社会的な情報, とくに**社会的役割**が彼らの知覚に対して与える影響を, 意識していないために起こり得る。

スタンフォード大学教授のリー・ロスたちは, 実験参加者をクイズ番組の回答者か出題者のどちらかの役割を演じるようにランダムに割り振り, 社会的役割についての実験を行った。参加者の誰もが, それは単なるロールプレイにすぎないとわかっていても, 誰かが出題者の役割を担うときには, その出題者に対して, 回答者よりも知識があるものとして知覚していた。この結果からロスは, 特定の状況における社会的役割の利点と欠点について理解し, それを正すということは, 人がいつでもできるわけではないと結論づけた[20]。

社会的役割は, 公判の中で陪審員の知覚に影響を及ぼし得る。たとえば, 多くの陪審員は, 法廷においてもっとも知性が高いのは, 裁判官であると感じている。裁判官は, 法廷の中央の一段高いところに, 漆黒のローブをまとって座り, 手続きのすべてを指揮しているように見える。また, 弁護士はスーツを着ており, 何がルールかを熟知しているように見える。これによって, 陪審員は, 弁護士を, 不当に証人よりも社会的に優位な存在として見る可能性がある。

刑事被告人の「社会的役割」は, 偏見に満ちている。陪審員は, 特定の被告人の行動を推察する際, それがいかに不公正なものであろうと自分にとって典型的な「刑事被告人」の印象に支配されている[21]。その行為が行われたことを性格証拠によって証明することを, 証拠法が一般的に禁じていたとしても[22], 陪審員は, 社会的役割の観察を通して, 多かれ少なかれ, その禁じられたことをしようとする。

陪審員は, ジェンダーや民族性に基づいて, 社会的役割の推察を行うこともある。たとえば, ある陪審員が, 女性はみな機械に疎いということを信じてい

たとすれば，その陪審員は，原告のトラックに対する被告の修理に過失があったという仮定に基づいて，女性の被告に不公正な判断を行いがちである。

1 魅力バイアス

興味深いことに，外見は，あらゆる法廷において問題となる。これは，**魅力バイアス**によるものである[23]。誰にとっても，他者を，相互に固有の価値を持ち，相互に独立した，異なる多くの特徴によって構成された1つの存在として認識することは困難なことである。ハロー効果と呼ばれる現象によって，人は無意識のうちに，身体的に魅力的な人々をポジティブな性格と結びつけようとする傾向がある[24]。

陪審員たちは，法廷において，頻繁にこの魅力バイアスの犠牲になる。より魅力的な訴訟当事者は，そうでない当事者に比べて，最初から（少なくとも最初の段階では）有利な位置に立つことができる。それは単純に，魅力バイアスが，我々の社会において，広範に広がっていることによるものである。それが，自分の「もっともよい姿」を陪審に対して呈示することが，我々そして依頼者にとって非常に重要となる1つの理由である。

2 能力知覚の幻想

社会的役割と自己奉仕バイアスによって，我々は，自分たちを守ってくれる人は，有能であり，信頼できる人物であることを前提にする可能性がある。人には，一般大衆をケアし，保護してくれる人に対して，信頼を置き続けたいという根源的な欲求がある。その結果，たとえば，薬剤師は，正確に処方箋にしたがった調合をしてくれると信じるし，車の製造元は，運転するのに安全かつ信頼の置ける車を製造してくれると信じるだろう。

また，能力の幻想は，名札のついた白衣は，医師あるいは薬剤師としての能力を十分に保証するものだというように，あるいは，配送業者の制服に身を包み，引っ越し用のトラックに乗った泥棒が，隣人の家財を積み込み，そして持ち去っても，「許可を得ている」というように，人に思い込みを生じさせる可能性がある。これらの思い込みは，純粋に観察のみに基づいて生じている。「役者」がその役割の格好をして，その役割を演じていれば，我々は，その人には

その能力があるのだと思い込むのである。

能力に関するこれらの知覚が，客観的には不正確である可能性があるとしても，人には，自分は自らの「保護者」をうまく選んでいて，自分はだまされるわけがないと信じる必要性がある。この思い込みは，公正世界信念，そしておそらくは，コントロール幻想の論理的延長の産物である。人生において結果を予測し，コントロールすることができるということの中には，他者，とくに，自分たちの健康や幸福をゆだねている者の性格や能力を評価できるということが含まれる。そうすることによって，我々は，自分たちの安全を危険にさらす可能性のある不必要なリスクを負うことを避けているのである。

これらの思い込みは，スタンレー・ミルグラムの有名な権威への服従に関する実験，すなわち，実験参加者が「学習者」（実際には，実験者と組んだサクラ）に対して，徐々に高い電圧の電気ショックを与えるように依頼された実験の結果の中にも見て取れる[25]。この実験において，実験参加者は，学習者が痛みのために叫び声を上げ，やめるように懇願してもなお，電気ショックを与え続けた。実験参加者は，実験者が自分たちに学習者が回復不能な障害を負うようなことをさせることはないだろうと思い込んでいたので，いわれるままに実験者の権威に対して盲目的に服従し続けたのである。学習者が，実際には傷つけられることのないサクラでなかったとしたら，実験者の能力についての思い込みの結果は，深刻な結果を生じさせたかもしれない[26]。

外見的に「信頼できる」と思われた人が，期待していたほど信頼できないということに気がついたとき，その人が能力に対する誇大な期待に沿わなかったということを主な理由として，人はその人に対して失望し，いらだちを覚える[27]。誤った人を信じていたと認めることは，深刻な認知的不協和を引き起こすことがあるので，人は，モラルから生じる怒りの感覚さえも覚える可能性がある。

III 公判における帰属の誤り

公判の中での陪審員は，公判に持ち込まれた不幸な出来事の「行為者」とし

ての当事者の過去の行為について、評価を下さなくてはならない「観察者」である。このような状況においては、帰属バイアスが非常に強くなり、陪審員は、状況要因よりも内的属性に対して、悪い結果を帰属させる傾向にある。つまり、陪審員たちは、性格特性をその当事者の行いに結びつけ、その行動が起こった文脈を無視する傾向がある[28]。帰属バイアスは、結果との関係で生じるので、もっとも被害を受けたもの、つまり悪い結果を被った当事者が、もっとも責められやすい人ということになる。たいていの場合、それは損害を受けた原告である。

A 防衛的帰属

　人によって程度に差こそあれ、陪審員たちは、自分たちの「公正世界」が、整っていて、予測可能なものであり、秩序だっていることを要する。そして、この考えを変えることは、ほとんど不可能である。彼らは、誰かが理由もなく被害を受けるということは信じたくないため、原告が誰かの悪事あるいは過失の無辜の被害者であるという考えは、彼らの中に深刻な認知的不協和を生むことになる。

　前章では、陪審員自身、より正確には彼らの理想自己が、当事者と同じような状況に置かれたとしたら、どのように振る舞うだろうかということを彼らが見定めることによって、彼らが公判での判断形成にどのように自己を入れ込むのかを見た。これは、自己参照効果、すなわち、自分たちが同じ状況でどのように振る舞うのかを想像することで、陪審員に判断させることによる効果である。彼ら自身の公判ストーリーにおいて、彼らは、なぜそんなことが起こったのかを理解するために、悪い結果を受けた当事者の位置に必然的に自らを置く。

　陪審員たちは、自分たちは悪い報いを受けるはずのない「よい」人々であると思い込んでいるので、彼らの個人的な公判ストーリーは、不幸な結末で終わることができない。また、彼らは、被害を受ける可能性について考えたいとさえ思わない。これらのことから、陪審員たちの公判ストーリーは、自分たちならば、どのようにして原告を「傷つけた」「弾丸をよける」のかという点を中心にして、つまり、どうすればその当事者に起こった悪いことが、自分たちには「起こらない」ように対処できたのだろうかという点を中心にして、組み立

てられることになる。そして，彼らは，この当事者が，なぜ自分と同じようにできなかったのかを考え始める。つまり，「この当事者は，なぜ（想像上の）私のようなスーパーヒーローではなかったのか，そして，その状況から無傷で抜け出すことができなかったのだろうか？」と。

　陪審員たちは，何の不正義も起こらなかったのだと自分たちを説得することで，原告に起こったことを調整しようとするであろう。こうすることによって，彼らの認知的不協和は，即座に和らぐ[29]。彼らにとって，物事を「正しく」行うためのもっとも簡単な方法は，悪い結果をもたらした責任を，傷ついた原告自身に帰属させることであろう。このような傾向は，防衛的帰属と呼ばれる[30]。不幸なことに，この認知的方略が「防衛」しているのは，実際には何ら現実の危険に曝されていない陪審員自身だけなのである。

　原告の行為が悪かった，あるいは，より単純に原告は受けるべき報いを受けたのだと思い込んでおけば，陪審員たちは，同様の被害を受けるかもしれないという考えに対して，自分たち自身をうまく「防衛」することができるし，もう一度世界を公正に見せることができるのである[31]。不幸なことに，先の例で見たように，陪審員にとって，公正世界を取り戻すにあたっては，実際に何が起こったのかを注意深く整理することよりも，原告を非難し，原告との間に心理的な距離をとることの方が，より簡単なのである[32]。

　防衛的帰属は，自分たち自身も「被害者になり得る」という感情が陪審員に生じるのを避けるために，被害者を非難するように陪審員を方向づけることによって，世界が公正であるという感覚の効果を生じさせる[33]。この傾向によって，陪審員は，原告は無責任であり不注意であるか，あるいは自身の被害についてなんらかの非難されるべきことがあると思い込むことになり，被告の行為よりも，被害を受けた原告の行為について，より厳しく判断することになる。

　興味深いことに，ある陪審員が原告との共通点を持っていればいるほど，その人は，原告に起こったことを原告の行為や悪い性格に対して帰属させようとする傾向が強くなる[34]。原告の不幸な状況を自分自身に重ね合わせるその人固有の識別力が，陪審員にますます原告との間に心理的な距離を置こうとさせるのである。そのため，乳ガンの事件においては，女性の陪審員はあまり望ましくない。女性は，この疾患自体への恐怖の方が大きすぎて，損害を受けた原

告に対して同情することができないのである。

　陪審員の反実仮想シナリオにおいて，彼らは，原告は行わなかったが（現実自己ではなく）自分たちの理想自己であれば行っていたであろう事柄を想像する。「原告には，悪いことが起こった。自分が原告の立場だったならば，それをどのようにして避けることができたのかを考えてみよう。」後知恵と防衛的帰属によって，陪審員は，原告が実際に行ったことよりも，確実にうまく振る舞うことができると想像するであろう。そこで危険なのは，陪審員が，意見を形成し，証拠から全く示唆されない推察や結論を導き出すために，想像にすぎない反実仮想を事後的に用いるかもしれないということである。それは，彼らが汚染された記憶による幻想と事実とを混同しているにもかかわらず，そのことに決して気がつかない状況で起こるのである[35]。

B　専門能力についての幻想

　能力についての誤った思い込みがあるため，陪審員は，外見上「能力のある」専門家の過失によって，実際に原告が損害を受けたということを信じるのに抵抗を示す。もし，被害を引き起こした張本人であると原告が申立てている被告のことを，陪審員たちが，自分たちをケアし，保護してくれる人であると信じているならば，陪審員たちは，被告が能力相応に振る舞ったにちがいないというように考える可能性は高い。彼らが信じる（被告のような）誰かによって，自分たちが保護されなくなるかもしれないという恐怖によって，陪審員は，専門家が原告を保護するのに失敗した可能性を無意識のうちにも低く見積もる。もし，陪審員たちが，被告の能力に対する自分たちの過大な期待に一致させるべく，被告の肩を持ったとしたならば，原告の主張は危ういものになる可能性がある。

　たとえば，車の製造会社に対する製造物責任訴訟において，陪審員は，罪のないドライバーに害を与える可能性のある欠陥車を被告が作ったということを信じるのに抵抗を示すだろう。陪審員たち自身が，自動車を運転するし，その車には，彼らの子どもが乗っている。そのため，彼らは自分たちの車が安全で，信頼できると信じる必要がある。そこで，彼らは，被告会社に責任を見出すこ

とに対して，抵抗するのである。

IV 帰属バイアスに打ち勝つ

　一般的に，陪審員たちは，帰属バイアスが判断形成にどのように影響しているのかについて，気がついていない。それにもかかわらず，当事者たちの行動の原因を，状況ではなく個人的属性として解釈するという彼らの傾向は，どのように責任を割り当てるのかという判断に対しても，大きな影響を与える[36]。

　帰属バイアスは，一般的に，被告の方に有利に作用する。防衛的帰属によって，陪審員たちは，原告自身の行為や属性こそが，原告が負った損害の原因であったというように判断をする傾向がある。そのため，陪審員たちは，なんらかの落ち度を見つけようとして，原告の行為や個人的な特徴について注意深く調べる傾向にある。我々が原告の代理人を務めるにあたって，これは明らかに問題となる。我々の依頼者にとって公正な結果に到達するためには，これらの障害に打ち勝つ必要があるだろう。

A 被告に焦点を当てる

　（第5章において）陪審員のバイアスと戦うために用いたのと同じ解決策を，防衛的帰属にも応用することができる。たとえば，原告側の冒頭陳述の最初の部分は，被告の悪事に関する純粋に事実のみの説明から始めるべきである。これは，最終的に我々の依頼者に対して損害を生じさせることになった環境や状況を，被告が個人的にどのようにコントロールすることができたのか，あるいは作り出したのかということを示すためである。陪審員たちは，不作為よりも，作為をより非難する傾向がある。実際，彼らは自然と，行為に対しては故意を仮定し，たいていの場合は，問題となっている特定の結果を作り出したなんらかの故意があったはずだと思い込もうとする傾向にある[37]。そのため，被告による不作為よりも，作為が害を引き起こしたことを証明する方が，より説得的である。

「行為」は，短くシンプルだが説得力のあるストーリーを話すときにはとくに，見えるまま，聞こえるまま，知っているままの単純なものでもよい。

　彼は，はるか彼方から来ています。（間）街の中に彼の大きな白いトラックが入ってきます。（間）彼は，歩道にいる彼女を見ます。彼女は，歩行器を押しています。彼は，速度を落とします。（間）彼は，彼女が地下に降りることができないでいることを知ります。（間）彼は，その光景を見て喜んでいる[38]。

たった3つの程度の短い文章で，陪審員たちは，何か悪いことが原告に起こりそうだと直感する。彼らはまだ，次に何が起こるのかを知らないが，すでに被告を責める準備はできている。それは，なぜか？

我々はストーリーを現在形で述べた。それは親しみやすく，直接的で，否応なしに話を前に進めるやり方である。陪審員たちは，我々のストーリーの中に引き込まれることに気づく。それは，なぜか？　我々が，短いが意味のある休止（間）によって強調された，簡潔な主語―述語の文章構造を用いたからである。無駄な言葉は，1つもない。たった2つだけ用いられた形容詞は，被告のトラックを説明するためのものである。

このアプローチによって，陪審員たちは，被告が「何者」なのか，どこから来たのか（「はるか彼方」），何をしようとしているのかなどについて，全くわからなくても，被告の行為から距離をとることが困難な状態にされている。彼らは，原告が誰であるのかも知らない。しかし，彼らはすでに，事件についてもっと知りたいと思っている。

我々は，短いチャンクに分けて情報を与え，名も無き悪人である「彼」が，年老いた家主である「彼女」に対して，彼女の自宅の基礎の沈下を修繕することができる（彼は，まさにそれを生業としている）ということを，どのように説得したのかについてのストーリーを，続けて語ることになる。しかし，それを話す前においてさえ，陪審員たちは，彼が彼女のお金をとろうとしているし，自宅の基礎の修繕が適切になされないままいなくなってしまうだろうということを知っている。そのため，我々のストーリーは，依頼者についての短い言及だけで終わることになろう。

それから，6ヶ月が過ぎました。(間) 彼女は，彼に1万5000ドル以上を支払いました。(間) それは，彼女の全財産でした。(間) そして，彼女の自宅の基礎は，いまだ不安定なままです。

　我々の依頼者とその行為について過去形で話すことによって，依頼者の行いは起こったことから隔離され，被告と比べて非難に値しないものとなる。なお，修理作業についての被告の落ち度を非難する場合でも，否定的なことや修飾語の使用は，注意深く避けるべきである。否定的なことや修飾語が使用されると，陪審員は，我々が自分たちの依頼者に有利になるように，不公正なバイアスのかかったことをいっているのではないかと疑って，我々のいっていることを割り引いて聞くことになるだろう。

　この簡単な例は，被告が行ったことについての簡潔で基本的なストーリーを語るだけで，性格の果たす役割を過大評価し，状況要因を過小評価するという陪審員の傾向を，どのように利用し得るのかということを示している。ただでさえ陪審員たちは，行動を性格特性に結びつけたがるものである。ストーリーの最初の部分では，この結びつきを即座に陪審員に提示し，その後のことについては，陪審員たちに任せておく。そして，被告の性格について，何か具体的なことや特段否定的なことをいうことのないまま，被告の個人的属性への帰属について，さりげなく強調する。これによって，原告や原告の行為を詮索しようとする陪審員の傾向は中和される。

B　否定的なことは避ける

　公判を通して，我々は，悪い人よりも悪い行いに焦点を当てるべきである。相手方当事者が，真に非難されるべき人物でない限り，一般的に，個人攻撃は避けるべきであり，懲罰的損害賠償の主張を伴わない場合には，とくにそういえる。陪審員の帰属バイアスは，しばしば不公正な形で，我々に対して作用する。さらに，相手側当事者について，不公正あるいは否定的な判断を示すことは，我々の信頼性を損なうと同時に，我々の主張にも不利益をもたらす。

　なんらかの否定的な意見や結論を引き出す必要がある場合，可能な限り専門

家証人の証言によってもたらされるべきである。専門家は，通常の証人とは異なり，意見を述べ，推察や結論を導き出すことが許されている。最終弁論の中で，相手方当事者の悪行について，専門家が述べたことを我々が繰り返したとしても，我々自身が否定的な判断をしたことにはならない。我々は，専門家が宣誓を行った上で証言の中で述べたことについて，単に言及しただけである。こちらの方が，ずっと洗練されたアプローチである。

C 意図を推察するために選択肢を使う

　被告が，他の方法や代替策あるいは選択の機会を持っていたことを示すことは，どんなときでも落ち度があったことの強力な証拠となる。前述の事例において，最終弁論では，請負人が基準に満たない仕事をしたことを論じるだけではなく，彼が仕事の契約を得るにあたって，あえてお人好しでだまされやすい老婦人を選択したという事実にも，焦点を当てるべきであろう。

　被告が，そのときに選ぶことが可能であったにもかかわらず，選ばなかったより好ましい選択肢と，実際に被告が選んだ選択肢を比較したならば，損害の予見可能性や，他者の安全に対する被告の無配慮を示すことができる。これらは，ともに，被告が非難に値するということを示すものである。もし陪審員たちが，被告の悪事は意識的選択の産物であると信じたならば，彼の行為の結果に対して，彼自身の故意があったのだと推察されることになるだろう。故意が過失の要素ではないとしても，判断をしたというまさにその行為は，失敗や間違いに比べて，被告が有責であるとの印象をより強める。我々が，そういった代替策を追加的に提示すればするほど，被告には，より責任があるように見える。

　被告の選択肢が複数あったことを，原告には可能な選択肢がなかったことと比較し，対比すべきである。被告の行為によって，原告が実行可能な代替策を持ち得なかったことを示すことで，被告の行為の属性的側面が強調されるとともに，原告の状況的側面が強調される。

　陪審員たちは，双方当事者の行為を評価する際，無意識のうちに動機を探す傾向がある。被告には，損害を引き起こす動機があったこと，あるいは，被告

は，わざと，すなわちその目的を持ってその行為に至ったことを，法律上やモラル上，あるいは専門的に示すことができたならば，陪審員たちは，悪い結果を引き起こした責任が被告にあると考える傾向をより強めることになるだろう。

D 悪事であることを示すために規則を利用する

　陪審員たちは，ルールの必要性を理解し，ルールを破った人に対して落ち度を見つけ出そうとする[39]。「ルール」には，制定法や慣習から，小企業や民間組織の方針や手続きに至るまで，ありとあらゆるものが存在する。陪審員は，法的な効力がなくても，確信を持って規則を破った者に対して責任を負わせることができる。

　原告の代理人であれば，被告を「ルール破り」として描くことは，効果的な戦術である。ほとんどの陪審員は，自分たちはルールを守る存在であって，ルールを破ることはないと自負している。(第7章の規範バイアスも参照のこと)。たとえば，前述の冒頭陳述を規則に関しての話から始めることもできる。「仕事を請け負った者は，その仕事を十分に行う義務を負っている」，あるいは「請け負った仕事を果たさなかったものは，誰も支払を期待すべきでない」といった形である。

　被告が守るべきルールに従わなかったことが，原告の損害の直接的な原因であるならば，もっとも保守的な陪審員でさえ，被告に責任があるということを積極的に認めるだろう。この種の人々は，通常は「原告寄り」ではないが，常にルールに従う法令遵守精神のある人物として自分たちを見ている。こういった傾向から，彼らは被告がルールに従わなかったならば，そのことについては，被告自身が責任を負うべきだと考える傾向にある[40]。

　デヴィッド・ボールの『損害賠償』[41]や，リック・フリードマンとパトリック・マローンの『交通規則』のような本には，この「ルール破り」の枠組みを，どのように原告に有利になるように用いるのかについて，すばらしい例が掲載されている。フリードマンとマローンの本では，ある医療過誤事件から引用してきた下記のような例を多く提示している。「医師が患者の症状を診断する際には，治療可能なものの中でもっとも危険な潜在的疾患を，最初に取り除く義

務を負う[42]。」こういったルールは，医療の専門家によっても，論破することができないものである。

　しかし，ルールは，当事者双方に対して作用することを意識しておかなければならない。先の例において，被告側は，自分自身の規則によって反撃することができる。「世界最高の医者であっても，医者のいうことを聞かない患者を効果的に治療することはできない。」原告自身でさえ，このルールに反していれば，信用を維持することはできない。

E　我々は公正な世界で暮らしているのか？

　「公正世界」理論では，共感と非難が逆相関の関係にあると考えられる[43]。自分たちが公正な世界に住んでいると安心するためだけに罪のない被害者を非難するとき，我々は，被害者から距離をとるか，あるいは被害者の人格を無視する。これらは，思いやりを失わせるものである[44]。同情と非難の逆相関は，最終的には，正義が常に勝つという観念を否定するものである。

　防衛的帰属に従う強い傾向によって，陪審員たちは，将来的に自分たちが被害者になることはないと自分たちを安心させるために，被害者を非難する[45]。これは，おそらく，原告の代理人にとって，公判におけるもっとも困難な障害である。

　陪審員は，とくに他者が悪い結果を経験したときには，他者が自身の運命をコントロールすることのできる能力を過大視する傾向があるので，我々は，結果のコントロールに対する被告の能力を過大視するように陪審員を方向づけたい。そうすることによって，自身の運命をコントロールすることのできる原告の能力を過大視するという類似の傾向との間で，中和作用を生じさせることになり，その結果として，戦いの場を平等に戻すことができるのである。

注

1）　Bram P. Buunk et al., *Social Comparisons at Work as Related to a Cooperative Social Climate and to Individual Differences in Social Comparison Orientation*, 54 APP. PSYCHOL.: AN INT'L REV. 61-80 (2005).

2）　LEE ROSS & RICHARD E. NISBETT, THE PERSON OR THE SITUATION:

PERSPECTIVES OF SOCIAL PSYCHOLOGY (1991).
3) SCOTT PLOUS, THE PSYCHOLOGY OF JUDGMENT AND DECISION-MAKING 697 (1993).
4) MELVIN J. LERNER, THE BELIEF IN A JUST WORLD: A FUNDAMENTAL DELUSION 105-11 (1980).
5) Dale T Miller & Michael Ross, *Self-Serving Biases in the Attribution of Causality: Fact or Fiction?*, 82 PSYCHOL. BULL. 213-25 (1975).
6) Jerry M. Suls & C. K. Wan, *In Search of the False Uniqueness Phenomenon: Fear and Estimates of Social Consensus*, 52 J. PERSONALITY & SOC. PSYCHOL. 211-17 (1987).
7) Michael Ross & Fiore Sicoly, *Egocentric Biases in Availability and Attribution*, 37 J. PERSONALITY & SOC. PSYCHOL. 322-36 (1979).
8) *Id.*
9) Suzanne C. Thompson & Harold H. Kelley, *Judgments of Responsibility for Activities in Close Relationships*, 41 J. PERSONALITY & SOC. PSYCHOL. 469-77 (1981).
10) FRITZ HEIDER, THE PSYCHOLOGY OF INTERPERSONAL RELATIONS (1958).
11) Michael D. Storms, *Videotape and the Attribution Process: Reversing Actors' and Observers' Points of View*, 27 J. PERSONALITY & SOC. PSYCHOL. 974-91 (1973).
12) Edward Jones & Richard E. Nisbett, *The Actor and the Observer: Divergent Perceptions of the Causes of Behavior*, in ATTRIBUTION: PERCEIVING THE CAUSES OF BEHAVIOR (Edward Jones et al., eds. 1971).
13) 対応バイアス，すなわち，状況要因で説明することが可能であった他者の行動を属性として推論する現象の詳細については，下記の文献を参照。Daniel T. Gilbert & Patrick S. Malone, *The Correspondence Bias*, 117 PSYCHOL. BULL. 21-38 (1995).
14) *Id.* 興味深いことに，行動の原因を判断する際に，他者の属性があまり考慮に入れられず，その結果，状況に過剰に重きが置かれる状況も存在する。
15) Harold H. Kelley, *The Processes of Causal Attribution*, 28 AM. PSYCHOL. 107-28 (1973).
16) LERNER, *supra* note 5, at 105-11.
17) Arthur Aron et al., *Inclusion of the Other in the Self Scale and the Structure of Interpersonal Closeness*, 63 J. PERSONALITY & SOC. PSYCHOL., 596-612 (1992).
18) Lee Ross, *The Intuitive Psychologist and His Shortcomings: Distortions in the Attribution Process*, in 10 ADVANCES IN EXPERIMENTAL SOCIAL PSYCHOLOGY (Leonard Berkowitz, ed. 1977).
19) Glenn D. Reeder, *Let's Give the Fundamental Attribution Error Another Chance*, 43 J. PERSONALITY & SOC. PSYCHOL. 341-44 (1982).
20) Lee D. Ross et al., *Social Roles, Social Control and Biases in Social-Perception Processes*, 35 J. PERSONALITY & SOC. PSYCHOL. 485-94 (1977).
21) Denise R. Beike & Steven J. Sherman, *Social Inference: Inductions, Deductions, and Analogies*, in HANDBOOK OF SOCIAL COGNITION (Robert S. Wyer & Thomas K. Srull, eds. 1994).
22) FED. R. EVID. 404.
23) Kenneth Dion et al., *What Is Beautiful Is Good*, 24 J. PERSONALITY & SOC. PSYCHOL. 285-90 (1972).
24) Edward L. Thorndike, *A Constant Error in Psychological Ratings*, 4 J. APPLIED PSYCH.

25-29 (1920).
25) Stanley Milgram, *Behavioral Study of Obedience*, 67 J. ABNORMAL & SOC. PSYCHOL. 371-78 (1963).
26) Thomas Blass, *The Milgram Paradigm after 35 Years: Some Things We Now Know about Obedience to Authority*, 29 J. APPLIED SOC. PSYCHOL. 955-78 (1999).
27) 一番よい例は，前大統領のリチャード・ニクソンと，2008年の大統領候補のジョン・エドワーズである。
28) ROSS & NISBETT, *supra* note 3.
29) LERNER, *supra* note 5, at 9-17.
30) Jerry M. Burger, *Motivational Biases in the Attribution of Responsibility for an Accident: A Meta Analysis of the Defensive Attribution Hypothesis*, PSYCHOL. BULL., 96 J. of PERSONALITY & SOC. PSYCHOL. 496-512 (1981). *See also* David A. Wenner & Gregory S. Cusimano, *Combating Juror Bias*, TRIAL, 30 (June 2000).
31) Burger, *supra* note 32.
32) *Id*.
33) *Id*. *See also* Nathan Radcliffe & William Klein, *Dispositional Unrealistic, and Comparative Optimism: Differential Relations with the Knowledge and Processing of Risk Information and Beliefs about Personal Risk*, 28 PERSONALITY & SOC. PSYCHOL. BULL. 836-46 (2002).
34) Berger, *supra* note 32.
35) Vittorio Girotto et al., *Postdecisional Counterfactual Thinking by Actors and Readers*, 18 PSYCHOL. SCI. 510-15 (2007).
36) PLOUS, *supra* note 4, at 181-82.
37) See generally Ross & NISBETT *supra* note 3; ERIC OLIVER, FACTS CAN'T SPEAK FOR THEMSELVES (2005).
38) このすばらしい冒頭陳述は，ノースキャロライナ州ウィストン・セーレムにあるアンダーソン＝パンギア法律事務所の弁護士，ジョゼフ・アンダーソンによるものである。
39) *See* generally RICK FRIEDMAN & PATRICK MALONE, RULES OF THE ROAD: A PLAINTIFF'S GUIDE TO PROVING LIABILITY (2006); DAVID BALL ON DAMAGES (3d ed. 2011).
40) *Id*.
41) FRIEDMAN & MALONE, *supra* note 41.
42) BALL, *supra* note 41.
43) LERNER, *supra* note 5, at 105-11.
44) RICHARD LAZARUS, EMOTION AND ADAPTATION, 289 (1991).
45) LERNER, *supra* note 5, at 105-11.

第7章
文化的規範と文化バイアス

I はじめに

　人は誰しも,「所属」欲求を持っている[1]。特定の集団や文化の一部であることは, 個人の健康と安全にとって重要である。なぜならば, それによって, 他者との間で資源を分かち合い, あるいは調和して生きることが可能となり, ひいては「仲間」内における集団的利益を高めることができるからである[2]。

　所属欲求によって, 人は自分たちの周りにいる人々(「仲間」内のメンバー)の行動を, 本能的に模倣することになる。これは, 人が, **文化規範**すなわち我々の社会において, 広く受け入れられ, 期待されている習慣や規則, 信念や行動に従う必要性を認めているからである[3]。従わなかった際には, 他者から非難されるであろうということを, 人は理解している。また, より深刻な文化規範の侵害が生じた場合には, 罰が下されたり, この「仲間」から追放されたりすることもあり得る[4]。これは, 人にとって, 周りの他者の期待に対して, うまくなじもうとするための極めて強いインセンティブとなり, いわゆる**社会化**として知られる過程である[5]。

　人は, 幼い頃に文化的に伝えられた規範と同化し, その規範は人生を通じて, その人の行動に強い影響を与え続ける。我々は, 文化規範に基づいて行動を解釈し, 問題を解決し, そして判断をすることになる[6]。人は, 同じ態度や信念, あるいは意見を持った人々の周りにいると, より快適に過ごすことができるため, その人々の方へと引き寄せられる傾向がある[7]。自分と同じように考え, 話し, 振る舞う人々は, その行動や思考がある程度予測可能であるため, その存在によって認知的不協和や心理的な居心地の悪さを感じることがほとんどない。他方で,「自分と異なる」人の周りにいると, 人は, 何を期待してよいのかがわからないため, リラックスできない傾向にある。彼らとどのように関わるのか, そして彼らがどのように我々に関わってくるのかについて, 我々はよくわからないのである。

　文化規範は, 陪審員の判断形成に, 無意識的な影響を強く及ぼす。陪審員は, 生まれたときから刻み込まれてきた彼らの社会規範または文化規範が冒された場合には, それを直感的に理解する。実際に, これらの規範は, 陪審員の判断

形成においては，適用される法律そのものよりも大きな影響を生じさせることがある。本章では，意識的であれ無意識的であれ，陪審員が事件について判断形成する際に依拠する傾向のあるいくつかの社会規範や文化規範に焦点を当てる[8]。規範バイアスと呼ばれるこれらの規範は，最後の２章で紹介されているツールと同様，レベル３の主要な判断形成ツールである。

II 個人主義と集団主義の文化

多くの心理学や文化人類学の調査は，個人主義文化と集団主義文化の違いに対して焦点を当ててきた。アメリカ文化は，高度に個人主義的である[9]。我々アメリカ人は，個人の重要性を強調し，グループでの協力の重要性を軽視する。すなわち，アメリカ人は，相互依存よりも独立に対して価値を見出す傾向がある[10]。個人的な功績，高い自尊心，そして自己責任といったものは，アメリカにおける文化的価値の中心となっている。

他方，集団主義文化においては，個人の功績よりも，相互依存と協力に対して価値を見出す。たとえば，東アジア文化の人々は，グループの中で他者と密接に結びついた存在として自分たちを見ている。彼らは，競争的であるよりも協力的であろうとする傾向を持ち，また，個人の功績に対する願望を昇華させ，全体としての社会的幸福を増進させようとする。彼らは，謙虚さに価値を置き，個人による貢献を，グループ全体の成功よりも軽視しようとする[11]。

自分が所属する文化，あるいはその下位文化の中にいる他者とは，多くの同じ中心的な価値や信念を共有しているため，我々はときどき，文化規範が自分の思考や行動に及ぼしている強力かつ広範な影響力に気がつかない。ちょうど，「魚が自分たちの生息している水に気がつかないような」ものである[12]。言い換えれば，我々には，他の誰もが自分と同じように考え，そして振る舞うことを期待する傾向がある。他の人がそうしないとき，我々は，その人たちを，「変わった人」とか「自分とは異なる人」として見なす傾向があり，それを無意識のうちに，「異常なもの」とか「悪いもの」として捉えることがある。

第7章 文化的規範と文化バイアス ─── 133

III 規範バイアス

　ティーンエイジャーの親になったことがある人なら誰でも，人が自身の過ちを正当化しようとする際の典型的な方法を知っているであろう。「だって，他の人だってやっているもん。」このことが示唆することは，明確である。つまり，他の人もやっていることであるならば，それは受け入れられるべきであり，「普通」の行動とされるべきだということである。たしかに，それらは完全に間違っているとはいえない。

　我々は，たとえ多くの人から見て，それが「普通」ではなかったとしても，自分や自分と類似した他者の行動を規範として見ようとする傾向がある。これは，自己奉仕バイアスと文化規範の組み合わせによって生じるものである。ある場面において，自分たちと同じ行動がされていると考えれば考えるほど（あるいは，自分と類似した他者がその行動を期待すればするほど），客観的な観察者が思うこととは関係なく，それは，「普通のこと」として見られることになるのである。

A 行為を「規範」に合わせている例

　規範バイアスは，強力な動機づけ要素の1つである。人は，「普通」に合わせ，「普通」であることについての努力を厭わない[13]。「カンディット・カメラ」（ありのままカメラ）という古いテレビ番組が，興味深く愉快な例を提供してくれている。この番組は，俳優たちが作り出すユーモラスな状況の中に，何も知らされていない人々を放り込み，その反応を観察するものである。ある回では，複数の俳優が，医師の診療所の待合室において，まるでそれが当然であるかのように平然と下着姿で座っている。何も知らない，服を着た2人の患者が，新たにこの部屋に入ってくると，彼らは不安そうにあたりを見渡してから，椅子に座った。その後しばらくして，彼らは，ほかの患者たちがそうしているように，下着姿になるまで服を脱いだのである。誰かが彼らに，服を脱ぐようにいったというわけではない。彼らは単に，適用されるべき規範だと感じたものに対

して，従わずにはいられないと感じただけなのである。

同様のことは，実際の心理学の研究においても，非常に簡単な知覚テストとして実施されたことがある。部屋の中にいる7人の「サクラ」（実験者の仲間）は，簡単な質問に対して，明らかに誤った選択肢を答えた。すると，8番目の人は，その人自身は正しい選択肢を知っているにもかかわらず，正しい答えをいうのが普通とは思えないし，全員が間違えているとも思えないため，ほかのメンバーと同じように，誤った選択肢を答えたのである[14]。つまり，ほかの人から規範を逸脱した存在であると見られることをおそれて，異議を声に出していわないことにしたのである。

B 公判における規範バイアス

規範バイアスは，公判の中においても頻繁に起こり得る。実際，民事事件における注意義務に関する法的基準は，社会の基準と専門家の規範に基づいている。過失法理は，本質的には，同じまたは類似の状況において，平均的で合理的な分別のある人が行うであろうと考えられる行動をとらなかったこととして「過失」を定義することで，「普通」の行動とはどうあるべきなのかを規定している。言い換えると，過失は，ほとんどの人が，「普通」そして「合理的」な行いと考える範囲を満たさなかった行動なのである。

陪審員にとって普段の生活の中で依拠している規範は，自分たちが持っている唯一の実際的な基準であるため，それを証拠にも無意識のうちに適用することによって，双方当事者の行いを評価する[15]。責任があったのかどうかを決める際に，彼らは，行動についての規範か予測可能な行動のパターンがないかを探す。陪審員たちが，問題となっている行いを「普通」だと考えたならば，とりわけ，自分たちも同じように振る舞っただろうと信じるならば，彼らは，きっとそれを受け入れるだろう。他方で，陪審員の個人的規範から逸脱した行いについては，不適切だと見なされやすいことになる。

公判前に時間をかけて，双方当事者や事件に関して，陪審員たちが，どのような規範的信念を持っている可能性があるのかについて，弁護士はよく考えなければならない。その際，弁護士は以下のような簡単な質問について，自問自

答することが必要である。これらの事実が揃ったと仮定して，「普通に起こること」は何か？　日常生活の中で，このような出来事は，「通常」どのように展開するのか？　「平均的な」人であれば，類似の状況でどのように振る舞うのか？　さらに，これらの質問に対する我々自身の答えは，陪審員たちの答えとは同じものでないかもしれないということにも気を配る必要があるだろう。

　人はみな，規範バイアスを持っている。しかし，その内容や性質は人それぞれであり，また状況によっても異なる。たとえば，警察官が，「治安の悪い」地域を夜中に巡回していて，街角でたむろしている若者の集団を見かけたとする。彼自身の規範的バイアスに基づいて，彼は，そこで薬物の売買が行われていると感じるかもしれない。しかし，その地域の住民が同じ光景を見たとしても，そのようなことは全く考えないかもしれない。同様に，ある1人の親にとって，「普通」なら病気の子どもを病院に連れていくべき状態とは，「子どもが友だちと遊べないくらいの病気にかかったとき」というものだとしても，他の親は，前述の親が同じ状況で適用するのとは，全く異なる規範を持っている可能性がある。それは，たとえば「お金に余裕があるときだけ」というものかもしれない。

　我々は，陪審員たちが，自分の信念や人生経験とは一致しないという理由で，一般化したり，歪曲させたり，あるいは無視したりしやすい情報が，どのようなものであるのかについて知る必要がある。これらの規範によって，陪審員は，ストーリーにおける隙間を，自分たちの信念やバイアスや人生経験から引き出された個人的な意味づけによって埋めようとするため，これらは，陪審員たちが公判ストーリーをどのように構築するのかという点に大きな影響を及ぼす。

　フォーカスグループインタビューは，陪審員たちの，その事件における固有の規範を見出すことに役立つ。フォーカスグループインタビューの参加者は，我々が重要だと考える事実に対して，しばしば言及さえしない場合がある。我々は，それらの成果を事実関係の調査や証拠開示の方向性を決めるために用いるべきである。多くの事件においては，こういったことに費用をかける余裕がないため，陪審員たちが民事事件の際に依拠する傾向があるより一般的な規範的信念とバイアスが，どのようなものなのかを知っておくことが有用である。これらの「陪審員の規範」について，以下に述べる。

1 確信が必要だという規範

　陪審員は，法廷や日常生活において判断を下す際には，どちらかといえば確信が得られていることを望むものである。これは，民事事件よりも刑事事件において，判断を下しやすいと感じられる傾向にあることの理由である。刑事事件の説明責任は，ほぼ確実であること，すなわち，単なる証拠の優越性ではなく，判断形成において本質的により説得力のある根拠を要求している。「合理的な疑いを超えた」証明を必要とすることは，単に「ないというよりはある」ということで決めるよりも，より公平であるように見える。重要なことを決めるのに，どちらともいえないというよりも，ほんの少しそうでありそうだということで決めたいとは，誰も思わないのである。

　証拠の優越に関する基準は，多くの陪審員にとってなじみのないものである。しかし，彼らが民事の証明責任について誤解していたとしても，公開の法廷でそれを認めることには抵抗を示すかもしれない。我々が被告の代理人ならば，陪審員の混乱が依頼者にとっての利益となることが多いので，証明責任について言及する必要はない（重要な抗弁を証明する場合は例外である）。しかし，我々が原告の代理人ならば，法律が求めるものよりも高い証明を求める可能性がある陪審員をあぶり出す努力をしなければならない。不幸なことに，それは陪審員たちの大多数である。では，我々はどうするべきか？

　最初に，具体的な文脈の中におくことで，「証拠の優越」が実際には何を意味しているのかについて，陪審員が正確に理解することができるように働きかけるべきである。ウェスト・バージニア州チャールストンの弁護士ジム・リースは，この目的を達成するために，予備尋問の中で，以下の質問を尋ねることを提案している。

　　質問：原告には，この事件における自らの主張を証明する責任があります。原告にとって有利な判断をするにあたって，あなたはどれくらいの確信があることを求めますか？
　　答：私は，非常に確信があることを求めます。自分の気持ちを決めるには，とても確かであるということを求めたいです。
　　質問：もしあなたが，たった70％の確信しか持てなかった場合でも，私の依頼者に投票するように，私に頼まれたとします。あなたは，そうしてくださいますか？

答：いや，決してそうはしません。
　質問：もしあなたが，たった70%の確信しか持てなかった場合でも，原告に投票してくれるように，私と被告代理人とがともに頼まれたとしたならば，あなたはそうするでしょうか？
　　答：いや。
　質問：では，もしあなたが，たった70%の確信度しか持てなかった場合でも，原告に投票するように，裁判官にいわれたとしたならば，あなたは，それでもまだそうしませんか？　どうですか？
　　答：いいえ。そうしません。

　このような一連の質問は，すでに忌避した方がよいと特定した陪審員に対して聞くようにすべきである。理由つきの忌避であることを明らかにするには，最後の質問は，オープンエンドの質問よりも誘導的な質問で行うべきである。どんなときでも，理由不要の忌避を無駄に使うよりも，理由つきの忌避を使う方がよいだろう。
　最終弁論の際には，予備尋問の際に尋ねた質問を陪審員に思い起こさせることによって，民事事件における証明責任を尊重すべきであるということを，改めて確認するべきである。

　　陪審員室に戻ったら，仲間の陪審員の誰かお1人が，「実は，確信がないんだよね」というかもしれません。そのとき，あなたは，黙って座っているだけではいけません。あなたは，発言許可を求め，その人に確信は不要であることを思い起こさせなければなりません。確信は，民事事件においては必要とされないのですから。

　原告の代理人として，陪審員が当該事件の確信の有無について話すのを認めることはできない。そのため，それが認められていないことを，陪審員たちに思い起こさせなければならない。そして，さらに，実際に必要とされてはいないが，証拠の優越以上に，代理人は自分たちの主張を証明しようとするという点もつけ加えるべきである。そして，実際に，そのようにすべきである。
　判断形成時における確信の欲求は，強力な規範バイアスに基づくものであるので，ほとんどの陪審員は，法の要請以上の証明を求めるであろうということを，我々は意識すべきである。そのため，陪審員室で，この法の要請にもかか

わらず，この規範が優勢とならないように，被告に過失があったということを証明するだけではなく，我々の依頼者には過失がなかったということをも証明しなければならない。

2 故意が必要だという規範

　一部の陪審員たちにとって，民事事件の被告が，故意のなかったことについてまで「罰せられ」なくてはならないということは，理解しがたいことかもしれない。民事事件においては加害の故意が必要とされていないが，陪審員は，単なる「事故」に対しての金銭的責任を誰かに負わせるような判断をなすことには抵抗を感じるかもしれない。

　民事事件の被告の代理人の場合は，陪審員が無言のうちにも故意についての証拠を必要としていることが，自分たちにとって有利になる。しかし，損害を受けた原告の代理人の場合は，公判開始時に，故意のない加害についても，責任を負う場合があり得るということについて，説明をしておく必要がある。

　たとえば，ウェスト・バージニア州チャールストンの弁護士ジム・リースは，予備尋問の間に，陪審員候補者たちに対して，以下の質問をしている。

　質問：社会の一員として，他者に対して故意に損害を与える他の市民がいたとしたならば，どのようにしますか？　どなたか，教えてください。サンダースさん，挙手をされましたね。このような場合，どうするのでしょうか？
　答：その人を犯罪者であるとして，訴えます。そして，もし罪が認められたならば，その人を刑務所へ入れます。
　質問：では，もしあなたが，故意に他の人に損害を与えたならば，あなたは犯罪者として訴えられるのですね？
　答：その通りです。
　質問：そして，あなたは刑事法廷で裁判を受けるのですね？
　答：はい。故意に人を傷つけることは，犯罪です。
　質問：では，もし故意なく他の人を傷つけた場合はどうでしょうか？　もしあなたが，他の人に損害を与える故意がなかった場合，それでもなお，あなたは刑事法廷に行かなければならないでしょうか？
　答：いえ，そうは思いません。でも，実はよくわかりません。

質問：では，こんなふうにお尋ねします。なぜある事件は刑事法廷に行き，また別の事件は民事法廷に行くのでしょうか？　誰かご存知の方？

答：もし故意に誰かを傷つけた人がいたら，その人は刑事法廷に行くことになります。もしその人が，自分たちがしていることや，自分たちのしたことが他の誰かをひどく傷つけ，あるいは死傷させてしまうかもしれないことを理解していたら……です。

質問：でも，損害が故意によって生じたものではなかった場合や，その人が，誰かを傷つける故意がなかったにもかかわらずそうしてしまった場合，その事件はどうなるのでしょうか？

答：たぶん，民事法廷に行くと思います。

質問：では，刑事法廷と民事法廷の違いは，加害の故意があるか否かですね？

答：ええ，その通り。私があなたを故意に傷つけたならば，私は，犯罪を犯したことになります。しかし，事故によってあなたを傷つけたならば，もし私があなたに害を加えるつもりがなかったならば，ということですが，そのときは，私は民事法廷に行くことになります。

質問：そうですか。我々は，誰かを故意に傷つけた際には，犯罪者として訴えられるかもしれない，そして，有罪になれば，刑務所に行くかもしれない，という点については一致したわけですね。では，故意のない損害に対する救済はなんでしょうか？

答：刑務所に行く代わりに，お金を支払うことです。

質問：損害を故意に与えたわけではなくても，誰かに損害を与えた人は，損害を被った人に対して，お金を支払わなければならない場合があると，あなたはそうおっしゃっているんですね？

答：はい。そう思います。

　ほとんどの陪審員たちは，民事司法と刑事司法の区別について深く考えることはしない。そのため，単に民事では加害の故意を必要としないというだけでは十分ではない。人は，故意がなくても，他者に与えた損害については責任を負う可能性があるということを，陪審員たちが完全に理解し，尊重する必要がある。

　前述のような質問をすることは，民事司法システムがどのように働いているのかを陪審がよりよく理解することに役立つ。このようなやりとりをすること

で，彼らは，自分たち自身の力（そして，もちろん我々のわずかな援助）によって，それを理解することになるので，証明責任を正確に適用するようになる。

たとえば，医療過誤事件において，一部の陪審員たちは，被告医師の過失を認定する前に，加害の故意に関する証拠について聞きたいと思うかもしれない。これらの陪審員たちは，被告にとっては望ましい人物である。しかし，我々が原告の代理人をしている場合には，我々が加害の故意を証明できない限り，被告の責任を認定することを彼らが拒むと考えられるため，彼らを忌避しなければならない。患者を治療する際に，被告医師が最善の医療的判断を行ったのだと彼らが信じる限り，「彼は，それをわざとそうしたわけではない」という理由は，多くの人にとって，我々の依頼者への救済を拒否するのに十分なものとなる。

そのため，我々が原告の代理人であるならば，我々が自分たちの主張について証明できた場合には，原告が被った損害に対する賠償を認める意思があるのかどうかについて陪審員たちに尋ねておくことが，とりわけ重要なことである。以下に，その例を示す。

　質問：本件は，故意のない加害に関する民事の医療過誤事件です。我々は，マニング医師が，故意にラスコさんに被害を与えたというような主張をしようとは考えていません。もし，彼に彼女を害する故意があったとしたならば，彼は，犯罪者として訴えられ，民事法廷ではなく刑事法廷において裁かれることになったでしょう。もし，マニング医師が，ラスコさんを故意に害したのであるならば，これは刑事事件になるはずであるということは，みなさんにもおわかりいただけることではないでしょうか。もしおわかりいただけるならば，挙手をしてください。

　［陪審員たちは，挙手をする。］
　質問：我々がいるのは民事法廷なのですから，故意に損害を与えたのではないのだから，彼女が負った被害について，医師が彼女に賠償をするのには問題があると考える人がいるとすれば，私はそれを知っておく必要があります。どうでしょうか。
　　答：はい。私はそう思います。私たちは，故意のない結果の責任を，医師が負うべきではないと思います。医師が故意にそうしようとしたものではないことに対して，医師がお金を支払うというのは，公正ではないと思います。

質問：では，もし裁判官が，被害を受けた患者に対して，彼女が受けた被害の賠償がなされることを，法が許しているといったとしたならば，この事件において，あなたはそのようにすることができますか？

　加害の故意性の証明を要求しそうな陪審員を見つけたならば，我々はその人に対して，できる限り理由つきの忌避をすべきである。それができなかったならば，理由不要の忌避をすべきである。そうしなければ，彼らは法的に必要とされている以上の証明を要求し，評議の間には，他の人にもそうするように説得する可能性がある。

3 現状維持に関する規範
　人には生まれつき，現状を維持しようとする傾向がある。（第8章II.C.2.の現状維持についての論述を参照）。変化というのは，おそろしいものである。我々は，未知のものをおそれる。なぜなら，それが我々にどのように影響を及ぼすのかについて予測することができないからである。そのため，我々は，不確かで，不安全だというように感じるのである。

　陪審員たちに，正しい判断であるという自信がない場合，つまり証拠がどちらか一方に特に有利というわけではないと考えるとき，彼らは，現在あるがままにそのものを置いておくことを望む。ただ，陪審員にとっての現状というのは，公判が始まった時点におけるそのものの状態である。しかしながら，被害を受けた原告にとっての現状というのは，原告が被害を受ける前の状態なのである。

　現状を維持したいというのは，被告にとっては望ましいが，原告にとってはそうではない。原告は，陪審員に，現状を変えるための積極的な行動をとってもらう必要がある。

　陪審員たちが確信を必要とすることを，彼らの現状維持への確固たる志向と結びつけて考えたとき，我々は，被害を受けた原告が，最初から極めて不利であるということに気がつくことができる。しかし，陪審員たちは，結果に対する責任が被告にあるという点に関し，かなりの確信を感じることができなければ，行動を起こすことには抵抗を示すだろう。それがない場合は，彼らは，現

状あるがままに物事をそのままにしておくことを望む。

4 「政治的正しさ」に関する規範

　陪審員たちは，社会規範，文化規範であると知覚するものには従う必要があると感じる。そのため，たとえば予備尋問の間，陪審員が心の中で思っていることは社会的に受容されないと感じていれば，それを陪審員から引き出すのは難しいだろう。すべての人間と同様に，陪審員も，公共の場で社会的に受容されないような意見を口にすることよりは，真実に手心を加えようとする。彼らは，「うまくやっていくために合わせる」のである。彼らが，弁護士に対して正直であることに抵抗を示すことは理解できるが，陪審員たちが我々に語ることができないものが，しばしば，弁護士が知るべきもっとも重要なことである場合がある。

　陪審員の潜在的なバイアスを完全に探るためには，彼らが持っているすべてのバイアスをより心地よく告白することができるようにしなければならない。難しい質問は選択式の質問にして，陪審員に2つの相反する見方のどちらかを選ばせることによって，一方が他方よりも社会的に受け入れられやすいということを暗示することなく，双方の考え方を「一般的なもの」にすることを促すのである。以下の例について，考えてみよう。

　　私は，みなさんの中に，自らの被害を法廷に持ち込んだ当事者たちに対して，強い反感を抱いている人がいるかもしれないということを知っています。たとえば，陪審員の中には，原告に有利な評決は，自分たちの保険料を引き上げることになるといった心配をされる方もいるかもしれません。また別の方は，保険会社が正当な請求を拒否し，必要以上に高い保険料を請求することによって，金儲けをしているというように信じているかもしれません。どちらかというと，あなたの立場はどちらの方に近いですか？

　対立する選択肢を示すことによって，陪審員たちが，自分たちの信念やバイアスを明確化することが容易になる。それによって，我々も，証拠がどんなものであったとしてもなかなか公正に扱うことができない陪審員を見つけ出すことが容易になる。

もし潜在的なバイアスの存在を引き出すことができれば，それをさらに明確なものにし，理由つきの忌避につなげるように努力するべきである。

そのお考えを，どれくらい長く持っていますか？ それは，強い感情ですか？ あなたの気持ちを変えることができるのは，何でしょうか？ それ以外で，あなたの気持ちを変えることができるものはありますか？ そうするようにいわれたという理由だけで，あなたは実際に気持ちを変えるでしょうか？ あなたの気持ちを変えるように頼んだ人に対して，「私は考えを変えます」というのは，単に儀礼的にその人に同意しているだけなのではないですか？

これらの質問に対する答えは，より効果的な理由つきの忌避を導き出すのに有用である。

5 損失の規範に対する反感

興味深いことに，人は，潜在的利益を実際に得ることよりも，同じ量の潜在的損失を実際に失うことを回避することに対しての方が，強く動機づけられる。民事事件において，陪審員たちの一部には，原告に有利な評決を出すことは，最終的には自分たちの損失になるというように信じている人がいるかもしれない。彼らは，原告が訴訟でお金を「得る」と，その訴訟による出費が「貧しい消費者に上乗せ」され，保険や商品やサービスの価格上昇という形で，同量の「損失」を自分たちが被ることになるというように想像する。

陪審員たちは，刑事司法システムは，自分たちを守るために作られているというように理解している。しかし，民事司法システムが同じことをしているというように意識している人はほとんどいない。原告の代理人であれば，被告に有利な評決は，安全性を損なうという点で，最終的には自分自身や自分が属するコミュニティに対する損失を引き起こしうるということを，陪審員たちに理解してもらう必要がある。

陪審員たちは，きっと以下のように自問しているだろう。原告に有利な評決になれば，被告の自動車メーカーは，本当に我々の車の安全性を高めようとするだろうか？ 単に車の値段を上げるだけ（それは我々の損失となる）だろうか。医療過誤訴訟において，原告に有利な評決は，医師を一層注意深くさせる

ことによって，より我々の安全性を高めることになるだろうか。あるいは，被告である医師が，他の医療現場に離れることになって，結果的に，我々が利用することのできる医療の縮小をもたらすだろうか？

弁護士として，我々は道を踏み外さないように，慎重に進まなければならない。法廷における鉄則に従うならば，弁護士が，陪審員たちに対し個人的に働きかけることは許されない。しかし，原告の代理人としての立場からすれば，原告の大きな被害に対しての賠償を与えるような判断をすることによって，自分たち自身が評決による最終的な被害者になるというような懸念を陪審員に抱いてほしくもないだろう。人は，その判断が自分自身に関するものではないとしても，自分自身の関心に基づいて判断をする。これは，現状（現在の安全な状態）維持の欲求が，基本的な生存反応であることに基づく，レベル1の無意識的な反応である。残念ながら，ほかの多くのバイアスと同様に，これは最終的に原告にとって望ましくない結果をもたらす傾向にある。

「規則」と説得の強力なテーマは，被告の行為が原告以外のあらゆる人を害する可能性があったということを，陪審員たちに気づかせるにあたっての最善の方法である。しかし，そこで「あなたも含め」という点は，つけ加えるべきではない。陪審員は，依頼者にとっての正義は，彼らにとっての不正義ではない点を理解する必要はあるが，それは，我々みんなに対する安全性の水準を維持し，引き上げる形のものでなくてはならない。

IV 「刷り込み」と「文化コード」

「刷り込み」は，幼い動物が，本能的に親をまねることによって，親から，適切な，あるいは「通常の」行動を学習するプロセスである[16]。たとえば，幼いガチョウは，母親のガチョウを「刷り込み」，常に母親の後ろについていくことを学ぶ。これは，自分たち自身で身を守ることのできない彼らにとっては，大変重要なスキルである（興味深いことに，生物学者のコンラッド・ローレンツは，孵卵器から孵った幼いガチョウに，彼自身を刷り込むと，まるで彼が親であるかのように，ガチョウが彼の後ろについてくるようになるというこ

とを発見した[17]）。

　一部の心理学者は，刷り込みは，動物と同じように人間でも起こると信じている。臨床心理学者のアルフレッド・アドラーは，特定の経験に関する彼の患者たちの初期の記憶は，とくにその体験が極めて情動的であればなおさら，最も重要なものであると考えられると記している[18]）。このような経験は，消すことのできない「刷り込み」を，我々の心の中に形成する。それらは，のちに，類似した経験に対して我々がどのように考えるのか，あるいは，それらの経験との関係で自分自身をどのように見るのかということに関しての起点となる。

　アドラーは，刷り込みによって，我々はその後の人生において，ある特定のものについては，それに対応する特定の方法で考えるように条件づけられるということを理論化した[19]）。現在でも，心理学者や精神科医は，時折，初期の記憶や情動が人生に大きな影響を及ぼすということについて，焦点を当てることがある。一部の専門家は，人は，学習することなく「知っている」ことがあるため，特定の「生得的な刷り込み」とともに誕生するということを信じている（カール・ユングの**集合的無意識**の理論に似ている[20]）。

　フランス産まれの児童心理学者であり，文化人類学者でもあるクロテール・ラパイユは，その刺激的な著書「文化コード」の中で，人は，動物とほとんど同じ方法によって「刷り込み」を行っていると記述している[21]）。アドラーと同じように，ラパイユは，人が幼いころに何かをはじめて経験することによって，脳に消し去ることのできない刷り込みがなされると論じている[22]）。これらの刷り込みは，その後の人生において，なんらかの判断をする際に，無意識的に依拠する心的結合や神経経路を作り出す。そして，最初の刷り込みとの情動的な結びつきが強ければ強いほど，その後の我々の思考や行為に及ぼす影響は，より大きくなる[23]）。

　これらの刷り込みによって生じる意味づけは，その大部分が文化に依存する。人は多くの刷り込みが起こる人格形成期（産まれたときから7歳くらいまで）の大部分の時間を家庭の中で過ごす[24]）。人は，一般的に子ども時代には1つの文化のみにさらされることが多いため，異なった文化の人は，同じ物事に対して異なった反応をする傾向にある[25]）。

　たとえば，フランスの子どもは，ワインを飲むことを禁じられていない。そ

の香りを楽しむことや，それがどのように食べ物をおいしくするのかについて，幼いころに学習するのである。一方で，アメリカの子どもは，一般的に，ティーンエイジャーのころに最初にお酒を飲むことが多いが，それは多くの場合，意図的に酔っぱらうことを目的としている。結果的に，フランスの子どもとアメリカの子どもは，アルコールに関して全く異なる刷り込みを形成することになる[26]。アメリカのティーンエイジャーは，アルコールについて，食事をよりよく引き立たせるものとして見るのではなく，許されざる精神的高揚感と結びつけて見るのである[27]。

ラパイユは，これらの最初の刷り込みは，彼が文化コードと呼ぶものの鍵となると信じている。「文化コードとは，人があらゆるもの，すなわち，例えば車や食習慣，他者との関係性，あるいは国に対して，我々が育った文化を通して適用する無意識的な意味づけである。」[28] 文化コードによって，同じ物事であっても，文化が異なる人々は，それぞれ異なった方法で処理することになる[29]。

ラパイユの研究は，人の心の好み（市場における消費者が，特定の商品に対してどのように反応するのかを予測するもの）の形成過程に注目し，幼年時の記憶がどのように強い好みを「刷り込む」のかに焦点を当てている。ラパイユは，この研究に基づいたマーケティング手法を考案して，非常に成功を収めた。消費者の文化コードに訴えかける方法に基づいて商品をマーケティングすることによって，彼は，世界でもっとも成功したマーケティング・コンサルタントかつ，政治アドバイザーの1人となった[30]。

ラパイユの方法には異論もあるが[31]，彼の理論は，無意識のうちの判断形成について，興味深い示唆を与えてくれる。これらの理論が正しいとしたならば，ラパイユの文化コードは，陪審員の判断形成に対しても影響を与える可能性がある[32]。

A 文化コード

ラパイユは，三位一体脳理論が正しいと考えている。この理論は，人間の脳は3つの異なった部分に分かれていると主張するものである[33]。第一は，皮質，すなわち脳の認知的な部分である。これは思考の中心であり，これによって我々

は，推論をすることができる[34]。第二は，辺縁系であり，感情を司る部分である。第三は，爬虫類脳であり，基本的な生存本能や生殖本能をコントロールする，脳の中で最も基本的かつ原始的な部分である[35]（「爬虫類脳」という用語についても，三位一体脳理論についても，一般的な心理学の文献においては，受け入れられていないということに注意が必要である[36]）。

　ラパイユは，皮質は，真実を語ることよりも，印象調節に深く関係していると信じている。人は，自分たちの見た目を「調整」し，他者に好まれるような自己を提示しようとする[37]。人は，皮質の働きに頼り，思考にフィルターをかけ，検閲しているため，何も考えずに話したり，社会的に許容されていない真実を口走ったりすることはしない。ラパイユによると，皮質と辺縁系の背後にある「爬虫類脳」を徹底的に調べることができれば，他者の真の思考や感情を，より明確に捉えることができる[38]。また，彼は，生存が我々の存在にとって根源的なことであるため，本能は，論理や感情よりも常に優先されるはずであると信じている[39]。

　ラパイユは，「爬虫類脳」は文化コードを見つけ出す鍵になると主張している[40]。彼は，他者の最も基本的な（そして，しばしば根底にある）本能をコントロールしている「爬虫類脳」に訴えかけることができれば，予測可能な，無意識の反応を引き起こすことができると信じているのである[41]。それぞれの文化は，それぞれに固有の文化的構造を持っているため，ラパイユは，ある考えや事物についての，その社会に固有の「集合的文化的無意識」の核心を捉える一語あるいは二語の元型，すなわち「文化コード」を探す。これらの簡潔なコードは，特定の文化の根本にある性質や，その文化の人々がどのように考え，振る舞うのかを明らかにする比喩，あるいはテーマである[42]。

　たとえば，「医師」についてのアメリカの文化コードは「英雄」であり，看護師のコードは「母」あるいは「世話人」であると，ラパイユは考える[43]。しかし，興味深いことに，「病院」のコードは「工場」あるいは「処理施設」なのである[44]。病院は，大きな得体の知れない装置（機械）によって満たされている非人間的な場所であり，そこにいるとき，我々の活動は制約され，ベッドに追いやられるからであろう[45]（これは，病院やその経営者の代理人にとっては，おそろしい考えである）。

B 市場における文化コード

　1990年代の後半，クライスラー社は，アメリカ市場における人気を失っていたジープ「ラングラー」のマーケティングのため，ラパイユを雇った。ラングラーの市場シェアは，多くのより大きくて快適なSUV（スポーツ用多目的車）によって浸食されていた。クライスラーがラパイユを雇ったのは，この問題に対処するためである[46]。

　ラパイユは，まずアメリカの文化コードを調べることから始めた。それは，ラパイユ自身が育ったヨーロッパのような，年月を経て「成熟した」文化とは明らかに異なり，若々しく，人生に向かって行動的な「青年期」の文化であることに，ラパイユは気がついた。彼は，アメリカの文化を，ファストフードや甲高い音楽，「アクションヒーロー」，栄養ドリンク，ランニングシューズ，そしてバイオレンス映画によって栄えたものであると分析した[47]。そして，「青年期の象徴」を中心としたマーケティングキャンペーンを立案した。それは，極めて独立的で，若々しく，変化に富んだ文化に対してアピールするものであった[48]。

　ラパイユは，アメリカでジープ「ラングラー」を売るために，アメリカ独自の象徴的なイメージを用いた。それは，地図に載っていない新たな地域を拓くために，西へと進む勇敢な開拓者が馬に乗っているイメージである。彼は，少年が犬とともにハイキングをしている映像を，ジープのテレビCMとして製作した。その犬は，突然崖から落ち，途中に生えていた木に何とかしがみついている。取り乱した少年は，近所の村に助けを求めて走る。セダンが通り過ぎ，ミニバンが通り過ぎ，SUVが通り過ぎた。そして，最後にジープ「ラングラー」がやってきた。ラングラーのドライバーは，山をよじ登って，犬を救い出し，少年がお礼をいう前に，夕日に向かって走り去る[49]。この「爬虫類」型のメッセージは，真のアメリカのタフな男は，地平線の向こうに不気味にそびえる次の挑戦と対決し，それを征服するため，「馬」（ラパイユによると「ジープ」の文化コード）に乗って走り去るというものである（このジープのキャンペーンは，自然の開けた草原で，馬に乗った無骨なカウボーイがたばこを吸っている姿を中心に据えた，60～70年代の「マルボロ」の有名なCMを思い起こさせる

ものであった)[50]。

　この「文化コードに則った」メッセージは，アメリカにおいて非常に大きな成功を収めた。しかし，ラパイユは，フランスでラングラーを売るにあたっては，別のマーケティング手法を企画しなければならないことを知っていた。彼は，フランスにおけるジープの文化コードは，「解放者」であると解明した。フランス人たちにとってのラングラーは，ナチスの支配からフランスを開放するため，第二次世界大戦の終わりに，アメリカ軍の兵士が乗ってきたジープを連想させるものであった。それに基づいて，ラパイユは，ジープの栄光の過去を強調し，ラングラーを運転することで得られる自由を強調するキャンペーンを，フランスで企画した[51]。

C　公判におけるアメリカの文化コード

　ラパイユの研究は，アメリカ文化に植えつけられたさまざまな自己奉仕バイアスを明らかにしている。たとえば，我々は公正世界やコントロール幻想を強く信じている。ステレオタイプ的な「アメリカンドリーム」は，よく働く「よい」人間になれば，その努力は，豊かさという形で報われるはずである，というものである[52]。この夢の中に埋め込まれたものは，我々は人生においてどのような結果が生じるのかをコントロールすることができる能力を持つということ，そして，よい行いは，必ず報われるはずだという信念である。我々は，十分な努力をしたならば，自分自身の力でそれを成し遂げることができるし，それは他の人も同様であるというように確信している。アメリカ人は，常に正確な自己像とは必ずしもいえないかもしれないが，強く，独立していて，自分のことは自分でできる人間であるということに，プライドを持っている。

　「文化的青年期」の社会として，アメリカ人は，自分たちが永遠に若く，強く，無敵であるというように考えている。これらの特性は，長期的に見れば，アメリカ社会に寄与してきたものである[53]。しかし，若く，強くなければならないという強迫観念によって，アメリカ人は，心がはやってしまい，すぐにあらを探したり，責任を追及したりして，時折，自分たちよりも不運な人に対して偏見を持ってしまうことになる。

帰属バイアスによって，アメリカ人は，自分たちの成功を自分たちの功績であると主張すると同時に，他者に起こる悪いことは，それがどんなことであれ，他者に対して自己責任を負わせようとする傾向にある。法廷において，これらのバイアスが，アメリカの個人主義と結びついた場合，原告や刑事被告人に対する明白な偏見となって現れる傾向がある。まるで，陪審員は，原告や刑事被告人を，規則に従って行動し，それを独力で達成するだけの「タフさ」のない人々であり，自分たちの面倒を見ることができないため，どこかほかの場所に助けを求めなければならない人々であるというように見なすことを宿命づけているかのようである。このバイアスのかかった受け止め方に打ち勝つことは，原告や刑事被告人にとって難しいことである。

　ほぼ間違いなく，公判の中でラパイユの理論（技術ではない）のいくつかを実行することが可能である。陪審員に，根源的，文化的に強制されたレベルで訴えかけることができるならば，そのレベルで彼らが振る舞うように説得し，それによって，予測可能な反応を引き出すことができるであろう。そのために，いくつかの最も強いアメリカの「文化バイアス」について論じることにしよう。これらは，おそらく根源的なものであり，意識下のレベルに存在して，現代の陪審員たちに及ぼす影響を明らかにするものである。

❶ 自己責任

　95％以上のアメリカ人は，自己責任の概念を，アメリカ社会におけるもっとも重要な価値の1つとして位置づけている[54]。この信念は，ジェンダー，人種，階級，そして政治的志向を超えて一貫している[55]。80％以上の人が，他者より自分の方がより責任感があり，賢明な判断をすることができ，他者の性格を見抜く能力が備わっているというように考えている[56]。

　これは，どういうことだろうか。マズローの欲求の階層ピラミッド（第4章参照）の最下層は，自分たちと家族に対する生存の保障である。この目的を達成するために，我々は，正しい判断や誠実な仕事をすることによって，あらゆる状況において，自分たちが結果に対しての影響力を持つと信じることができなければならない。根本的には，自己責任というのは，傷つけられた者，あるいは家族の成員に危害が加えられることを「許した」者というのは，自分自身

や自分の愛する人を守ることに失敗した者にちがいないという信念なのである。

　個人主義文化では，公正世界信念やコントロール幻想が非常に強いため，「自己責任」という信条は，アメリカ人にとっては共感できるものである[57]。結果として，陪審員たちは，最初の段階では原告を救済することについて拒絶する傾向を持つ可能性がある。彼らは，原告がそうした悪い結果に苦しんでいるのは，原告が何か間違ったこと（その責任を受容することのできない何か）をしたにちがいないというように，内心では疑っているのである[58]。また，自己責任の概念は，原告にとってもう1つの不幸な結果をもたらすことがある。それは，これによって陪審員が，法的に必要とされている以上に高い基準の証明を求めることになるというものである。

　驚くことではないが，自己責任は，民事事件においては，多くの場合，被告側に非常に有利に作用することになる。これまでに見てきたように，陪審員は，ひどい被害を受けた人と自分自身を重ね合わせることに対して躊躇するため，被害を受けた原告から距離をとるために，防衛的帰属に無意識のうちにすがる。ひどい被害を受けた人と自分自身を重ね合わせることは，同じことが自分自身にも起こり得ることを許容するのと同じことであり，これがアメリカの法廷において，原告に対しての明白な偏見を生じさせる感情的要因の1つなのである。

　一部の陪審員たちは，訴訟は，原告自身の作為・不作為の結果の責任を，誰か別の人や物に転嫁しようとする試みにすぎないというように見なしている。原告代理人として，弁護士は，原告が受けた被害を原告自身に負わせようとする傾向を持つ陪審員たちに，対処する準備をしなければならない。安心感に対する圧倒的な欲求は，「自己責任」についての強力な文化規範と相まって，原告が誰か他の人の悪事や過失の無辜の被害者であるということを，陪審員たちに対して証明することを難しくする。

　このような課題に直面してもなお，原告代理人は，形勢を逆転し，自己責任の概念を，被告が被害を引き起こしたにもかかわらず，その自己責任を受け入れていないということを示すために用いることができる。これは，依頼者が，被害に打ち勝とうと手を尽くしていた際には，特に有効である。陪審員たちは，受けた被害を和らげるためにできる限りのことを原告が行ってきたというように説得されたとすれば，自己責任を行動で示し，逆境に打ち勝つためにできる

限りのことを行った者に対しては，正当な対価が与えられるべきであるという理論に基づいて，原告の損害を被告に賠償させることを選ぶ可能性がある。

被告の不品行が例外的なものであったとするならば，原告は，被害回復のためのもう1つの道を得ることになる。陪審員たちは，明らかに例外的な不品行，すなわち繰り返して起こりそうもない不品行に対しては，より懲罰的になる傾向がある。これは，それが陪審員自身に対しても起こるかもしれないという個人的な懸念を抱くことなく，被告に対して責任を負わせることができるからである。もし我々が，被告が無責任に振る舞ったという多くの事実を強調することができるならば，我々は，この事件を「通常」の過失によって生じたものではなく，きわめて「例外的な」ものであるということを論証することができる可能性がある。

2 法律家や民事司法システムへの懐疑

陪審員も，すべての人間がそうであるように，生まれつき疑いやすい生き物であるといえる[59]。このようなある程度の疑念をもつことは，健康的で，本人を保護する性質のものである。人は自分たちが知らない，あるいはよく理解できない人や物に対しては，自分たちの安全にとって潜在的な脅威となるかもしれないと考えるので，それらに対して生得的に疑念を持つ傾向がある。それゆえ，我々は，我々に不安を与える全ての人や物に対して，自然と疑いを持つのである。

不幸なことに，ほとんどの陪審員たちにとって，弁護士というのは，おおよそ未知数な存在であるため，懐疑的な目で見られやすい。陪審員の多くは，弁護士や法律，司法システムに関して，限られた数の個人的経験しか有していない。彼らが，弁護士について聞いたり，読んだりしてきたことの多くは，ネガティブな内容のものである。とくに，我々弁護士には，いずれか一方の当事者から報酬が支払われるということを知っている場合には，陪審員は我々を信頼できる情報源としては考えない。人は，メッセージを，そのメッセージの伝達者に対する個人的な信頼性を考慮した上で，直感的に解釈するため，我々が陪審員たちの信頼と尊敬を得ることは難しいかもしれない[60]。

アメリカの不法行為法改革についての大げさな表現は，弁護士と民事司法シ

ステム，そして特に，被害を受けた原告の主張の妥当性について，陪審員の疑いの念を高めるだけである[61]。これらへの疑いの念は，事件の事実が陪審員自身，あるいは彼らが愛する人たちの安全に対して懸念が生じるような場合，さらに強くなる。これは，個人的に被害を受けたすべての原告が直面する問題である。

　一部の陪審員たちには，救済に値しないにもかかわらず被害の救済を得ようとする恥知らずな原告の潜在的被害者として自分たちを捉え，その結果，原告を救済することを拒否する傾向があるかもしれない。この陪審員たちは，根拠のない訴訟と法外な損害賠償額の認定は，他の商品やサービスの値上げと同様に，保険の掛け金を不公正に増大させ，自分たちの商売や職場に対して，費用や時間のかかる安全対策を求める事態を引き起こすといったような，望ましくない仕事を増やすことにつながると信じている。これは，直接的あるいは非直接的な訴訟コストが，消費者としての自分たちに上乗せされるという懸念を生じさせ，それによって，陪審員に対して，原告に支払う賠償額の認定をより躊躇させることになるであろう。これらの陪審員は，自分たちをこの事件から生じる利害関係者役として，彼らは，原告の主張の本質とは無関係な理由に基づいて，原告の救済を拒否する傾向にある[62]。

　一部の陪審員は，事件の事実に関係なく，原告に有利な評決を出すことを拒否する可能性がある。彼らの規範バイアスと個人的な哲学を変えようとする努力は，無意味であると思われるため，我々の仕事は，予備尋問の間にそのような陪審員を見つけ出し，彼らを忌避するように努力することである。

3 ステレオタイプ化と最終的な帰属の誤り

　文化バイアスによって，あまりなじみのない人や物，事象について，しばしば不公正で不正確な推察や結論を無意識のうちに引き出すプロトタイプあるいはスキーマ（第3章で論じた）が作り出される場合がある。我々は，年を経るにつれて，自分たちの未来の行動を導くために依拠したポジティブあるいはネガティブなステレオタイプを作り出し始めているともいえる[63]。

　多様な自己奉仕バイアスによって，我々は，自分たちを，さまざまな才能や能力の複合体として見ている。しかし，このような性質を，他者，特に自分た

ちとは非常に異なった他者に対して，帰属させるようなことはない。人は，ただ「見知らぬ人」に対しては，単に判断するための情報を十分に持たないという理由だけで，その人を，似たり寄ったりの1つの表面的な特徴しかない人として見る傾向がある。この傾向によって，我々は，他の文化や背景を持つ人に対して，無知やわずかな個人的経験にのみ基づいた，不公正な一般化をする場合がある。

この種のネガティブなステレオタイプは，特定の個人の性格やパーソナリティ特性を，その個人にではなく，集団全体に「帰属」させるので，**究極的な帰属の誤り**と呼ばれる[64]。たとえば，一部の人は，「政治家（あるいは弁護士）は信用できない」，「イスラム教徒はテロリスト集団に属している」，あるいは「男性は女性よりも運転がうまい」などと信じている。それぞれの場合に，その説のために引用できる事例はあるが，それらの例から一般化することは不正確である。

これらの文化バイアス，あるいはステレオタイプが，陪審員の家族や友人，社会的集団，民族的集団，信仰上の集団によって広く同意されているならば，陪審員がこれらのバイアスに気づくことはなく，このような世界の見方が正確であるというように信じているであろう。これらのバイアスに彼らが気づいたところで，自分たちが受容されない，非一般的な見方を持っているというように思われることは望まないため，彼らは容易にはそれを認めない可能性がある。

また，内部にバイアスを持っているのは陪審員だけではない。弁護士や他の専門家も，それぞれの専門分野の慣習に従って物事を見る傾向があり，しばしば他の見方を無視することがある。我々の診断が自己成就予言となってはいけないので，特定の事件を，「よくある内輪もめ」というように分類したりしないように，気をつけなければならない。

ステレオタイプ化は，それが「専門家」によってなされるというだけで，実に不愉快なものとなる。それはいつでも，結局，「我々が見たことがある」気がするという理由だけで，依頼者の事件を，無理やり型に嵌め込むことにほかならない。我々自身が信じるものが，何が起こったのかについての最も説得力がある説明であるという考えによって，我々は，実際に起こったことではなく，過去の専門的経験に基づいて，根拠のない前提を作っている可能性がある。

4 文化バイアスに打ち勝つ

　自己責任は，昔から，民事事件の被告代理人の武器庫の中にある武器の1つである。例えば，今も続く「たばこ戦争」事件において，被告会社の代理人は，原告がたばこのリスクに気づいてからもずっと意識的にたばこを吸い続けようと判断したことについて，説得力のある議論を形成してきた。

　45年もの間，喫煙者として暮らしてきたにもかかわらず，原告は，自分の行為の結果について，自己責任をとることを拒んでいます。原告は，喫煙が有害であることを知っていました。原告は，喫煙を始めた当初から，そのことを知っていました。しかし，それを知ったところで，1日1箱のたばこを吸うという未成年の頃からの習慣をやめることにはなりませんでした。すぐに，それは1日2箱になりました。ときどき，それは1日3箱になりました。誰も原告の頭に銃を突きつけてたばこを吸うようにいった人はいませんし，一度吸い始めた以上やめることができないといった人もいません。原告は，熟慮して，意識的に，1箱1箱，毎年毎年吸うことを選んできたのです。しかし，原告は今，自分が1日3箱吸う習慣のことでたばこの製造会社を非難しようとしています。

　この主張に対抗するために，原告代理人は，被告たばこ会社の自己責任についての主張を使うことができ，かつ先んじてそれを使うことができる。

　1950年代には，たばこが健康にとって有害であるということを，この会社は知っていました。彼らの企業内研究者は，喫煙が人を死に至らしめることを知っていたのです。しかし，会社は，この情報を公表しませんでした。そして，テレビやラジオ，雑誌や新聞，そして屋外広告で，たばこを宣伝し続けました。この会社は，原告に対して，危険な商品を売りつけることを選び，原告と同じく会社が知っている事実を知らない多くの人たちに，それを売り続けたのです。それは，会社が公表しなかったため，それを知ることができなかった人たちです。そして今，会社はこういっています。「はい。我々は，それが有害であることを知っています。でも，私たちの販売した，非常に中毒性のある，生死に関わる商品を，人々がどうするのかについては，私たちに責任はありません……。」

　人々は，特に，その文化で広く共有されていることについては，自分たちのバイアスを認識しないことが多いため，たとえそのバイアスを排除するような証拠に直面させたとしても，自分たちのバイアスから離れられないことについ

て，陪審員たちを責めることは難しい。一部の事件において取り得る唯一の選択肢は，相手側寄りの判断をするバイアスを持った陪審員を忌避し，我々の依頼者に対して公正であると思われる陪審員が評議体に残るようにすることである。悲しいことに，誰が自分たちの側にとって「よい」のか「わるい」のかについての判断は，失敗することもある。

できることならば公判よりも十分に前であることが望ましいが，これらのバイアスと，その事件固有の他のバイアスを，見つけ出すことができたならば，我々は，これらのバイアスや信念を自分たちの主張に結びつけることができるように，事実，理論，テーマ，戦略を発展させることができる。我々は，陪審員に生じそうな証拠の受け止め方を取り込んで，公判戦略を作らなければならない。

陪審員が，我々の依頼者に対して強いバイアスを持つこと，あるいは，相手方に有利な判断をするための説得力のある根拠を持っていることがわかったならば，和解に持ち込むようにすべきである。しかし，もし陪審員たちに正しいことをさせることができるような場合には，根拠と論理に訴えるだけでは，その高い目標を達成できないかもしれないということを自覚すれば，陪審員が，別の経路を辿ってその結果に到達する方法を見つけることができるように導くことが可能である。弁護士が自信を持たなくてはならないのは，陪審員の無意識的な対処方略，深く根ざしたバイアス，人生経験に基づく思考は対処不能な障害物ではないということである。

注

1) Roy F. Baumeister & Mark R. Leary, *The Need to Belong: Desire for Interpersonal Attachments as a Fundamental Human Motivation*, 117 PSYCHOL. BULL. 497-529（1995）.
2) Solomon E. Asch, *Effects of Group Pressure Upon the Modification and Distortion of Judgment*, in GROUPS, LEADERSHIP, AND MEN (Harold Guetzkow, ed. 1951); Solomon E. Asch, *Opinions and Social Pressure*, 193 SCI. AM. 31-35（1955）; IRVING L. JANUS, GROUPTHINK: A PSYCHOLOGICAL STUDY OF POLICY DECISIONS AND FIASCOES (2d ed. 1982).
3) Baumeister & Leary, *supra* note 1.
4) Asch, *supra* note 2.
5) Anita Jones Thomas et al, *Racial Identity and Race-Related Stress of African American Parents*, 18 FAMILY J.: COUNSELING AND THERAPY FOR COUPLES AND FAMILIES 407-12（2010）.
6) Hazel Markus & Shinobu Kitayama, *Culture and the Self Implications for Cognition,*

Emotion, and Motivation, 98 PSYCHOL. REV. 224（1991）.
7）　*Id.*
8）　*See* generally Daniel L. Schacter, *Implicit Memory: History and Current Status*, 13 J. EXPERIMENTAL PSYCHOL.: LEARNING, MEMORY & COGNITION 501（1987）. これらの文化バイアスは他の多くの西洋諸国の文化によって共有されている。
9）　Richard E. Nisbett & Takahiko Masuda, *Culture and Point of View*, 153 INTELLECTICA 416-47（2007）.
10）CLOTAIRE RAPAILLE, THE CULTURE CODE 173（2006）.
11）Markus & Kitayama, *supra* note 6.
12）DOUGLAS A. BERNSTEIN ET AL., PSYCHOLOGY 24（8th ed. 2008）.
13）JOHN MORREALL, HUMAN WORKS 98（1997）.
14）Solomon E. Asch, *Effects of Group Pressure Upon the Modification and Distortion of Judgment*, in GROUPS, LEADERSHIP, AND MEN（Harold Guetzkow, ed. 1951）; *see also* Solomon E. Asch, *Opinions and Social Pressure*, 193 SCI. AM. 31-35（1955）.
15）SUSAN T. FISKE & SHELLEY E. TAYLOR, SOCIAL COGNITION（2d ed. 1991）.
16）Julian Jaynes, Imprinting: *The Interaction of Learned and Innate Behavior*, 49 J. COMP. & PHYSIOLOGICAL PSYCHOL. 201-06（1956）; Barbara S. Kisilevsky, *Effects of Experience on Fetal Voice Recognition*, 14(3) PSYCHOL. SCI. 220-24（2003）.
17）KONRAD LORENZ, KING SOLOMON'S RING（Marjorie Kerr Wilson trans., 1961）.
18）ALFRED ADLER, THE PRACTICE AND THEORY OF INDIVIDUAL PSYCHOLOGY（1963）. アドラーの元の研究は1927年に発表されている。そのためのこれらの理論は，かなり以前からある。
19）*Id.*
20）より一般的な認知行動療法家は，過去よりも現在と未来に焦点を当てている。過去に焦点を当てているのは，典型的な旧来の精神分析的アプローチである。*See, e.g.*, B.R. HERGENHAHN & M. OLSON, INTRODUCTION TO THEORIES OF PERSONALITY（7th ed. 2007）.（この文献では，カール・ユングの集合的無意識や，我々が祖先である人や動物から受け継いだ記憶について検討している。）
21）CLOTAIRE RAPAILLE, THE CULTURE CODE 5-6（2006）.ラパイユは有名な発達心理学者のジャン・ピアジェのもとで学んだ。
22）*Id.* at 17.
23）*Id.*
24）*Id.* at 21.
25）*Id.* at 26-27.
26）*Id.* at 23.
27）*Id.* at 151-53.
28）*Id.* at 5.
29）*Id.* at 5-6.
30）ラパイユは，フォーチューン誌のトップ企業100に掲載されている50の企業のコンサルタントを務め，10のランク上位CEOの個人的アドバイザーをしている。また，ジョージ・W・ブッシュの大統領選におけるアドバイザーも務めた。彼は，選挙に勝つため，ブッシュ氏に，特定の社会的問題や経済的問題よりも，信仰や中絶のような非政治的問題に焦点を当てるように勧めた。*Id.* at 184.

31) ラパイユは，発見セッション，すなわち，参加者たちに特定の商品が最初にどのように刷り込まれているかを見出すためのマーケティング調査を実施している。これらのセッションの最初の1時間において，ラパイユは，この商品をこれまで見たことも経験したこともない，他の星から来た訪問者のふりをする。参加者は，その商品についての自分たちの考えを，この「宇宙からの来訪者」との間で共有することによって，この「宇宙からの来訪者」に対して，その商品を理解させるように求められる。次の時間では，参加者は，小学校の児童のように床に座り，雑誌から単語を切り取って，その商品についてのストーリーを物語る商品のコラージュを作成する。3時間目には，参加者は，暗転された部屋に行って，床に枕をおいて横たわり，癒しの音楽を聞いた後，「爬虫類脳」にアクセスすることによって，特定の物や経験についての初期の記憶に関する質問に答える。*Id.* at 8, 15.
32) *See also* Kathryn A. Broun-LaTour et al., *Using Childhood Memories to Gain Insight into Brand Meaning*, 71 J. OF MARKETING 45-60（Apr. 2007）.
33) ラパイユの理論は，ポール・マクリーンによって発展された「三位一体脳理論」に基づいている。*See* PAUL MACLEAN, A TRIUNE CONCEPT OF THE BRAIN AND BEHAVIOR（1973）.
34) Rapaille, *supra* note 21, at 73.
35) *Id.* at 74. これは，辺縁系システムのあまりに単純な概念化である。辺縁系についての詳細は下記，*see* MARK E BEAR ET AL, NEUROSCIENCE: EXPLORING THE BRAIN（3d ed. 2007）.
36) 三位一体脳理論は，それぞれの動物ごとに，異なる経路を辿った知能の進化を過剰に単純化している。*See, e.g.,* Paul Patton, *One World, Many Minds: Intelligence in the Animal Kingdom*, SCI. AM. MIND, Dec. 2008.
37) Michael E. Sadler et al, *Personality and Impression Management: Mapping the Multidimensional Personality Questionnaire onto 12 Self-Presentation Tactics*, 48 PERSONALITY AND INDIVIDUAL DIFFERENCES 623-28（2010）.
38) RAPAILLE, *supra* note 21, at 73-74.
39) *Id.* at 74.
40) *Id.* at 5, 10-11.
41) *Id.* at 74.
42) *Id.* at 10-11, 27-28.
43) *Id.* at 82.
44) *Id.* at 83.
45) *Id.*
46) *Id.* at 1.
47) *Id.* at 33-34.
48) *Id.* at 31.
49) *Id.* at 3.
50) *Id.* at 2.
51) *Id.* at 3.
52) ラパイユは，アメリカの文化コードは「夢」であると信じている。*Id.* at 195.
53) *Id.* at 85.
54) David A. Wenner & Gregory S. Cusimano, *Combating Juror Bias*, TRIAL 30（June

2000).

55) *Id.*
56) Douglas L. Keene & Paul Begala, *The Jury Project, Part I: Juror Attitudes and Biases*, Keene Trial Consulting, at 13-14, available at www.keenetrial.com.
57) Harmon M. Hosch, *A Comparison of Anglo-American & Mexican American Jurors' Judgments of Mothers Who Fail to Protect their Children from Abuse*, 21 J. APPLIED SOC. PSYCHOL. 1681-98 (1991).
58) この「被害者の」性向とその原因を「非難」することの説明については, 次の文献を参照。Kees van den Bos & Marjolein Maas, *On the Psychology of the Belief in a Just World: Explaining Experimental and Rationalistic Paths to Victim-Blaming*, 35 PERSONALITY & SOC. PSYCHOL. BULL. 1567-78 (2009).
59) William J. McGuire, *Inducing Resistance to Persuasion: Some Contemporary Approaches*, in 1 ADVANCES IN EXPERIMENTAL SOCIAL. PSYCHOLOGY, 191 (1964).
60) あるコメンテーターの主張によると, ほぼ半数の陪審員たちは, 弁護士とは, 真実が何であるのかということをほとんど考慮することもなく, 勝てそうなことをいう人たちだというように信じている傾向にある。*See, e.g.*, Larry S. Miller, *Jury Reform: An Analysis of Juror Perceptions of the Criminal Court System*, 10 CRIM. JUST. REV. 11 (1985).
61) *See, e.g.*, David M. Studdert et al., *Claims, Errors, and Compensation Payments in Medical Malpractice Litigation*, 354 NEW ENG. J. MED. 2024 (2006). ハーバード大学公衆衛生学部の研究者は, 1452件の医療過誤訴訟において, 医療ミス, 費用と主張についての調査を行った。第三者である医療の専門家たちが, それぞれの事件を, 自分たちの目から見て, 医療ミスが起こっていたと思うかどうかを解明するために, チェックした。その後, その結果と実際の裁判の結果とが比較された。

裁判にかけられた208件の事件について見てみると, そのうちの91件, すなわち44％の事件が, 第三者の医療専門家から見て医療ミスがあると判断された。陪審は, これら91件のうちの50件において, 原告に有利な評決を下していた。これは, 裁判にかけられた全事件のうち, たった24％である。この研究者らは, 原告の被害が何も回復されていない41件において医療ミスの存在を指摘している。

損害から和解あるいは判決までにかかる平均年数は5年であり, 3件に1件は, 解決までに6年以上を要していた。結果を待つまでの間, 原告が, 費用と医療ミスからくる苦痛を背負わされていたことは明らかである。
62) *See generally* Wenner & Cusimano, *supra* note 54.
63) BERNSTEIN, *supra* note 12, at 707-08.
64) Thomas Pettigrew, *The Ultimate Attribution Error: Extending Allport's Cognitive Analysis of Prejudice*, 5 PERSONALITY & SOC. PSYCHOL. BULL. 461-76 (1979).

第 8 章

ヒューリスティックスとほかの情報処理方略

I 推論とヒューリスティックス入門

　推論は，情報に基づいてさまざまな潜在的主張を発生させる過程であり，我々はそれによって，その情報が実際に意味しているものや，それに対して自分たちがどのように振る舞うべきなのかを決定することができる[1]。我々は，公判弁護士としての日々の法実務において，形式的に処理の仕方が決まった推論，すなわち**演繹的推論**を使うことには慣れている。我々は，妥当な結論に到達するために，一般原則を持ち出して，それを個別事例に対して当てはめる。これは，非常に多くの時間と労力を必要とするプロセスである。この種の推論は，判断形成の階層の最上位に位置する。

　たとえば，我々は，適用可能な法および証拠や手続きに関する規則を踏まえた上で，その事例における事実を分析，評価することによって，公判の準備をする。我々は，陪審に対して最も説得力があると予測される弁論を決定するために，自分たちの立場を支持し，または反駁する，ありとあらゆる想定弁論を生み出そうとする。これは，我々が「主張のセオリー」（theory of the case）に到達するための方法である。この種の推論は，完璧なものではないが，一般的に堅固な結論を導き出すものである。

　不幸なことに，このような形式の推論は厳密であり，時間がかかり，そして，それは人の限られた認知資源を使い果たしてしまうものであるため，常にこの形式の推論に依拠することは不可能である。そのため，日常生活における単純でルーチン的な決定を行うにあたっては，形式的に処理の仕方が決まっていない推論，すなわち**帰納的推論**が不可欠なのである。帰納的推論は，なんらかの形式的規則や体系的な手続き，あるいは数式に依拠することなく，我々がすでに知っている個別の事実や事例を利用して，我々が知らないことについて理解したり，結論を導き出したりするものである。

　ヒューリスティックスは，我々の判断形成の階層において，レベル4に含まれるある種の非形式的な推論である。ヒューリスティックスは，単純な心的ショートカット，あるいは我々が普段の生活の中でなんらかの決定を行う際に依拠している経験則である。ヒューリスティック処理は，我々が迅速かつ効率的に決

定を下すことに役立つものである。それはまた，我々の貴重な認知資源を節約し，迷うことから生じるストレスを和らげてくれる。我々が判断形成の階層のレベル1またはレベル2を機能させていないとき，一般的にはレベル3またはレベル4を行う傾向がある。なぜなら，推論のこれらの段階は，しばしば最後の手段となる論理に基づくよりも早く，またより容易だからである。

　ほとんどのヒューリスティックスは，無意識なもの，つまり，我々が意識的には気がつかないレベルにあるものである[2]。ヒューリスティックスは，最小限の労力で合理的に望ましい決定を行うことを可能にするため，必ずしも最善の結果や成果を要するわけではない状況において，うまく機能することになる。しかし，ヒューリスティック処理は，速さと単純化のために正確性を犠牲にしているため，誤って用いた場合には，しばしば判断において一貫した予測可能な誤り（思考の誤り）を引き起こすことになる。すなわちそれは，心理学者が速さと正確さのトレードオフと呼ぶものである[3]。

　たとえば，食料品を買うとき，人は，よく知られているブランド名のものについて，高品質であるというように見なす傾向がある。人には，買うものすべてについて詳細に調査する時間もそういった傾向もないため，買い物を最小限の労力と時間ですませるために，「ブランド名がより望ましい」というヒューリスティックスに依拠する（多くのマーケティングは，これに基づいていることから，どうやら，このヒューリスティックスは，それなりに正確なものである）。しかし，この我々が食料品を買う際に用いる「にわか仕立ての」判断形成は，公判において陪審員に委ねるような類の判断を形成する方法としては，本質的に不適切なものである。

　陪審員が公正な結論に達し，ヒューリスティックな思考に潜む危険を避けることができるように促すためには，我々は，陪審員が日常生活において用いている認知的な手段を知らなければならない。それらは，公判の中で判断を行うために，彼らが無意識のうちに用いる可能性があるものと同じ手段である。たとえば，刑事裁判において，ある陪審員が「ほとんどの刑事被告人は，十中八九なんらかの罪で有罪である」というヒューリスティックスを用いて，目の前の被告人は有罪であるという結論に至るかもしれない。同様に，ある民事の陪審員の「訴訟は，博打で一儲けするかどうかの問題だ」というヒューリスティッ

クスは，その陪審員に，この裁判の原告は詐病であるというような結論を導き出させるかもしれない。

　ヒューリスティック処理は，陪審員にもたらされる主観的な不確定性の割合を低減することにつながるかもしれないが，同時にそれによって，誤審を引き起こす可能性もある。それゆえ，我々は，一般的に陪審員が認知的節約家であり，他の人々と同じように判断形成のレベル1～レベル3にとどまることを望むということを認めなければならない。彼らは，そうする必要はない状況では，わざわざ自分たちを心理的に追い込みたいとは思わない。陪審員たちが自分の生活に影響を及ぼすような事態にはならないだろうと思うような問題は，通常「そうする必要はない」といった類の問題に分類され，論理は退いてしまうことになる。

　幸運なことに，ヒューリスティックスは，予測可能なパターンで作用する。もし我々が，それらがどのようなものであり，どのようにして陪審員の判断形成に影響を及ぼすのかについて理解していたならば，ヒューリスティックスの不適切な利用によって必然的に引き起こされる思考の誤りを働かせないように，証拠を構成することが可能となる。

A　どのようにして我々はヒューリスティックスを作り出すのか

　ヒューリスティックスは，認知機能上概ね「記憶のスクリプト」（第2章参照）に相当するものである。ヒューリスティックスは，我々が無意識のうちに判断することを促すものであるのに対し，記憶のスクリプトは，ルーチン的に繰り返し行われる無意識的動作に関わる身体活動の実行を促すものである。たとえば，一度自転車の乗り方を覚えたならば，この行動についての「記憶のスクリプト」が作成されるため，それ以降は，ペダルを漕ぐ，ハンドルを動かす，そして止まるといったように，それぞれの細かな段階について考える必要はない。人は，その動作の各段階の実行方法について，徐々に学習し，自転車に乗ることについては，もはや意識的思考を必要としなくなるのである。我々は，それを無意識のうちに行っているだけなのである。

　それと全く同じように，ある種のルーチンに従った，あるいは繰り返し行わ

れる認知的課題を何度となく実行することと,それは我々にとって第二の天性となるのである。人は最初,試行錯誤を通して,ヒューリスティックスを作る。毎回安定して望ましい結果に到達できるような,一連の心的ショートカットを発見するまで,人は,人生の中で成功と失敗を繰り返す[4]。繰り返し同じような心的課題を実行するにあたって,ヒューリスティックスは,「わざわざ最初からやり直す」という負担から人々を解放する。ヒューリスティックスによって人は,次にするべきことのために立ち止まったり,熟考したりする必要がなくなるのである。

　食料品店での行動についての先ほどの例に戻って考えてみよう。我々は,有名ブランド品を買い,値段以外に対しては満足しているとする。次のとき,我々はその店のオリジナル商品を買おうと決心したが,一度そうしてみて質の悪さに失望したならば,有名ブランドに戻ることになるだろう。しかし,しばらく経ってもブランド品の値段の高さに対しては満足していないため,質が改善したことを願って,もう一度店のオリジナル商品を買おうと決断する。しかし,それにはやはり失望し,またブランド品に戻る。最終的に我々は,ブランド品の方がよく,店のオリジナル商品はやめるという結論に達する。我々が買おうとしているものが何であれ,この「買い物経験のテープ」をすぐに再生することによって,食料品以外においても,無意識的にブランド品に手が伸びることになる。このようにして,無意識のうちに効果的に素早く判断を行うことを促すヒューリスティックス,すなわち心的ショートカットが時間とともに作られるのである。

　あらゆる判断形成場面において,毎回熟考しなければならないとしたならば,人生がどれだけ大変なものとなるのかについて想像していただきたい。その人がレストランでディナーの注文をするのをみるだけでも,痛々しく感じるであろう。その人たちにとっては,何を着るのかを決めることも,とても退屈で時間を要する苦痛な時間となるにちがいない。要するに,日常生活を効率的に機能させるためには,ヒューリスティックスが必要なのである。

第8章　ヒューリスティックスとほかの情報処理方略

B なぜ陪審員はヒューリスティックスに依拠するのか

　我々の日常生活にヒューリスティックスが必要なのと同じように，陪審員たちは，公判においてまま当然のことのようにヒューリスティック処理を行う。これは，ヒューリスティック処理というものが，正確ではなかったとしても，証拠を迅速かつ効率的に処理することに役立つからである。加えてヒューリスティックスは，情報過負荷や，決断できずにいることによるストレスを和らげてくれる。我々は，すべての陪審員が，公判の中で最善の結果に到達するために，必要なだけ時間や認知的努力を進んでつぎ込もうと思っているわけではないことを理解しなければならない。

　認知欲求の低い陪審員たち（認知的努力をすることに前向きでない人）は，心理的な刺激や挑戦に対して普段から前向きな人たちと比べて，よりヒューリスティックスに依拠する傾向がある[5]（第4章の認知欲求についての議論を参照）。しかし，認知欲求が高い陪審員ですら，今まさに判断していることが，自分たちにとってほとんど関係のないことだと感じたときには，ヒューリスティック処理に依拠することになる[6]。

　陪審員たちは，無意識のうちにヒューリスティック処理に依拠しているため，一般的に，ヒューリスティック処理が自分たちの決定に対して，どのような影響を与えているのかについては意識していない。その意識がなかったとしても，ヒューリスティックスについての不適切な依存は，証拠に対する陪審員の受け止め方を実際に変容させ，歪め得る[7]。そのため，我々の責任は，これによって引き起こされる潜在的な弊害を最小限にすることである。

II　3つの主要なヒューリスティックス

　1974年，心理学者エイモス・トヴェルスキーとダニエル・カーネマン（2002年にノーベル経済学賞を受賞した）は，日常生活において判断や意思決定を行う際に用いられる3つの主要なヒューリスティックスを確認した。それは，(1)代表性ヒューリスティックス，(2)利用可能性ヒューリスティックス，(3)係留

ヒューリスティックスである[8]。これらのヒューリスティックスの基本についての理解は、公判の中で提示された証拠に対して、陪審員たちがどのように反応する傾向があるのかを理解するにあたって役立つ。

A 代表性ヒューリスティックス

　受け入れがたいことではあるが、実際のところ多くの人は確率や比率に関する判断に劣っている。人は、「数学」をすることに気が進まないため、統計的に正確な確率の分析を行うことよりも、心的ショートカットですますことが多い。代表性ヒューリスティックスに依拠することによって、「当て推量」、すなわち、ある事象がどのくらい代表的なものであるのか、あるいはほかの事物がそれとどのくらい類似しているのかということに基づいて、確率を主観的に推定することが容易になる。つまり、人は、推論をするための十分な情報が欠けていたとしても、ほかの類似した事象や人とどのくらい似ているのかということに基づいて、情報や物、人、出来事の分類やカテゴリ分けの方法を決定するものなのである。

　代表性ヒューリスティックスは、陪審員たちの原因に関する知覚に対して大きな影響を及ぼす。陪審員たちは、通常の出来事や結果は、一般的な原因から起こり、異常な出来事や結果には、異常あるいは例外的な原因があるというように思い込んでいる。陪審員は、その原因についての説明が、彼らの人生経験においては「代表的」なものではなかったというだけの理由で、彼らにとって非典型的、あるいは異常に見えるすべての因果関係説明を拒む傾向にある[9]。結果として、陪審員たちは、彼らが起こる「べきである」と考えるものと矛盾する、ありとあらゆる証拠に対して疑問を呈することになる。また、陪審員たちは、無関係な原因と影響の間や、見た目が似た事物の間に類似性があるというように思い込む可能性もある。

　ある研究によると、刑事被告人に対する陪審員の有罪・無罪の判断は、その犯罪行為自体が特定の犯罪類型の典型であるかどうかということに依存する。そのため、たとえば、2人の被告人が、誘拐の構成要件を同じく充足し、いずれの嫌疑に対してもそれを裏づける強力な証拠があったとしても、子どもを誘

拐して身代金を要求した被告人は，大人を誘拐して身代金を要求しなかった被告人よりも，有罪になりやすい[10]。

1 ランダムさの知覚

コインの表が出るのか裏が出るのかを見るためにコインをはじいた際に，我々は，次にどちらが出るのかを予測するのが非常に下手である。というのは，我々はコインの表と裏がきちんと規則的に交互に現れることを期待しているからである。しかし，真の「ランダム」なコイントスというものは，それが行われている間，常にランダムな結果であるように見えるわけではなく，実際には一方が反対側よりも出るという結果が長く続くこともあり得る[11]。我々のランダムさについての受け止め方には，我々が一度きりの，小さな，非代表的な一例に注目する傾向にあるため，不完全な部分が存在する。

代表性ヒューリスティックスによって，我々には，過去の事象には，将来どのような結果が起こるのかについて予測する力があるという信念が引き起こされることになる。これによって，ギャンブラーは，悪い運はすぐに終わるにちがいないというように信じる。また，試合において並外れたプレイをしたバスケットボール選手は，実際以上に「連勝」が続くだろうというように信じる[12]。これらは，実際には，偶然によって生じている一例にすぎないのである。

不幸なことに，偶然は，自己修正を行わない[13]。この事実があるからこそ，商売としてのカジノと，借金まみれのギャンブル依存症の者が存在し続けることになる。代表性ヒューリスティックスは，我々の思考を歪め，これによって我々は，「偶然」あるいは「勝ち目」がごく短期間にランダムに現れると考えるが，ランダムさが実際に現れるのは，一般的には長期的に見た場合である。

2 代表性ヒューリスティックスの例

エイモス・トヴェルスキーとダニエル・カーネマンの研究において，被験者は，あるタクシーが夜中に当て逃げに巻き込まれたと教示された[14]。また，被験者には，以下の情報が与えられた。(1)街には2種類のタクシー会社しかない。それは，グリーン社とブルー社である。それぞれのタクシーは，それぞれの社名と同じ色をしている。(2)街で走っている67％のタクシーがブルーで

あり，33％がグリーンである。(3)目撃証人は，ひき逃げしたタクシーの色がグリーンだったといっている。(4)目撃証言の信頼性について，その事件の夜と同じ状況下でテストを行ったところ，その証言の正確性は，それぞれの色についてたったの50％であった。

　その後，被験者は，それぞれの色のタクシーが事件に関わった確率を計算するように求められた。多くの被験者は，そのタクシーがブルーである確率は，グリーンである確率と同じくらいであるというように不正確な計算を行った。この場合，目撃証人がグリーンとブルーを区別できないとしたならば，求めるべき確率は，それぞれのタクシーの実際の数に対応させられるべきであるにもかかわらず，タクシーの色はグリーンだったという目撃証人の主張によって，彼らの計算は明らかに歪められている。他のすべてのことが等しかったならば，目撃証人が正確である実際の確率は，単純に33％となるはずである。しかし，被験者は，必要な基準率の情報を無視し，証人は手間をかけて見込みを計算させるような存在ではなく，正確な存在であると単純に思い込んでいる。この現象は，**基準率無視**と呼ばれているものである[15]。

　類似した研究からは，類似した結果が得られている。例えば，街の75％の成人男性が会計会社で働いており，ある男性は数学が好きだというように仮定した場合，その男性は会計士であるというように思い込まれる傾向がある。しかし，この男性は音楽が好きだというように仮定した場合，彼は会計士であるという統計的比率が圧倒的に高いにもかかわらず，この男性は音楽家であるというように思い込まれる傾向が高くなる。この男性は，音楽家であるよりも，音楽を愛する会計士であるという確率がはるかに高いはずであるにもかかわらず，音楽を好きな人が会計士をしているというのは，会計士はかくあるべきであると我々が思う「代表」と一致しないため，このたった1つの比較的無関係な要因によって，我々はしばしばその見込みを無視することになる[16]。もし最初に，この男性は音楽が好きであるというようにいわれたならば，代表性と初頭効果によって，街の成人男性の75％が会計士であるという事実は，より無視されやすくなるであろう。

❸ 公判における代表性

　陪審員たちは，代表性ヒューリスティックスを，人，職業，物，出来事を一定の類型にカテゴリ分けするために用いる。もし陪審員たちが，代表的であると感じやすい特定の人，物事，あるいは経験を予測することができたならば，我々は，証拠についてプレゼンテーションを行う際に，適切な参照点を生み出すことができることになる。

　たとえば，原告が事故によって深刻なケガをしたものの，車にはほんのわずかな破損しかなかったという場合，このようなことは，「通常」起こる同種の事故とは異なるため，陪審員は原告のケガが本当に深刻なものであると信じることを拒否する可能性がある。陪審員は，車が破損した事件においては，一般的に「ほんのわずかな破損」は「ほんのわずかなケガ」と一緒に起こるものであると見なす。そのため，彼らは，原告が，重大な車の破損を引き起こすことなく，深刻なケガを負うようなことはあり得ないというように思い込んでいる場合がある。こういった思い込みが陪審員にあるときには，車に対する破損が全くあるいはほとんどなかった場合であっても乗車していた人が深刻なケガを負うことがあるという事例がどのくらいあるのかについて陪審員をかなり教育しないことには，原告代理人がこの陪審員の思い込みに打ち勝つことは難しいであろう。

　陪審員たちは，訴訟当事者と，自分が知っている他の人とを比べる場合もあるだろう。そういった比較は，たとえば，自分のかかりつけ医を，医療専門家全体の「代表」であるというように捉える可能性をもたらす。そして，陪審員たちが，その医師を好意的に見ており，信頼し，尊敬しているのだとしたならば，医療過誤訴訟の被告医師に対しても，自分たちの医師と同じような人であるというように思い込むであろう。これによって，陪審員たちは，贔屓目に見ても争点とほとんど関係のない，特定の行為や事実，あるいは被告医師の個人的性格について，焦点を当てるようになる可能性がある。

　たとえば，被告医師が，原告とともに時間を過ごし，その病状を聞いていたとしたならば，このたった1つの情報によって，陪審員は，医師がケアの適用基準を実際に遵守していたのか否かに関して，より重要かつ統計的に有意な情報を無視することになる可能性がある。これは，明らかに，陪審員の判断を歪

め，より不正確な思い込みを導くものである。

　我々は，陪審員が自分のかかりつけ医に何を期待しているのかを見出すために行ったフォーカスグループインタビューと予備尋問から得られた情報を用いることによって，この傾向を打ち消すことができる。陪審員が何を「正しい医師の行為」の代表として見る傾向があるのかについて，前もって知っていたならば，弁護士はこの情報を自分の依頼者に対して有利に用いることができる。もし，我々が被告医師の代理人であったならば，陪審員が有能な医師に対して期待している通りに依頼者が振る舞ったということを提示することができる。それはすなわち，依頼者が原告とともに時間を過ごし，原告の病状を聞き，自分の診断内容と治療の方針を原告にわかりやすく丁寧に説明していたということである。

　また，我々は，陪審員がよい患者に期待するものとは，異なる行動を原告がしていたということを示すこともできる。たとえば，原告は，処方箋通りに薬を飲まず，安静にしているようにという医師の指示に従わず，予約した事後検診にも現れなかったといったことの提示である。これは，患者はこう振る舞うべきであるという「代表」では，断じてない。

　他方で，あなたが原告の代理人であるならば，被告医師が，陪審員が医師に対して期待するものと一致しない振る舞いをしていたということを示すべきである。例えば，医療ミスをしていた被告医師が，別の場面でも原告に対して誤った処方箋を出していたことを指摘できたとしよう。この際，この誤った処方箋が無害なものであったとしても，医師への期待に反する行為は，この事件における争点，すなわちケアの基準から医師が逸脱していたという点に対する陪審員の見方に影響を及ぼすことになるだろう。なぜなら，陪審員たちにとって，誤った薬を処方するなどということは，有能なケア専門家による医療実践の代表であるとはいえないからである。

　多くの法律コメンテーターたちは，O. J. シンプソンの無罪は，彼の外見的魅力と，著名人としての地位によるものだというように信じている。陪審員たちの多くは，魅力的なスポーツマンである有名人のことを「殺人者」の代表としては考えたことのない，若いアフリカ系アメリカ人の女性であった。そのため，被告人がこのような凶悪犯罪に関わっているなどということは，到底イメージ

することができなかったのである[17]。

代表性に関するもう1つの興味深い例は，目撃証人に関するものである。陪審員は，漠然とした証言よりも，より詳細な目撃証言の方を信じて受け入れる傾向にある。それは，陪審員が，実生活においては，詳細な説明が衝撃的な出来事を知覚した際の知覚方法の代表であると捉えているためである[18]。興味深いことに，これは，実際には逆なのである[19]。

たとえば，真夜中に強盗の被害にあった男性が，犯人の顔を見ておらず，犯行があっという間に終わったのだとしても，犯人の服や身長，体重についての詳細な説明ができた場合には，陪審員は，被害者の犯人識別が正確であるというように信じる傾向にある。あとで詳細情報がつけ加えられると，これは，おそろしい出来事に遭遇した人のほとんどがとりそうな行動の代表として陪審員たちが考えるものであるという理由だけで，被害者の犯人識別が正確であるというように，より信じられやすくなる。そのため，イノセンス・プロジェクトのDNA証拠によって釈放された人のほとんどが，主に目撃証言に基づいて有罪とされていたことは驚くほどのことではない[20]。

公判弁護士もまた，代表性ヒューリスティックスの被害者となる。たとえば，我々は，特定の種類の事件における「よい」陪審員の代表がどのようなものなのかを知っているため，自分は陪審員の選任が得意であるというように思いたいものである。しかし，実際には，陪審員をランダムに選出したとしても，おそらく我々が普段自分なりにやっているものと同じ程度か，それ以上の結果を得ることができるだろう[21]。

他の専門領域における類似した研究においても，人間によって作られた「臨床的予測」は，ヒューリスティックスに全面的に依拠しがちであり，保険数理上の予測よりもはるかに正確性が低かったことが示されている[22]。それでも我々は，統計はある種人間的側面を欠いており，そのため本質的には信用できないものであるというように信じることによって，代表性ヒューリスティックスに対する自分たちの信頼を正当化し続けてきた。不幸なことに，この指摘は実際にはほとんど当てはまらないものである。

B 利用可能性ヒューリスティックス

「利用可能性ヒューリスティックス」によれば，我々は，類似の事例や事件を心の中で容易に思い浮かべることのできる順に，その出来事が起こる確率や頻度を見積もる[23]。つまり，人は，どのくらい簡単に心に思い浮かべることができるのかということに基づいて，出来事や結果の起こりやすさを判断しているのである[24]。また，人は，ある思考や経験のもつ論理や知識や適用範囲よりもそれらの思考や経験をどのくらいの数，実際に想起あるいは想像できるかに基づいて判断を行う傾向にある。このことは，ヒューリスティック処理が，質よりも量によって強く影響される可能性を意味する[25]。

人は，非日常的で異常な出来事よりも，日常的で普通の出来事の方が，心に思い浮かべることが容易である。そのため，人は，ありきたりな出来事の発生する確率や頻度をより高く結論づける傾向がある[26]。他方で，特定の出来事を想起することが難しい場合，それが起こる確率や頻度をより低く結論づける傾向がある。この傾向によって，記憶の中で容易かつ直ちに「利用可能な」ものと，実際の生活の中でよく起こっていることとが混同される可能性がある。単なる想像の容易さが，その種の出来事の起こりやすさに関しての判断を歪めることになるのである。公判において，これが起こることによって，不幸な結果が生じることは明らかである。陪審員は，思い出しやすさと物事の生起頻度と混同する傾向が強いのである。

たとえば，宝くじを当てて億万長者になった人の話はかなり多く聞くが，逆に，当たったことのない数百万の人についての話を聞くことはほとんどない。そのため，宝くじが当たるという見込みは過大視される傾向にある[27]。メディアによって多くの注意が向けられることによって，この情報が記憶の中でとても容易に「利用可能な」ものとなるため，人は，巨額当選者の数を，主観的に過大視してしまうのである。

近年，メディアは，いわゆる「馬鹿げた訴訟」に対しても，過度に注意を向けてきている。これについてのネガティブな報道によって，多くの陪審員は，原告の主張に対して，本質的な疑いを向けることになる。これは，申立てを支持する証拠もないのに「法外な」評決を勝ち取る「賠償を受け取るに値しない」

原告について，人々が多くのことを読んで知っているために生じるものである。このネガティブな報道の記憶は，陪審員の記憶の中で，単により利用しやすいものとなっているに過ぎないのである。

利用可能性ヒューリスティックスは，判断形成を単純化して促進するため，陪審員が，日常生活の中で起こる通常の出来事の起こりやすさを推測する際には，非常にうまく機能することになる。しかし，陪審員が，依頼者に起こった出来事を非典型的，あるいはありそうもないことだと受け止めた場合，すなわち，依頼者に起こった出来事が，陪審員の心の中で認知的に「利用不能」なものであった場合，彼らは，過失について不公正かつ不適切な結論づけや過大な一般化をなす可能性がある。なぜなら，いつも起こることというものは，なんら過失の要素を構成する適正な法的決定要素ではないからである。

公判において，我々がすべきことは，陪審員が正しい評決に達することができるように，陪審員に対して必要な情報を提供し，認知的に「利用可能なもの」とすることである。我々が焦点を当てるものは，この事件がどのように判断されるのかを大きく左右することになる。

幸運なことに，我々は，自分の主張に関し，情報の流れをコントロールする機会をもっている。公判の準備をしている間に，以下の質問について考慮することによって，重要な事実の利用可能性を増加させることができる。第一に，陪審員は，これらの事実について，どのように思考することに慣れているのか。第二に，陪審員は，彼らの心の中にある信念やバイアスを補強するために，これらの事実についてどのように考える必要があるのか。第三に，陪審員は，同じような状況や境遇に対して，これまでどのくらい接したことがあるのか。最後に，陪審員は，我々の依頼者の身に起こったことを，どのくらい「通常」あるいは「合理的」なこととして受け止める可能性があるのか。フォーカスグループインタビュー，そしてそれには劣るものの，模擬陪審への質問紙調査や予備尋問というものが，これらの問いに対する答えを決定するための最善の方法である。

1 接触頻度

接触頻度は，情報の利用可能性において重要な役割を果たす。人は，未知の

事象に対して，何が起こるのかについて予測することができず，潜在的に危険性を有するがゆえに，直感的に恐怖を感じる。たとえば，よく知らない人や事物に対して，我々は居心地の悪さを感じるため，それに対して警戒をする。しかし，それに多く接触すればするほど，不快な気分を感じなくなる。車の運転について考えてみよう。最初に運転席に座ったときには，かなりの恐怖を感じるが，経験を積むにつれて，運転することは習慣となり，それに不安を感じることは相当少なくなる。

　同様のことは，情報についてもいえる。公判の最初の段階では，陪審員は事件について右も左もわからない状態である。しかし，陪審員は，事実を知るに従って，事実に対して徐々に慣れ親しんでいくだろう。とくに，事件の事実が初期の段階で提示され，公判の進行中に繰り返された場合には，なおさらそうなるであろう。陪審員の記憶の中にある事実が「利用可能」なものであればあるほど，これらの事実に価値があるというように，陪審員は思い込む傾向がある。

　最近行われたある実験は，この点について証明している。この研究では，あるクラスの学生が，何人かの同程度の魅力を持つ協力者の写真に接触させられた。第一の協力者は，授業に1度も出なかった。第二の協力者は，授業に5回出席した。そして，第三の協力者は10回，第四の協力者は20回出席した。そしてそのクラスの学生に対して，後に，4人の協力者の写真を提示した際，学生は，最もよく出席した第四の協力者を，最も魅力的であるとすぐに判断した。第四の協力者は，他の3人以上に魅力的というわけではなかったが，学生は，直感的に，最も親しみのあるもの，つまり認知的に「利用可能な」顔にひきつけられたのである[28]。

　公判の中で，自分の主張にかかわる重要な事実を公判初期から繰り返し提示することによって，それに対する認知的な利用可能性を増大させることができる。たとえば，我々が被害を受けた原告の代理人であったならば，陪審員候補者に対して，被告の悪事に対する広範な質問から呼び尋問を始めるべきである。それらは，陪審員の記憶において最も利用可能なものとなってほしいと我々が考える情報であるからである。たとえば，「飲酒運転の運転手について，あなたはどのように考えますか」「飲酒している運転手に関して，何か経験をお持

ちですか」「家族や友人はどうですか」といったものが，その質問の例である。

利用可能性は，場合によっては，不利益をもたらす可能性もある。たとえば，あなたが傷害事件において，顔やその他の外見に怪我を負った原告の代理人であるとすれば，依頼者が法廷に滞在する時間を最小限とするように努力すべきである。陪審員が，原告の見た目に慣れるに従って，陪審員はそれに対して不安を覚えなくなる。時間が経つに従って，原告の外見は，陪審員の記憶の中で容易に利用可能なものとなり，その「ショック価値」を失うことになる。利用可能性バイアスは，来る評決のときの賠償額を実際上減少させることになる可能性があるため，原告の得る賠償額を最大にするためには，陪審が原告に接触することを最小限に留めるべきである。

同様に，ロドニー・キング事件において，情報の利用可能性は，陪審員の判断形成に対して，驚くべき形で影響を及ぼした。ロサンゼルスの警察官は，比較的軽微な犯罪での逮捕後に抵抗したキングに対して，悪意をもって攻撃した罪によって訴追された。事件はビデオで録画され，警察官の公判において陪審員に示された。最初，陪審員は，自分たちが見たものに恐怖を感じたが，繰り返しビデオを見るに従って，警察官の行った行為は，それほど攻撃的ではないというように見え始めた。陪審員は，違法行為を捉えたビデオに不安を感じなくなったため，その影響力は最小化された。陪審は，最終的に警察官を無罪放免にしたのである[29]。

2 利用可能性と反実仮想思考

我々は，陪審員が事件の実際の事実についての知覚だけに基づいて判断形成をするわけではなく，反実仮想に基づいても，判断するということを知っている。この反実仮想とは，実際には起こらなかったが，陪審員が心の中で容易にイメージしたり，「シミュレーション」したりすることができる出来事のことである。こういったことは，これらの事実が記憶の中でとても容易に「利用可能」なものであることから生じることになる。たとえば，弁護士が主張する事件についての特定の見方について，陪審員が想像することは困難だというように感じたとする。もし陪審員にとって，それとは違った出来事の見方を想像することの方が，より簡単であったならば，単に記憶の中でより利用可能だというこ

とのみによって，陪審員は，この想像された方の出来事の見方を，実際に起こったものとして結論づけることになる。あるいはまた，陪審員は，そのもとの出来事自体がまったく起こらなかったというように結論づけるかもしれない。

陪審員は，我々の出来事の見方が信じられないからといって，それに対して疑念を抱くのではない。陪審員が疑念を抱くのは，自分たちにとってより想像しやすい，我々の見方とは異なる何か他の方法によって，それが起こりそうだというように考えるからである。たとえば，原告が不慮の事故でひどい被害を受けたといった場合，陪審員は，その出来事についての原告の見方を違和感を感じることなくそのまま受け入れることは難しいと思うかもしれない。証拠を聞きながら，陪審員は当然のことながら，その出来事が，どのように展開する可能性があったのか，あるいは何が起こり得たのかについて，ありとあらゆることを想像するだろう。そして，原告の証言よりも，自分たちが想像した「反実仮想」の方がより起こる可能性が高いと考えたときに，陪審員は，原告の証言を信じにくくなるのである。

社会心理学者の研究は，これを裏づけている。心理学者スティーブン・シャーマンたちは，参加者に対して，架空の（参加者は架空であることを告げられていない）疾患の症状が重くなっていくことを想像させる実験を行った[30]。参加者が架空の疾患の症状についてイメージすることが容易だった場合，彼らは，その病気へのかかりやすさに対して，より高い評価を下した。シャーマンは，陪審員が，心の中で架空の疾患の症状を思い浮かべることが容易であるのか，あるいは困難であるのかということは，彼らがその疾患についてどのくらいの頻度で起こると信じるのかということに影響するだけではなく，それがどのくらい危険なものとなり得るのかということについても，影響を及ぼすと結論づけた[31]。

我々は，陪審員が深刻な被害を受けた原告に直面した場合，とくに，陪審員が自分と原告が似ているというように知覚したとすれば，自己を保護する形での反実仮想思考に陥る傾向があるということをすでに見た（第3章参照）。陪審員は，自分も同じように深刻な被害を受けるかもしれないという可能性について考えるよりは，その証拠が自分たちを脅かし，慌てさせるからという理由によって，その信頼できる証拠について十分に考慮することを断じて拒む可能

性がある。似たような被害を受けるかもしれないというように考えることは，陪審員にとって大きな嫌悪感を引き起こすものとなり得るため，彼らはこのような情報を意図的に心理的に利用不能なものとするのである。

　原告の代理人の場合，陪審員の記憶の中で，被告の悪事についての利用可能性を高めることによって，前述の傾向に打ち勝つことができる。原告自身，原告がしたこと，原告が負った被害について焦点を当てるのではなく，被告がしたこと，あるいはし損ねたことについて，より焦点を当てることによって，原告代理人は，利用可能性ヒューリスティックスを自分の側に対して不利にではなく，有利に機能させることができる。

3 利用可能性と専門家

　利用可能性ヒューリスティックスによって，陪審員は，複雑な証拠やわかりにくい証拠に対しては，過剰に単純化するか，無視した上で，よりわかりやすく，単純な説明を追い求めることになる。人は，認知的ななまけものである傾向があるということを，我々は知っている。そのため，証拠が陪審員にとって理解し難いものであるならば，陪審員にとって認知的に「利用可能」なものとなるように，それを単純化しなければならない。そのためには，何が起こったのか，なぜそれが起こったのか，なぜ相手方は悪い結果について責任を負うべきなのかといったことについて，陪審員が理解することができるように，有能な専門家証人による補足が必要となろう。

　たとえば，原告が運転する車に設計ミスがあったことによって生じた自動車事故によって原告が傷害を負った場合，この事件において何が起こったのかについて陪審員が完全に理解するために十分なエンジニアリングや自動車産業について知識を持っているとは考えにくい。そのため，自動車の設計ミスを簡単で理解可能な言葉で話すことのできる専門家証人を雇う必要があるだろう。これによって，設計ミスの背後にある技術的な事情が陪審員に利用可能となるのである。

　専門家証人の選定は，決定的な意味を持つ。ときに，争点に対してもっとも効果的な専門家というのは，その領域で最も能力のある専門家でも，最も重要な仕事をする専門家でもない場合がある。すなわち，陪審に対しての最善の専

門家というのは，その教科に関して素人相手のもっともよい教師であることが多い。そのため，たとえば，2台の車が低速で衝突事故を起こした場合には，専門家証人として高校の物理の先生を呼ぶことができる。その先生は，力の伝達の概念を示すための補足として，紐のついた5～6個のボールが，互いにぶつかっている比喩を用いるかもしれない。彼は，有名大学から呼ばれた学識のある相手方証人よりも，より効果的な専門家である可能性すらある。通常，専門家が最高レベルの専門性を有しているということは，必要とされない。必要なのは，陪審員に対して，情報をもっとも容易に利用可能なものとすることのできる専門家である。

　不幸なことに，専門家自身が，利用可能性ヒューリスティックスの犠牲者となる場合がある。専門家は，ある特定のことについてあまりに詳しいため，それら先進の知識から生み出される利用可能性に基づいて，因果関係に関して事前に思い込みを持つ傾向がある。これは，結論への拙速な飛躍を引き起こすことになる。たとえば，専門家は，自分の知識や経験や受けてきた教育を通じて，物事は通常こういう形で起こると想定するように教え込まれており，それがために，我々の事件がどのように起こったのかについても知っていると思い込んでしまった場合，他の説明の可能性があったとしても，彼の専門において「代表性」がなく，記憶の中で容易に「利用可能」なものではないというだけで，それを排除してしまうかもしれない。専門家であっても，不適切にヒューリスティックスに依拠した場合には，失敗を犯す可能性があるといえる。

　細心の注意を払って公判の準備をすることによって，自分たちが雇った専門家証人について，このようなことが起こらないようにすることが可能である。第一段階は，証言する専門家を雇うよりも前から，自分たち自身の準備を行うことである。その専門領域について，できる限りのことを読んで学習することが役に立つことになる。しかし，自分たちのために証言する専門家を手配するにあたって，それでも不十分ならば，何がどうして起こったのかを完全に理解するための助言を得るために，準備段階で相談に乗ってくれる専門家を雇うことを検討すべきである。そうすることによって，公判において証言してくれる専門家を迎え入れるためのよりよい体制が整うことになるのである。

4 接近可能性とプライミング

利用可能性ヒューリスティックスと密接に関わるものには，**接近可能性**と呼ばれる利用可能性のある種の下位カテゴリがある。接近可能性は，記憶されている情報がどれだけ容易に活性化されるのかを記述した心理学の用語である[32]。イメージするための時間が十分にあったならば，記憶の中にある多くの思考が利用可能となるかもしれないが，そのことは，必ずしもそれらが容易に接近可能であるということを意味するものではない。

たとえば，公判の間に，「犬」という単語をいう場合，陪審員の中の犬を飼っている者は，自分が飼っている犬を思い起こす可能性が高いだろう。それは犬がどのような姿をしているのかということについて，もっとも容易に利用可能な記憶だからである。しかし，もし我々が「消防」のような特定の文脈の中において，「犬」という言葉を思い起こしてほしいと頼んだ場合，彼らは，心の中にある，完全に異なるイメージの「犬」に**接近**することの方が容易であろう。通常は，陪審員自身が飼っている犬の方が，記憶の中でよりアクセスすることが容易であるが，赤い消防車に乗ったダルメシアンはアメリカ独自の文化的象徴であるため，陪審員は，赤い消防車に乗ったダルメシアンの方に接近するように，社会的に準備されている（プライミングされている）のである。

情報を陪審員にとって利用可能で接近可能なものとするために，彼らの背景や人生経験についてできる限り知る必要がある。このことは，陪審員の記憶の中に，どのような利用可能な情報，あるいは接近可能な情報が存在するのかということについて，洞察を与えてくれる。そのようにして学んだことを我々が用いることによって，我々の証拠を陪審員にとってより接近可能な状態とすることが可能である。

C 係留ヒューリスティックス

係留とは，判断形成をする際に，基本的には参照点を利用することを指す。人は，絶対的判断よりも相対的判断を行う傾向がある。すなわち，あるものと別のものを比較することによって，その価値を評価するのである。「～と比較すると」というのは，これを端的に示す常套句である。

ある出来事の確率を推定するようにいわれたとき，あるいは特定の品目や投資の価値を判断するようにいわれたときに，初期値や開始点を参照することのないまま計算を行った場合と，出発点あるいは「係留点」を与えられた場合とでは，その係留点が完全に恣意的なものであったとしても，全く別の結論に到達する場合が多い。いったん係留点が生み出されたならば，最初の開始点を上下に適切に調整することを頑なに拒むことによって，我々の判断はその係留点の影響を受け続けるのである[33]。

　たとえば，「最も背の高いカリフォルニアレッドウッドの木は，どのくらいの高さですか」と尋ねた場合には，「最も背の高いカリフォルニアレッドウッドは，700フィートよりも高いのか低いのか」と聞いた場合よりも，はるかに答えの幅が広くなる。いったん700という数字が提案されたことによって，取り消しすることができないバイアス，すなわち係留点が作り出されるのである。

　係留点は，心理学研究において広く支持されている手法である。人々は，目新しい，あるいは不案内な問題に対する適切な答えを見つけるために，直感的に手がかりを探す。たとえば，ある女性のことを魅力的だと思うのかどうかを尋ねられた男性は，きっとその女性を自分の妻やほかの身近な女性と比較するであろう。人は，頭では比較に依拠することなく，絶対的判断を行うことが可能であるように思っているにもかかわらず，絶対的判断を避け，手近にある参照点を用いることによって，心的なショートカットを行うことを選ぶものなのである[34]。

　判断形成者に係留を与えることによって，推測値が容易に操作されうることを諸研究は繰り返し示してきた[35]。参照点，すなわち係留を作ることは，販売手法としても広く用いられているものである。係留は，デパートが常に特価の商品を置いていることの理由でもある。もともとの定価は，売値の係留点となり，それがその商品の本来の価値についての判断を歪める傾向にある。不幸なことに，これらの係留点が，我々の判断にどのような影響を及ぼすのかについて，我々はほとんど注意を払わない[36]。

　たとえば，新しい時計を買いに店に行ったとしよう。明らかに質の低い商品を最初に示されたならば，後で見せられる高品質の時計は，前の商品との比較でよりよい商品であるように見えることが多い。頭のよい販売員は，質の低い

商品が，相対的に他の時計をよく見せることを知っていて，これを係留点として使うのである。この手法によって，我々は，よりよい時計，より高い時計に対して，進んでお金を支払うように仕向けられることになる。

また，係留点は，逆方向にも作用する可能性がある。不動産業者は，家を売るために，しばしば係留点を用いる。新しい家を買おうとして販売店に行くと，販売者は，販売の可能性を高めるために，低価格の家を見せる前に，我々の想定している価格帯よりも高い家を最初にいくつか見せる可能性がある。この販売員は，最初のより高い家を，家を買う際の価格の「係留点」とすることによって，その高価格の家が，価格比較の基準となることを知っているのである。これによって，比較的手頃な価格の家は，実際には少し割高であったとしても，実際以上に手頃な価格であるというように見えるだろう。これらの「本当に売りたい家」は，購買可能な範囲を超えた高い「係留点」と比較された結果，相対的に格安だというように受け取られやすいのである。

興味深いことに，人は，しばしば対象と全く関係のない手近な係留点を用いることがある。MITのスローン経営学大学院で最近実施された研究において，MBAの学生は，価格についての何の情報も与えられないまま，ワインとチョコレートの値をつけさせられたが，その直前に社会保障番号の下2桁を書くように指示を受けた。すると，この下2桁の社会保障番号が高い値の人は，そうでない人に比べて，60〜120％高い値段をつける結果となった。これは，この商品の相対的価値を決めるにあたって，この社会保障番号の下2桁が偶発的な係留点として無意識のうちに依拠する対象となったことによるものであろう[37]。

■1 公判における「係留」

民事訴訟における原告と刑事訴訟における検察官は，最初に証拠を提出できるという点において有利である。民事裁判においては，最初に行われる原告の主張提示が，原因や責任や損害賠償額を決定するための係留点として機能することが多く，刑事事件では，検察官の主張が被告人が有罪である確率の係留点となる傾向がある。これは，証明責任を負うことの強みの1つである。

被告側代理人にとっては，公判において係留点の効果に対抗することは難しい。というのは，陪審員は，係留が自分たちの判断や決定に対してどのような

影響を及ぼしているのかについて気がついていないからである[38]。いったん陪審員に係留点が提供されたならば，それが無視されることはほとんどない。むしろ，陪審員は，自分の意見を無意識のうちにその係留点から上下させることによって調整することになる。

　我々は，公判において望ましい結果を得るために，係留点を作ることが可能である。陪審員は，適切な答えを見出すための参考となる点を探す傾向があるため，陪審員にとって審理対象がなじみのないものである場合には，係留点がよく機能することになる。

　規則は，すばらしい係留点となる。たとえば，医療過誤訴訟において，過失の可能性の有無については，病院の方針や，手術を実施する際に行うべき配慮に関する医療基準，その他の多くの規則やガイドラインとなり得るものが係留点となる。被害を受けた原告の代理人の場合，適用されるべき配慮基準やその他の「規則」と被告の誤った行為とを比較することによって，被告の責任を「係留」することができるのである。（第6章Ⅳ.D.の規則についての議論を参照。）自動車の物損事故の場合，この規則にあたるのは，「交通規則」である。

　ほとんどの場合には，行為を統制する規則がある。これらの規則を破るという選択や判断，あるいは行為といったものは，責任の係留点として機能することになる。我々が，被告が実際に行ったことと，被告が行うことのできた，あるいはすべきであったがしなかったこととを比較するために，これらの係留点を用いたならば，陪審員は，起こったことについて被告を非難することが容易になるだろう。

　損害賠償額を決定するとき，陪審員は，ほとんど直感的に，目立つ参照点であれば何であってもそれを係留点として利用する傾向がある。原告が最初に必要とするのは，それが非常識，あるいは法外な金額でない限り，通常は，陪審員の「損害賠償額の係留点」，すなわち，損害賠償額を算定するにあたっての基礎になる数字である[39]。提案された損害賠償額の係留点は，それが異常に高いというように陪審員が思った場合でさえ，それは依然としてこちらが求める「合理的な範囲」の中にあると見なされる。それは，特にその額が，カルテや写真や医療費やライフケアプラン，あるいは失われた給与に関する雇用者からの証明，そして日々の生活記録のビデオといった証拠によって裏づけられて

いる場合には，顕著なものとなる。

　通常，被告側弁護士は，陪審員に対して「損害賠償額の係留点」を提供することに躊躇する。なぜならば，それが，陪審員に対して，原告に与える賠償額のボトムラインを提供することになってしまうからである。一般的に，被告は，損害賠償を一切支払わないことを望む。そのため，責任の点はすでに立証され，争点が賠償額をどのくらい最小化するのかということのみである場合を除き，係留点を陪審員に提供することは，被告側にとってはほとんどメリットがないのである。

2 係留と現状

　人間は，無意識のうちに変化に対して抵抗する傾向がある。社会心理学者の研究によれば，ほとんどの人は，現状を維持するよりも変化させた方が利益となるような場合も含め，ほぼありとあらゆる状況において，現状維持を望むということが示唆されている。人は，不作為よりも作為を後悔する傾向があるため，現状を変化させることよりも，それをそのままにしておくことを望むのである[40]。たとえば，人は，低価格の保険契約に手間をかけて切り替えるよりも，高価格な保険を継続することを望むのである。

　法は，現状というものを明らかに優先する。我々法律家は，たとえそうすることが不正義を引き起こすとしても，奴隷的に先例に従う傾向がある。それがわかっていてもなお，我々は，役に立たないかもしれない判例法と成文法に係留し続けるのである。

　陪審員は，現状を1つの係留点として見ており，その傾向は被害を受けた原告に対して不利に作用することになる。陪審員にとっては，現在法廷で目にしているままの原告，すなわち被害を受けた原告が現状なのである。たとえば，原告が右手の機能を喪失していたとしても，陪審員は，現在の原告の状況を現状として考える傾向がある。しかし，原告自身にとって，現状というのは，被害を受ける前の，まだ両手が機能しているときの生活なのである。陪審員は，原告とは異なった参照点あるいは係留点を利用しているため，被害を賠償させるように陪審員を説得することは難しい。

　代理人として，まず被告に過失行為があったという考えを陪審員に利用可能

なものとしたならば，現状を保存する目的で被告に有利な評決を下すという陪審員の自然な傾性に対抗するために，被害を受ける前の原告の人生に対して焦点を当てるべきである。原告が被告によって，もはや自分1人では服を着ることも，食事をとることもできない人にされる前の，幸せで健康な1人の女性としての姿を見せたならば，原告に有利な評決を下すことは，現状を変えるものというよりも，単に彼女の現状を取り戻すものにすぎないということを陪審員に納得してもらう余地がより大きくなろう。これは，損害賠償に関するデイヴィッド・ボールの著書における，重要な前提の1つである[41]。陪審員が，自分たちの仕事は「秤のバランスをとること」（現状を取り戻すこと）であると考えるならば，それはより容易なものとなるだろう。

3 係留としての信念バイアス

陪審員は，無意識のうちに，既存の信念（彼らの「信念バイアス」）を当事者の行いを測る係留点として用いる傾向がある[42]。すなわち，既存の信念を支持し，正当化する事実を探し求めて，そういった証拠に対して選択的に耳を傾ける（確証バイアス）のである。この傾向は強力であり，これらの信念を支持する事実に対して，不釣り合いなほどに重きを置く傾向を引き起こし，そして各陪審員の現状（それぞれの信念バイアス）を変えることよりも，証拠の方を無意識的に歪めることを引き起こす可能性さえある。

陪審員の信念バイアスは，ときに，法廷における見えない係留点として作用する（これらの信念バイアスについては，第6章と第7章で論じられる）。正確には，これらの信念バイアスによって，陪審員は予め，原告よりも被告の方に対して，自らを同一視しやすいことになる。

たとえば，陪審員は強力な保護欲求を持っている。また，世界が公正であるならば，彼らは安全だというように感じるため，彼らは公正世界信念の考えを信じている。それゆえ，陪審員は，世界が現状レベルの安全にあること，すなわち「安全な現状」に置かれていることこそが，まさに適切な状態なのだと信じる必要がある。安全ではない世界に住んでいるという想像は，あまりにもおそろしすぎる考えであるため，彼らはそのような想像をすることを望まない。

ところが，その「安全な現状」は，被害を受けた原告にとっては十分な保護

ではなかったことになる。原告は，現在の保護のレベル以上のものを必要としていたことになるが，それは提供されていなかったのである。その結果，原告の代理人は，世界をより安全な場所とするために，現状を変えるように陪審員に頼みたいという誘惑にしばしば駆られる。我々は，原告に与えられなかったレベルの保護を彼らが提供することができると陪審員に感じてほしいと思う。

しかし，それを訴えかけることによって，陪審員の心の中に不協和が生じる可能性がある。すなわち，「世界をより安全にする」ということが，原告にとって必ずしも有効な係留点になるとは限らない。もし陪審員が，自分たちは今安全であると信じているとしたならば，なぜそれを変えたいというように思うのだろうか。逆に，変化は，彼らの安全性にとって予測不能な新しい恐怖をもたらすことになるため，彼らを怯えさせることになる。

それよりも望ましい弁論は，被告が現在の安全性のレベルを引き下げようとしていると論じることである。つまり，被告に有利な評決を下すことは，陪審員の現在の安全な世界を，安全ではないものとすることになると論じるべきである。被告を支持する評決は，被告のような人たちが，危険な行動をとり続けることを促し，その結果として，陪審員が現在得ている保護や安全性が失われることになるだろう（これは，陪審員の損失に対する生得的嫌悪感を触発する）。しかし，さらに原告がすでに失ったものや，被告に有利な評決が下された場合に陪審員が将来的に失う可能性のあるものなど，失ったものに対して焦点を当てるならば，より説得的な議論を展開することが可能である。陪審員は，得る可能性のあるものを得ることよりも，個人的な損失が確定することを避けることに価値を置くため，個人的な損失を防ぐために，原告の被害に対して賠償を与えようとするだろう。

III 鮮明さと顕著さ

鮮明さと顕著さは，知覚や記憶と同様に，ヒューリスティック処理に強力な影響を与えるものである。出来事がより鮮明あるいは顕著であればあるほど，我々は，その確率を過大視したり，計算違いする可能性が高くなる。

A 鮮明さ

　鮮明さは，イメージや記憶の活性化をもたらす。劇的な出来事，感情的な出来事，最近の出来事，あるいは，有名な出来事といったものは，思い起こすことが容易であるため，記憶の中でより利用可能なものとなり，より接近可能なものとなる。特に鮮明な出来事は，実際以上に，他の出来事を代表するものとして見られる[43]。たとえば，異様なあるいは劇的な大惨事は，我々に，ほとんど起こり得ないものに対する恐怖をあえて引き起こす[44]。しかし，興味深いことに，我々は，日常生活の中でより高い頻度で起こる危険については，不思議と考えてみようとは思わないのである。

　たとえば，2001年9月11日以降，ワールドトレードセンターのツインタワーが崩れ落ちるイメージは，アメリカ人の国民的な記憶に鮮明に埋め込まれた。それによって，その可能性がほとんどないにもかかわらず，我々の多くが，自分たちもほかのテロ攻撃の被害者となる可能性があるという恐怖を抱いたため，飛行機に乗ることを怖れるようになった。

　9・11の数年後，エアフォースワンが，間近に戦闘機を伴って，自由の女神のわずか上空を飛んでいた。2台の飛行機が飛行していたのは，政府による写真撮影のための「ポーズとり」であったにもかかわらず，これらの飛行機を見たニューヨークの人々は恐怖を感じた。多くの人が高層ビルの中から道路へと避難し，新たなテロ攻撃が今まさに行われているというように恐怖した[45]。

　鮮明さのほかの例は，アメリカにおける殺人率が自殺率よりも高いとほとんどの人が信じていることである。実際の自殺率は，殺人率のほぼ2倍である[46]。「血が流れればトップニュースになる」というメディアの地元支局の考えのために，殺人はニュースの中でも注目を集めやすい。我々は，殺人についてあまりに多くのことを見聞きしているために，人が亡くなったと聞けば，自殺した人よりも殺人事件の被害者の方を想像する傾向にある。

　証人に対して鮮明な詳細情報を証言の中に取り込むように奨励することによって，我々は公判において鮮明さを有利に利用することができる。鮮明な情報は，記憶の中で，より「利用可能」なものとなるため，陪審員は，我々の証人がいったことを，よりよく記憶することができるだろう。

目撃証人による識別について以前に論じたように，それは予測可能なことであるが同時に誤っている。陪審員は，事実とは関係なく，何が起こったのかについての詳細な説明が，より特徴のない一般的な説明よりも，より正確であるというように思い込む傾向にある。しかし，詳細さは，ときに正確さと反比例の関係にある場合がある[47]。想像力の方が極めて豊かであるため，我々は，それと同じくらい鮮明かつ詳細に現実を記録していると思いがちである。しかし，そうではない[48]。ある出来事についての我々の記憶は，その出来事自体よりも一般的で漠然としたものであり，それは目撃証人においても同様なのである。

　たとえば，刑事事件で，証人が「被告人は，店に強盗に入った」と証言することが，証人が「被告人は，ダイエットペプシ1本とミルクダッツ1箱を盗んだ」と証言することよりも，説明が真実らしくないと，陪審員は考える可能性が高い[49]。現実的にいえば，ソーダとキャンディに注目していた証人は，おそらく犯人の顔には注目しておらず，犯人の識別については誤りを犯す可能性がある。それにもかかわらず，鮮明な説明は陪審にとってより説得力があるものとなる。なぜなら，加えられた詳細情報によって，陪審員は，実際以上によく見ていたと思うからである[50]。

B 顕著さ

　鮮明さと密接に関係する概念が，顕著さである。事物や人，出来事は，その環境よりも目立っているときに，顕著であり，人目をひくものとなる[51]。公判において，証拠は，それ単体では鮮明ではないかもしれないが，他の証拠と比較したときにはじめて注目に値する，あるいは顕著なものとなる可能性がある。

　顕著さは，時に因果関係と結びつけられることがある。ある特定の作為，あるいは不作為が，被害を引き起こすほかの可能性と比べて目立っているならば，陪審員は，それを本質的な被害に対して結びつけやすい[52]。9・11の出来事は，鮮明さと顕著さの両方の事例である。テロのおそろしい行為は，明らかに鮮明なものである。しかし，飛行機がほかの交通手段と比較して，とりわけ危険に

見えるために，顕著なものでもあるといえる。しかし，実際の死亡率は，1マイルあたりの比較で見れば，民間飛行機よりも車の方が，37倍以上高い[53]。顕著な情報に対して，過度に原因としての役割を見出す我々の傾向は，ほかのものの合理的な確率を無視させ，その結果，実際の見込みを算定する我々の能力を歪めることになる[54]。

　たとえば，重要な事実や事物，人，あるいは出来事を，提示物のほかの部分と比べて目立たせることによって，ある提示物に顕著さを作り出すことが可能である。これによって，陪審員は，特定の重要な証拠に対して注意を向けるようになる。被害を受けた原告の傷跡を示す写真を例に2つのやり方を示してみよう。1つ目のやり方は，何の強調もなされていないものである。2つ目のやり方は，傷跡の周りの領域を丸で囲んで内部をそのままの状態としながら，傷の外側の領域については，色あせた印象を与えるように色を抜き，コントラストも弱めたものである。第2のやり方は，写真の中で関係性のある箇所だけは，重要な言葉を強調するために書類につける「吹き出し」のように，正確に映し出しているが，それ以外の部分については写真の鮮明さを操作することによって，傷跡に対して顕著さを作り出しているのである。

　次の最後の章においては，ロードアイランド州プロビデンスのすぐれた原告代理人弁護士マーク・マンデルが，酒屋の事件の冒頭陳述において，事件の事実をどのように鮮明に記述したのかを見てみることにしよう。肺ガン事件における最終弁論とともに，この冒頭陳述は，これまでの章で検討してきた心理学の原理のすべてについて，それらをうまく織り込む方法を示している。

注 ....

1) DOUGLAS A. BERNSTEIN ET AL., PSYCHOLOGY 290-91 (8th ed. 2008); James K. Kuklinski & Paul J. Quirk, *Reconsidering the Rational Public: Cognition, Heuristics, and Mass Opinion*, in ELEMENTS OF REASON: COGNITION, CHOICE, AND THE BOUNDS OF RATIONALITY, 153, 155-57 (Arthur Lupia et al. eds., 2000).
2) 「無意識」や「潜在意識」という用語は，現在の心理学の文献においては，それほど用いられていない。これらは，我々の気づきのレベル以下で起こる心的処理を指す「自動的」という用語に置き換えられている。「コントロールされた」心的処理は，ちょうどこの反対語である。すなわち，それは意識的思考と同義語である。
3) Christopher D. Wickens & C. Melody Carswell, *Information Processing*, in HANDBOOK OF HUMAN FACTORS AND ERGONOMICS 111, 134-35 (Gavriel Salvendy ed., 3rd ed.

2006).

4) JEAN PIAGET, THE ORIGINS OF INTELLIGENCE IN CHILDREN (1936). ピアジェは，子どもは試行錯誤を通して学ぶと記している。幼児であっても，試行錯誤を通して，世界の物理的特性を学び，ある物質に関する自分たちの発見を他の物についてまで一般化する。たとえば，あるおもちゃにくっついたヒモによって，そのおもちゃを引き寄せることができるなら，同じことはほかのおもちゃに対しても当てはまるだろう。

5) しかし，一部の研究においては，実際に深く考えすぎることによっても，思考の誤りに陥る場合があると示唆している。See Zakary L. Tormala et al., *Ease of Retrieval Effects in Persuasion: A Self-Validation Analysis*, 28 PERSONALITY & SOC. PSYCHOL. BULL. 1700-12 (2002).

6) Michael R. Leipe & Roger A. Elkin, *When Motives Clash: Issue Involvement and Response Involvements as Determinants of Persuasion*, 52 J. PERSONALITY & SOC. PSYCHOL. 269, 269-70 (1987).

7) Shelly Chaiken, *Heuristic Versus Systematic Information Processing and the Use of Source Versus Message Cues in Persuasion*, 39 J. PERSONALITY & SOC. PSYCHOL. 752, 754-55 (1980).

8) Amos Tversky & Daniel Kahneman, *Judgment under Uncertainty: Heuristics and Biases*, 185 SCI. 1124, 1127 (1974).

9) Igor Gavanski & Gary L. Wells, Counterfactual Processing of Normal and Exceptional Events, 25 J. EXPERIMENTAL SOC. PSYCHOL. 314, 317-20 (1989).

10) Vicki L. Smith, *Prototypes in the Courtroom: Lay Representations of Legal Concepts*, 61 J. PERSONALITY & SOC. PSYCHOL. 857-62 (1991), cited in BERNSTEIN, *supra* note 1, at 294.

11) Amos Tversky & Daniel Kahneman, *Belief in the Law of Small Numbers*, 76 PSYCHOL. BULL. 105, 105-07 (1971).

12) ギャンブラーが最終的に勝ったとき，あるいは，バスケットボール選手のパフォーマンスが普通に戻ったとき，これは「平均への回帰」といわれる。

13) SCOTT PLODS, THE PSYCHOLOGY OF JUDGMENT AND DECISION MAKING 119 (1993).

14) Tversky & Kahneman, *supra* note 8, at 1127-28.

15) Amos Tversky & Daniel Kahneman, *Evidential Impact of Base Rates*, in JUDGMENTS UNDER UNCERTAINTY: HEURISTICS AND BIASES 153,156 (Daniel Kahneman et al. eds., 1982) [hereinafter *Base Rates*].

16) Id. at 156-57. But see Jon Krosnick & Howard Schuman, *Attitude, Intensity, Importance, and Certainty and Susceptibility to Response Effects*, 54 J. PERSONALITY & SOC. PSYCHOL. 940, 941-43 (1988). （この現象は，情報の順序効果によるものであり，トヴェルスキーとカーネマンが情報を被験者に提示した順序を逆にしたならば，この効果は減少させられるだろうと提議している。）

17) John C. Brigham & Adina W. Wasserman, *The Impact of Race, Racial Attitude, and Gender to the Criminal Trial of O. J. Simpson*, 29 J. APPLIED SOC. PSYCHOL. 1333-36 (1999).

18) *See* generally, ELIZABETH LOFTUS ET AL, EYEWITNESS TESTIMONY: CIVIL AND CRIMINAL (4th ed. 2007).

19) *Id*.

20) 最新の統計については下記URL参照 www.innocence project.org.

21) 科学的陪審選任手続に関して，(刑事事件のみであるが)有効性を示す証拠もあれば，そうでない証拠もある。望ましい結果を導くための対処の有効性は，犯罪によって異なる。弁護士のみによる選任と陪審コンサルタントを利用した選任を比較した利用可能なデータはない。この議論については，次の文献を参照。*Richard Seltzer, Scientific Jury Selection: Does It Work?* J. APPLIED SOC. PSYCHOL. 2417-35 (2006).
22) PLOUS, *supra* note 13, at 18-19.
23) Daniel Kahneman & Amos Tversky, *supra* note 8, at 1124-31.
24) これは，厳密には，シミュレーションヒューリスティックスの例であり，それは利用可能性ヒューリスティックスの結果として生じるものである。シミュレーションヒューリスティックスは，その出来事や結果の心の中での思い浮かべやすさに基づいて，人が確率を判断するときに現れるものである。Daniel Kahneman & Amos Tversky, *The Simulation Heuristic*, in JUDGMENT UNDER UNCERTAINTY: HEURISTICS AND BIASES 201-08 (Daniel Kahneman et al. eds., 1982).
25) これは「多数性ヒューリスティックス」の例であり，利用可能性ヒューリスティックスから導かれるもう1つの帰結である。
26) Robyn M. Dawes et al., *Clinical versus Actuarial Judgment*, 243 SCIENCE 1668-74 (1989). ただし，注意すべき示唆が存在する。陪審員が，ヒューリスティック，つまり，無意識的な処理よりも，コントロールされた，つまり，体系的な処理に依拠した場合には，記憶から多くの事例を取り出すことができたときよりも，むしろわずかな類似事例を取り出す事ができたときの方が，その事実によって，より影響を受けやすいという傾向がある。陪審員は，思い浮かべることができたものがわずかな例だけであった場合，より自分の思考に対して大きな信頼を置きやすいのである。Zakary L. Tormala et al., *Ease of Retrieval Effects in Persuasion: A Self-Validation Analysis*, 28 PERSONALITY & SOC. PSYCHOL. BULL. 1700-12 (2002).
27) BERNSTEIN, *supra* note 1, at 295.
28) Richard Moreland & Scott Beach, *Exposure Effect in the Classroom: The Development of Affinity Among Students*, 28 J. EXPERIMENTAL SOC. PSYCHOL. 255 (1992).
29) RICHARD J. WAITES, COURTROOM PSYCHOLOGY AND TRIAL ADVOCACY 388 (ALM Publishing 2003).
30) Steven J. Sherman et al., *Imagining Can Heighten or Lower the Perceived Likelihood of Contracting a Disease: The Mediating Effect of Ease of Imagery*, 11 PERSONALITY & SOC. PSYCHOL. BULL. 118-27 (1985).
31) *Id.*
32) Colin MacLeod & Lynlee Campbell, *Memory, Accessibility, and Probability Judgments: An Experimental Evaluation of the Availability Heuristic*, 63 J. PERSONALITY & SOC. PSYCH. 890-902 (1992).
33) Tversky & Kahneman, *supra* note 8, at 1128-29.
34) これは，Musafer Sherif et al., *Assimilation and Contrast Effects of Anchoring Stimuli on Judgments*, 55 J. EXPER. PSYCHOL. 150-55 (1958). によって提案された知覚比較効果の一例でもある。
35) Timothy D. Wilson et al., *A New Look at Anchoring Effects: Basic Anchoring and its Antecedents*, 125 J. EXPER. PSYCHOL.: GEN. 387-402 (1996).
36) Richard Nisbett & Tom Wilson, *Telling More than We Can Know: Verbal Reports on Mental Processes*, 84 PSYCHOL. REV. 231-59 (1977).

37) Edward Teach, Avoiding Decision Traps, CFO MAG., June 1, 2004, at 97, *available at* http://www.c.fo.com/printable/anicle.cfm/3014027?f=options.

38) Richard E. Nisbett & Timothy DeCamp Wilson, *Telling More than We Can Know: Verbal Reports on Mental Processes*, 84 PSYCHOL. REV. 231, 244 (1997).

39) Gretchen B. Chapman & Brian H. Bornstein, *The More You Ask For, the More You Get: Anchoring in Personal Injury Verdicts*, 10 APPLIED COGNITIVE PSYCHOL. 519-40 (1996).

40) Thomas Gilovich et al., *Commission, Omission, and Dissonance Reduction: Coping with Regret in the "Monty Hall" Problem*, 21 PERSONALITY & SOC. PSYCHOL. BULL., 182-90 (1995); Thomas. Gilovich & Victoria H. Medvec, *The Experience of Regret: What, When, and Why*, 102 PSYCHOL. REV. 379-95 (1995).

41) *See, e.g.*, DAVID BALL, DAVID BALL ON DAMAGES (3rd ed. 2011).

42) グレッグ・クジマノと，デイヴィッド・ウェーナーは，この問題について広範に書き，教えている。彼らは，まさにこの領域における法律の先駆者である。彼らの「陪審員のバイアスに打ち勝つ」セミナーは，アメリカ訴訟弁護士協会（AAJ）が提供する最も人気のあるセミナーの1つである。

43) PLODS, *supra* note 13, at 125-26.

44) DANIEL GARDNER, THE SCIENCE OF FEAR: WHY WE FEAR THE THINGS WE SHOULDN'T, AND PUT OURSELVES IN GREATER DANGER (2008).
　　ガードナーがいうには，人には推論する能力があるにもかかわらず，ときに直感的かつ早急な判断に依拠することがある。我々は「なんらかの事例を容易に思い出すことができるならば，それはよく起こることに違いない」というように本能的に，しかし不正確に思い込むことがある。悲惨な犯罪や疾患，飛行機の墜落やテロリストの攻撃を知らせる見出しほど記憶に残るものがあろうか。実際，このような出来事はまれであるが，こういったメディアの偏重は，これらの出来事を実際に自分たちが経験する確率とは不釣り合いなほどに，恐怖に対する生理的なレベルの反応を引き起こすことになる。科学的なデータと統計が，誤解され，誤用され，我々のリスクに関する評価は，事実よりも，他者の反応によって強い影響を受けるということだけでは理解できないのである。

45) Arthur G. Sulzburger & Matthew L. Wald, *Jet Flyover Frightens New Yorkers*, N.Y. TIMES, April 28, 2009, at A18, *available at* http://www.nytimes.com/2009/04/28/nyregion/28plane.html.

46) *Deaths: Preliminary Data for 2007*, 58 NAT'L VITAL STATISTICS REPORTS 1 (Aug. 19, 2009).

47) LOFTUS, *supra* note 18, at 39.

48) Tversky & Kahneman, *supra* note 8, at 1127-28.

49) Brad E. Bell & Elizabeth F. Loftus, *Trivial Persuasion in the Courtroom: The Power of (a Few) Minor Details*, 56 J. PERSONALITY & SOC. PSYCHOL. 669 (1989).

50) *Id.*

51) Amos Tversky, *Features of Similarity*, 84 PSYCHOL. REV. 327-52 (1977).

52) Shelley E. Taylor & Susan T. Fiske, *Point of View and Perception of Causality*, 32 J. PERSONALITY & SOC. PSYCHOL. 439-45 (1975). この研究の中で，テイラーとフィスケは，3つの見晴らしのよい地点から，2人の男性が会話している様子を，6人に観察させている。会話をしている男性の1人と対面していた観察者は，その男性を会話の主導権を握っている存在として評価したが，他方で，横方向から見ている観察者たちは，2

人の男性が等しく影響を与えているというように評価した。これは，視点と視覚的利用可能性が原因である可能性がある。
53) Michael Sivak et al., *Nonstop Flying Is Safer than Driving*, 11 RISK ANALYSIS 145, 148 (1991).
54) Taylor & Fiske, *supra* note 52.

第9章
学習成果の実践

以下の例はいずれも，ロードアイランド州プロビデンスの原告代理人弁護士，マーク・マンデルによるものである。これまでに検討してきた心理学の概念によれば，被告に比べて原告の方がより不利な立場に立たされやすい側面がある。そのため，原告代理人は，説得にあたってより大きな抵抗を陪審員から受けることになる可能性が高い。マンデルは，我々に，その抵抗にどのようにして対処するべきかを，非常にうまく示してくれている。

　最初の例は，ある飲食店における多量飲酒事件の冒頭陳述である。原告は，横断歩道を横断中に重篤な傷害を受けている。彼は，事件の直前にチェンズ・ファミリーレストランにおいて，多量のアルコール飲料の提供を受けて飲酒運転をしていた運転手に轢かれたのである。以下では，マンデルが用いた主要な心理学上の概念を示しながら実際の弁論を紹介する。

I　ある飲食店における多量飲酒事件の原告冒頭陳述

　みなさん，私と一緒に2010年5月3日に戻ってみましょう。
　今日は金曜日で，お昼を少し過ぎた時間帯です。1台の車が駐車場に入ってきます。そして，運転手は車を降りて，チェンズ・ファミリーレストランの裏口に向かいます。彼は中に入り，カウンター席に座ります。
　バーテンダーであり，そのレストランの経営者でもあるジャック・チェンは，この客から，サファーリング・バスタードという名前の飲み物の注文を受けます。バーテンダーのジャック・チェンは1.0〜1.5オンスのホワイトラム，1.0〜1.5オンスのダークラム，アルコール度数が75.5度のラム0.5オンスを混ぜ，それをこの客に出します。その後，立て続けにバーテンダーのジャック・チェンは，12オンスのバドワイザービールを同じ客に出します。
　到着してから約45分後，その客は，出されたサファーリング・バスタードとバドワイザーを飲み干す一方で，食事もしないまま，ドアを出て駐車場に向かい，車を運転して帰って行きます。彼は，さらにアルコール飲料を購入して，自宅に向かいます。自宅では，その午後，再び4，5本のビールとバーボンのサーザンコンフォートをほぼ2オンス飲みます。

マンデルが，我々に，真っ先に被告についての話をしている点に注意すべきである。このことは，初頭効果の利点を有している。この事実には，何の修飾も施されていない。簡明で強い文章構造は，形容詞や副詞がほとんど使われず，主に名詞と動詞から構成されている。彼の用いた現在形は，彼の言ったことの感情的なインパクトを強め，陪審員の記憶をより堅固にし，彼らをストーリーの中に引き込み，緊迫感を高めている。そのため，陪審員は被告の「悪事」から目を逸らすことができないようにされている。

　マンデルは，標的である被告のジャック・チェン以外は，誰に対しても正確な固有名詞を使っていない。なぜなら，彼は陪審員の注意をジャック・チェンと彼の経営するレストランに絞らせたかったからである。彼は，「客」や「バーテンダー」といった一般的な名称を使った。マンデルは，陪審員が多くの情報を即座に吸収しなくてはならないことを知っていたのである。彼は，陪審員に情報過負荷（認知的負荷）を経験させたくなかったのである。そのため，マンデルは事実を非常に単純なものに留め，陪審員を混乱させるにすぎない余計な固有名詞を用いなかったのである。

　この後，同じ日の夕方，その客は再びチェンの店に戻ってきます。そして，駐車スペースに車を止めると，レストランの裏口から入ってきて，またカウンター席に座ります。それは，だいたい午後6時26分頃のことです。彼から注文を受けて，バーテンダーのジャック・チェンは，フォグカッターと呼ばれる飲み物を出します。それは，1.0〜1.5オンスのラムと1オンスのジン，そして少量の，おそらくはだいたい0.5オンスのブランディーで作られるお酒です。そう，その飲み物には，だいたい2.5〜3.0オンスのアルコールが含まれていたことになります。

　14分後，バーテンダーのチェンは，さらに12オンスのバドワイザー1本を出します。客は，その日2回目の来店で，合計32分間にわたりバーのカウンターにいたことになります。その間，バーテンダーのジャック・チェンは，その客と数分間にわたり，何度も対面しています。午後6時58分頃，その客はカウンター席から立ち上がり，ドアの外に出て，自分の車に乗り込みます。外はまだ明るく，空は晴れています。雨もなく，道路は乾いています。

　その客は，車を出し，裏の駐車スペースを出て，ジョン通りを左折します。彼の車は，グラニット通りとの交差点の信号で止まっていた1台の車の後ろに止まります。そして，その客の車の後ろには，3台目の車が止まります。

諸研究は情報が詳細であることと信頼性が高いことは無関係である場合が多いことを示しているにもかかわらず，**詳細な追加情報**は，ストーリーをより鮮明でより信頼性の高いものにし，さらには，詳細さがストーリーをより真実らしくみせ（確証バイアス），陪審員の**規範的信念**を満たすことになる。

　そのとき，歩行者が1人，ジョン通りに沿って歩道を歩いています。チェンの客の車を真ん中にした3台の車は，道路をはさんでその歩行者の右側にいます。歩行者がグラニット通りに近づいたとき，3台の車を停車させていた信号が青に変わります。チェンの客の前にいた最初の1台が，交差点を直進しようと前に動き出します。歩行者は，1台目が直進するのを見て，横断歩道の上を歩いてグラニット通りを渡り始めます。最初の車が交差点を通過した直後に，チェンの客の車が続きます。チェンの客の車は，交差点に入り，左折しながら加速します。この時点で，まだ歩行者は通りを渡り切っていなく，その結果，チェンの客は横断歩道上でその人をはねてしまいます。

　信号でチェンの客の車の後ろにいた，3台目の車の運転手はケリー・ボカチアです。彼女は，この晩に彼女が見たことをみなさんに話すでしょう。そう，彼女が見たのは，チェンの客の車が交差点内で加速して横断歩道に入り，歩行者をはねた場面です。彼女は，チェンの客が横断歩道上を歩く人に向かって加速し続けるのを見て，驚きます。衝突の直前，彼女は叫んでいます。「ああ！　轢いてしまう」と。そして，それはまさに現実となったのです。

　衝突の後，チェンの客は車道と歩道をまたいで車を止めます。歩行者のダニエル・エルンストは，横断歩道上に横たわっています。それから，ものの数分で，警察が到着します。ウエストリー警察署の警察官ダン・トラノは，この事件の担当警官です。彼は，後に，現場に到着した際のチェンの客の様子について，充血した涙目で，上気した赤ら顔をしており，さらに彼の口からは酒の臭いがすることに気づいたということを，みなさんに話すでしょう。トラノ警察官は，現場で飲酒テストを行いますが，その他にも明らかな酩酊の兆候があると判断します。彼は，チェンの客を逮捕し，警察署に連行します。そこで，2回の酒気検知器による検査が行われます。いずれの酒気検知器検査においても，チェンの客の血中アルコール濃度は0.166であり，法定基準値の1.5倍以上であることを確認しています。

　被告側の違法行為に焦点を当てることで，マンデルは，はじめに**後知恵バイアス**と**防衛的帰属**を最小限のものにしている。彼は，陪審員の公正世界信念やコントロール幻想，さらには保護欲求が，陪審員に原告がなぜ傷つけられたの

かを説明せずにはいられない感覚をもたらすことを理解していた。この感覚は，同じように傷つけられるかもしれないという考えから心理的に逃れるため，生じた出来事を原告自身のせいにするように，頻繁に陪審員に働きかける。後知恵バイアスは，陪審員に，今でこそ明らかな事件の結果を，事件前の原告に対して予測すべきだったと思わせるし，それを回避する行動をとるべきであったと思わせる。

陪審員は，認知的不協和を低減するために，原告が傷害を負ったという事実と，彼らの信念やバイアスとの間で整合性をとらなくてはならない。彼らにとってもっとも容易な方法は，傷害を受けた側を責めることである。しかし，マンデルは，安易に原告を責めることができないようにしている。なぜなら，彼が陪審員に利用可能な事実として与えたのは，被告側についての事実のみであったからである（利用可能性ヒューリスティックス）。この状況は，陪審員に，被告側，とくにジャック・チェンを責める以外には，認知的不協和から救われる選択肢をほとんど与えないものとなっている。さらに，マンデルは，チェンのレストランとジャック・チェンについて繰り返し言及することで，標的とした被告の行為を，より際立たせて，より非難に値すべきものとしたのである。

> チェンの客は，最終的には，飲酒運転中の重大傷害の罪で起訴され，執行猶つきの10年の刑期，10年の保護観察，罰金ほかの処分となりました。チェンの客が横断歩道で歩行者を轢いたときから，歩行者であるダニエル・エルンストは，身体に一生麻痺を抱える状態となっています。それが，彼が私を訪ね，私に弁護を依頼した理由です。

規範バイアスは，陪審員がチェンのレストラン以上に，運転手を責めることを容易にする。なぜなら，一般的な規範的信念は，「飲酒運転は危険だ」というものだからである。彼らは，アルコールの提供者に関しては，同じような規範的信念を持っていない。飲酒運転の運転手に起こったことの責めを負わせることは，陪審員自身の人生経験をよりよく代表するだけに，容易なことなのである（代表性ヒューリスティックス）。アメリカの「アルコール」に対する文化コードは，危険と暴力である[1]。マンデルは，常にその運転手を「チェンの客」と呼び続け，標的であるチェンの行為を飲酒運転の運転手に結びつける形で，この信念を利用したのである。

マンデルが，実際に生じたことに対して，被告側を明確に批判し終えるまで，自分の依頼者について言及しなかったことには注目すべきである。この批判の後でさえ，はじめは，彼の依頼者は抽象的なもの（「歩行者」）であり，陪審員の注目は依然として，彼の依頼者よりも被告側にあった。マンデルは，原告が彼自身の傷害に至る一連の出来事の**最後の登場人物**であることの意味を知っている。つまり，陪審員たちが**反実仮想思考**にとらわれ，あらゆる想像力を駆使し，彼らの**理想自己**であれば避けることができたであろうけれども，原告はその行為を行わなかったために傷害を負ったのであると考え，原告に生じた悪い結果を「なかった」ことにしようとすること，そして，その場合には，原告こそがもっとも責められやすい人物であることを，マンデルは心得ていたのである。

　彼の負った傷害のために，我々はチェンズ・ファミリーレストランを訴えているし，チェンの客を訴えているのです。我々がレストランを訴える理由は，全部で3つあります。

　3つの理由の提示は，それらを余裕を持った形で情報チャンクの中に入れることができるという意味で，陪審員が情報を吸収するのに役立っている。それはまた，標的である被告らの名前も陪審員の心の前面に残す余裕を残し，また**3を使った修辞法**という表現力上の利点をも同時に持っている。

　第一の理由は，問題の客がその晩，レストランに戻ってきたとき，バーテンダーのチェンは，自分の客に明らかな酩酊の兆候があることを判別しそこねている点です。
　みなさんは，この点の主張に関して，デニス・ヒリアード教授とマイケル・マルカントーニオ氏の証言を聞くことになるでしょう。ヒリアード教授は，全国的に尊敬を集めるロードアイランド大学のロードアイランド州立犯罪研究所の所長です。マルカントーニオ氏は，TIPS（Training in Intervention Procedures）トレーニング・プログラムの一環として，41,000人以上の人々に対し，正しく，適切かつ安全な業務形態でアルコールを提供するための訓練を行ってきた，熟練の指導者です。TIPSは，接客仲介手続の訓練を表しています。

　マンデルは，被告側の過失についての結論を引き出すために，専門家証人を呼び出すであろうことを陪審員に知らせている。この点は，自分自身で結論を導き出してしまうよりも，はるかに効果的である。なぜなら，陪審員はしばし

ば弁護士や民事司法制度に対して，アメリカ的文化バイアスを持っているからである。このバイアスは，最終的には，我々の導き出したいかなる結論に対しても，当然に疑念を抱かせることになる。また，専門家証人の証言は，酩酊に関する科学（情報）をより利用しやすく，評価しやすいものにもする（利用可能性および接近可能性ヒューリスティックス）。

　ヒリアード教授とマルカントーニオ氏は，アルコール提供者は，トレーニングを受けているし，顧客にサービスする前に，明らかな酩酊の兆候がないかを調べて，確認すべき義務があることを説明します。そして，こうした兆候が見られる場合，アルコール提供者とその雇用主は，たとえ顧客にまだ酒を1杯も提供していないとしても，サービスを拒否する義務を負います。
　経営者やその従業員が明らかな酩酊の兆候を調べ忘れたり，酔った顧客にその兆候があることを確認し損ねたりして，その顧客にいかなる形であれアルコールを提供し，その顧客が帰った後で車を運転し，誰かに損害を与えた場合，当該経営者はその行為や加害について，加害者とともに責任を負います。

冒頭陳述において，法についての議論をすることは一般的に禁止されていることから，マンデルは，すべての陪審員が理解可能な簡単かつ常識的なルールを用いた説明を示している（「交通規則」アプローチ[2]）。陪審員は，いったん事件の事実に当てはめられる規則を知ったならば，次に行うのは，被告側，とくにチェンのレストランとジャック・チェンが，どのようにそれらのルールに違反したのかを示す証拠を探すことであろう。

　その出来事の晩，チェンの客には，明らかな酩酊の兆候が少なくとも4つ容易に見出されます。すなわち，涙目，充血した目，赤ら顔，さらにはアルコールの臭いです。私たちは，これらの兆候がチェンのレストランにおいても見られたことを知っています。なぜなら，それらは，そのわずか数分後，トラノ警察官が現場に到着した際にも存在していたからです。
　ヒリアード教授は，血中アルコール濃度はそれほど急には上がらないので，レストランにいる間にはそれらの兆候がなく，そこを去ってトラノ警察官が到着する5〜10分の間にそれらが生じることは，生理的にあり得ないことを確認させてくれるでしょう。チェンのレストランで，その客がサービスを受け始めて，なんら止められることなく店を出るときには，それらの兆候はすでに存在していたのです。

チェンの客には，その他にも酩酊の兆候が見られました。たとえば，もし客が入ってきてあまりにも早いペースでお酒を飲んでいたら，それはその客の判断がアルコールに影響されている証です。それも，明らかな酩酊の兆候の1つです。この点について確認することは，バーテンダーのトレーニング，すなわち，TIPSトレーニングの一部となっています。

　ジャック・チェン，つまり，そのバーテンダーは，彼の常連客に午後6時28分にカクテルを出しています。この点に争いはありません。この点に関してはビデオテープもあります。みなさんは，バーテンダーのチェンが午後6時28分にその客にカクテルを出しているのを見ることができるでしょう。また，みなさんは，わずか14分後の午後6時42分に，バーテンダーのチェンがその客にビールを出すところも見ることになるでしょう。

　証言は，はじめの1杯で3.0～3.5オンスのアルコールを摂取し，そのわずか14分後におかわりをする行為は，速いペースの飲みすぎにあたり，明らかな酩酊の兆候であることを示すでしょう。涙目，充血した目，赤ら顔，アルコールの臭い，そして早すぎる飲みぶり，これらすべては，その晩，レストランにおいて，バーテンダーのチェンの前で，チェンの客が示していた兆候です。

　その晩，チェンの客がレストランを出た数分後に，トレノ警察官は彼に対して飲酒テストを実施し，明らかな酩酊の兆候をさらに見出しました。それらの点については，後でみなさんが見ることになる報告書にすべて示されています。みなさんは，その客が左の人差し指で自分の鼻の頭を触ることが難しかったということを聞くことになるでしょう。彼は，アルファベットを暗唱しようとしても，いくつかの文字や文字の組み合わせがすぐには出てこなかったし，あるテストのために目薬をさそうとしたときにも，フラフラして立っていられませんでした。さらに，彼は，歩行および方向転換のテストをどのように行うかの説明を受けましたが，正しく方向転換をすることができなかったのです。トレノ警察官が行ったもう1つのテストは，目に焦点を当てていました。トレノ警察官は，その客の視界の左端から右に指を動かし，客に対しそれを目だけで追うように指示しました。人がアルコールの影響を受けているとき，その人の目は左端から右端に動くときに上下に揺れます。彼は，その目の動きを止めることができませんでした。みなさんは，これらのテストの結果が何を意味するのか，そして，これらのテストによって示された能力の低下が，チェンのレストランにおいても存在していたにちがいないことを聞くことになるでしょう。

　聴覚的情報と視覚的情報の組み合わせは，陪審員に対し，2つの異なる方法

で情報を符号化すること（二重符号化）を可能し，それによって，記憶は強固なものになる。視覚，音感，聴覚，さらには触覚といった複数の感覚の関わり合いは，単に陪審員の知覚や記憶を促進するだけではなく，マンデルの公判でのストーリーを，より明確で，忘れられないものにする。

　私たちは，バーテンダーのチェンがトレノ警察官と同じテストをすべきだったといっているのではありません。しかし，チェンは彼自身のやり方でテストを行い，客をよく見定めるように訓練されていました。みなさんは，バーテンダーのチェンが客の目を見なかったし，客がアルコールの影響下にあったか否かを確かめるということもしていなかったことを聞くことになるでしょう。

　チェンの客は，午後6時26分にチェンの店に入っていったときに，すでに酔って気分がよくなっていたことを認めています。そして，彼は，チェンの店でさらにアルコールを飲んで，店を出たときには，いっそう酔っ払ってよい気分になったことも認めています。ところが，チェン氏は，客がアルコールの影響を感じていたかもしれないなどとは，一切気づかなかったと主張しています。

　しかし，客が晩酌のためにチェンのレストランに戻ってくる前に，何があったのかを考えてみましょう。彼は朝の3時に起き，1枚のトーストを食べ，朝の4時から昼まで働いています。昼食はとっていません。彼は，午後，酒を飲むためにチェンの店に来ています。彼は，さらに酒を買って，それを自宅で飲んでいます。午後4時頃にポテトチップスとチーズを少し食べ，チェンの店に戻っています。午後6時26分にレストランのドアから入ってきたときは，15時間以上眠っておらず，丸1日ほとんど何も食べていない状況でした。

　ヒリアード教授は，みなさんに，疲労がアルコールの影響力を大きくすることを話すでしょう。彼は，みなさんに，食べ物がない場合，アルコールの吸収が非常に早く，より直接的に酩酊と能力減退の影響が生じることを話すでしょう。これらの諸要素と消費されたアルコールの量を前提に，ヒリアード教授は，みなさんに，この客がチェンの店に帰ってきたときの血中アルコール濃度は，少なくとも0.10程度であったことを話すでしょう。

　また，ヒリアード教授は，0.10程度の血中アルコール濃度であれば，それが上がるにつれて，圧倒的多数の飲酒者は酩酊の兆候を示すことをみなさんに話すでしょう。確かに，酒を飲んでも乱れないでいることができる人もいます。しかし，隠すことのできない兆候が存在します。ヒリアード教授は，涙目や充血した目，赤ら顔といったいくつかの兆候を隠し切れない理由が，私たちの神経系に及ぼすアルコールの影響に

あることを，みなさんにお話しします。みなさんは，私たちの体の中にある2つの神経系についての証言を聞くことになるでしょう。1つは，体性神経系と呼ばれるもので，私たちが腕を動かしたり，一歩前へ出たりするために，私たちが意識的に筋肉をコントロールする際に機能します。もう1つは，自律神経系と呼ばれるもので，この神経系は，私たちが当然のことと思っている機能のすべてをコントロールするときに働いています。それは，私たちの心拍や呼吸を維持し，体温を調整しています。私たちのほとんどは汗をかきますが，それは，単にそうしないようにしようと考えることではコントロールできるものではありません。

　常習的な飲酒者であっても，自分で自分の目を涙目にしたり，充血した目にしたりするといったコントロールはできません。彼は，どの程度の赤ら顔にするかのコントロールはできないのです。それは，自律神経が私たちの血管を拡張させる場合にのみ生じるものなのです。それは，私たちの神経系が体内のアルコールに対して起こす反応の1つなのです。みなさんは，意図的にそれを動かしたり，止めたりすることはできないのです。

　私たちは，チェンの客が，呂律の回らない話し方をしたり，椅子から落ちたり，馬鹿騒ぎをしたりする酩酊者であるといっているのではありません。彼は，常習的な飲酒者でした。しかし，彼がコントロールできなかった兆候が存在するのです。ヒリアード教授とマルカントーニオ氏は，その晩，午後6時26分，2回目にその客が入ってきたときに，チェン氏は明らかな酩酊の兆候を見出すべきであったし，その客にそれ以上のアルコールを出すのを控えるべきであったと話すでしょう。

　私たちがチェンの店を訴える2つめの理由は，彼がこのような明らかな酩酊の兆候を示している客に対して，お酒を出し続けたことにあります。この客の血中アルコール濃度は60％以上，すなわち，0.10レベルから0.166に上昇しましたが，それに伴う身体機能の低下はそれ以上に至っていたことでしょう。訓練を受けたバーテンダーであれば，そのことを知っているはずですし，知っていなくてはなりません。

　今日，多くのバーテンダーはショットグラスで飲料の分量をはかります。そのため彼らは，出されたアルコールの分量を正確にはかることができます。しかし，みなさんが後ほどビデオでご覧になるように，バーテンダーのチェンは目分量でした。目分量ということは，自分の経験に基づいてアルコールの量を判断していたということです。みなさんがお聞きになるように，チェンの店の客がそこに行きたがる理由の1つは，そこのお酒が強かったからです。ある客がチェンの客と同じくらいの早さでこれらの強い酒を飲み，明らかな酩酊の兆候のすべてを示していたならば，みなさんであれば，その客に何杯も何杯もの酒を出すことはできません。

チェンの店に対して今回の訴えをなす3つめの理由は，この客が帰ろうと立ち上がったときに，レストランがなんら止めることもしなかったことにあります。これらすべての明らかな酩酊の兆候にもかかわらず，この客は，なんら咎められることなく外に出て，車を運転することが許されているのです。ビデオでご覧になるように，この客が帰ろうと立ち上がったとき，バーテンダーのチェンとその客は，互いに挨拶をしています。私たちは，もしバーテンダーのチェンが，その客に対して「運転は大丈夫ですか？　タクシーを呼びましょうか？　コーヒーを少しどうですか？　何か食べものはいかがですか？　迎えに来るように誰かを呼びましょうか？」といった程度の簡単な問いかけをするために，ほんの数分でも時間をかけていたならば，事態は異なっていたであろうと確信しています。

　マンデルは，陪審員に対して，他人を訴えるにあたっては，注意深く「検討」したことを示すべく，提訴には3つの理由（3を使った修辞法）があったことを示している。この示し方は，原告の請求に根拠があることを示している。そして，それはまた，陪審員が原告に対し持っている，自分の悪い行為を誰かのせいにしようとして，「ばかげた」訴えを起こす「欲張りな」負傷者といった**疑念**と**文化バイアス**に対抗するものでもある。マンデルは，陪審員に，ダン・エルンストはそういった人間ではないことを知ってほしかったのである。

　なぜなら，陪審員は，被害に遭わないようにするために，原告ができたであろうと思われることや，すべきであったと思われることなど，それらすべての事柄をイメージすることによって，現実に起きてしまった悪い出来事を心理的に「なくして」しまおうと，**反実仮想**に訴えることがしばしばあるからである。マンデルは，原告ではなく被告の行為を陪審員が「なかった」ことにするのを助ける**反・反実仮想**，すなわち，「バーテンダーのチェンがタクシーを呼んでさえいれば」といった仮想を自ら作り出すことによって，陪審員の反実仮想を作り出す傾向に対抗している。チェンは，よりよい，より容易に可能な選択や**判断**ができたし，すべきであったが，それをしなかったということを示すことによって，マンデルは，非難に値するチェンの行為を強調したし，より意図的なものに見せたのである。この対応は，2つの一般的な規範バイアス，すなわち，**判断形成時の確信欲求と故意欲求**に対処している。被告の意図的になされた選択を示すことによって，陪審員は，傷つけようとする意図とまではいわないま

でも，少なくともそのような行為をしようとした意図をより推測しやすくなる。

　チェン氏は，その客が出て行くときになんら呼び止めませんでしたが，それは，彼の心の中においては，客が車を運転するのに問題のない状態かどうかという点については，何の疑いもなく大丈夫だと思ったからだと主張しています。彼は，この点については確信を持っていますが，それは彼が注意深くその客を見ていなかったからです。当然，その客が出て行った1，2分後に，チェン氏の判断が間違っていたことが証明されます。数分後，トレノ警察官は，実際にその目で見て，チェン氏の客は車の運転ができるような状態ではなかったと判断しています。

　私たちは，チェンズ・ファミリーレストランを訴えていますが，それは，そこのバーテンダー兼経営者が，明らかな酩酊の兆候の確認を怠り，諸兆候があったにもかかわらず客に酒を出し続け，さらには，客が店を出て自分の車に向かおうとしていることを明らかにした折にも，それを止めることを怠ったからです。

　定期的に行われる簡単な要約は，記憶を強固なものにし，たまたま注意力を欠いてしまった陪審員に対して，進行中のストーリーに再び加わる機会を与えている。つまり，それは，マンデルの公判ストーリーに入り込むための**複数の再入場点**を提供しているのである。こういったやり方は，陪審員の気持ちがそれてしまった場合でも，彼らがストーリーの筋道に再び復帰するのに役立つ。

　これまでに私たちが述べたすべての理由から，私たちはダニエル・エルンスト氏を横断歩道上で轢いたことに関して，チェンの客に対しても訴えを起こしています。その客とは，みなさんが今，この法廷で顔を合わせているティモシー・ベオレガードです。

ここに至ってはじめて，飲酒運転の被告と原告の両者の名前が呼ばれた。マンデルは，明らかにチェンの責任に真っ先に焦点を当てたが，それは，陪審員が，チェンの責任をベオレガードの責任よりも小さなものと考える傾向があるからである。この件に関わる陪審員の**規範バイアス**は，人々を傷つけるのは自分たちを接待するバーテンダーよりは，飲酒運転の運転手の方である，といったものである。

　私たちだけが，進んで訴えたと思われないように，みなさんには，チェンのレストランとベオレガード氏の両方が，お互いを訴えていることも知ってもらいたいと思います。これは，交差請求と呼ばれるものです。チェン側は，もし過失があるとするな

らば，客もその損害の一部を負うべきだと主張しています。チェンの客のベオレガード氏は，レストランに対して，もし彼自身に過失があるとされた場合，チェンの店にも過失があるのだから，チェンの店もその支払いの一部をともになすべきだと主張しています。

マンデルは，酔っていた運転手だけでなく，両方の被告に責任があると判断してもらうことを必要としている。そのため，マンデルは，それぞれの被告が他方を責めている点を説明している。そのことが，原告の請求に信憑性を付け加えるとともに，陪審員がよくある「ばかげた訴訟」と考える類の請求と，マンデルの請求とが異なるものであることを示すことになる。ここで言外に語られているメッセージは，「被告たち自身ですら互いを責めるに値すると思っているのだから，我々の請求は根拠のあるものだ」といったものである。

公判に入る前に，私たちには判断しなくてはならないことがいくつかあります。最初に判断しなくてはならないのは，エルンスト氏が横断歩道上にいたのかどうか，あるいは，エルンスト氏が信号無視をしたのではないか，という点です。現状で，彼が横断歩道上にいたことには，争いがありません。

横断歩道上で轢かれることは，**公正世界**の概念に反する。原告と陪審員のいずれもが，そのような行為から保護されるようなルールが必要である。マンデルは，原告の**規則遵守行為**と被告の**規則違反行為**を対比している。この対比は，我々はみなルールに従うべきで，従わないときは，ルールに違反した者を罰することによってのみ正義を達成できるという，重要な**規範的信念**に語りかけることになる。陪審員の基本的欲求である**保護欲求**は，原告の保護のためだけではなく，彼ら自身の保護のためにも行動するべく，陪審員を動機づけるであろう。

次に判断しなくてはならないことは，チェンの店のカウンター席の明かりが，涙目で充血した目や赤ら顔を見分けるには，暗すぎなかったかという点です。みなさんは，ビデオテープで，カウンター席の明かりがそれほど暗くはないことを知ることができるでしょう。また，注意深く客の様子を確認することができないほど暗い照明を使わないことが，バーテンダーの義務であることも聞くことになるでしょう。

私たちが判断しなくてはならない3つめは，チェン氏が，酩酊に関するこれらの可

視的な兆候を，見る機会が実際にあったのかという点です。みなさんは，ビデオでベオレガード氏が32分間カウンター席に座っていたのを見ることになるでしょう。チェン氏は，カウンター席の反対側，すなわち目の前で，その間ずっと，ベオレガード氏を見ていました。チェン氏は，自分の客を見るのに十分な時間がなかったと主張しているのではなく，単にそうしなかったのだと主張しています。

　私たちが判断しなくてはならない4つめの点は，ベオレガード氏がよろめいたり，酔いつぶれたり，あるいは呂律が回らなくなっていたわけではないという事実にもかかわらず，チェン氏はどのようにして明らかな酩酊の兆候の存在を確認することができただろうかという点です。私たちは，ベオレガード氏は常習的な飲酒者なので，酒酔いの兆候を隠してしまうことができたのではないかという点について，判断しなくてはなりません。そして，その点については，我々の調査で，私たちが自律神経系について学び，諸兆候は隠し得ないことを学んだことによって解決済みです。私たちは，TIPSのトレーニング教材について学び，レストランで用いられているトレーニング・プログラムを検証しました。チェンの店のトレーニング・プログラムに含まれる，主要教材はすべてTIPSからのものでした。みなさんは，後ほどその教材を見ることになります。そして，その中では，バーテンダーは，涙目や充血した目，うつろな目になっていないかどうか，客の目を見て，客を調べた上で，この種の評価をするように教えられています。

　マンデルは，複雑な科学的情報を，まさにどのようにして，陪審員にとってより利用しやすく，近づきやすくするべきかを示している。彼は，後に出てくる証言のための文脈を示すことによって，次に語られるものの理解を容易にするプライミング効果を陪審員たちにもたらしている。

　最後に，私たちはもう1つの難問に答えなくてはなりません。それは，チェンのレストランが，カウンター席にやってくる前に，どこかでアルコールを買って飲んだ客についても責任を負うべきなのか，という問題です。専門家に相談し，トレーニング教材に目を通した結果，私たちは，そのような環境においてもバーテンダーのチェン氏には介入する義務があったと判断しました。たとえ，ベオレガード氏が，夜の来店前に一度もカウンター席に姿を現していなかったとしても，酩酊状態にあるかどうかの判定は必要だったでしょう。しかし，実際にはチェン氏が，彼の客がわずか数時間前にそこに来ていたことを知っていた事実を考えるならば，判定をなすことの重要性はより大きかったように思えます。

陪審員が「判断しなくてはならなかった」これらの事柄は，マンデルの主張の弱い部分であるが，彼はその点について，賢明にも冒頭陳述の最後の方で触れている。このことは，次に来る被告側の主張に対して，前もってその信憑性を下げることによって，陪審員の心に抵抗力をつけることに役立っている。この手法は，デビッド・ボールの損害賠償に関する書籍の中で，非常にわかりやすく解説されている[3]。

　そして，最後に，この事件で生じた傷害の被害状況について，簡単にお話をさせて下さい。みなさんが判断しなくてはならない重要な点の1つは，賠償のために何を考慮しなくてはならないのかということです。そのために，私はみなさんに対して，今回の被害について簡単にお伝えしなくてはなりません。
　事故の時点で，ダンは，頭部からの出血があり，乳首から下の胸部に何も感じることができませんでした。そして，現在でもなお，この部分から下の身体の感覚は実質的に失われたままです。彼は，ウエストリー病院に搬送されましたが，彼の診断には脊椎外傷治療用のユニットが必要であるとの判断が下されました。彼はロードアイランド病院に移され，そこで，MRI検査を受け，傷害の範囲が明らかになりました。医師は，彼に手術しても治る見込みがない旨を告げました。彼は理学療法と作業療法を受けました。その後，彼は沿岸警備隊と商船隊に所属していた経験があり，退役軍人でもあることから，ウエスト・ロクスベリーの退役軍人病院に転院させられました。彼はそこに1ヶ月間入院し，さらに治療を受けました。その後，ダンは解雇されてしまいました。
　彼は離婚し，仕事は現役の半分程度に抑え，自分の手でチャールストンに建てた26フィートの高さのボートハウスで暮らしていました。船に乗ることと海は，彼が人生においてもっとも愛したものでした。

　現状を変えることは，おそろしく，予測不可能なことから，陪審員は**現状維持を好む強い規範バイアス**を持っている。そのため，原告の傷害被害の状況については，冒頭陳述の最後まで触れられていない。陪審員にとって，その「現状」とは，今この法廷で目の当たりにしている傷つけられた原告である。しかし，ダン・エルンストにとっての現状とは，彼が負傷する前の彼の人生である。マンデルは，2つの理由から，彼の依頼者を，今となってはそうなってしまった負傷者としてではなく，健康で，幸福で，自立した1人の人間として描き出

している。そのようにした理由の1つめは，そうすることによって，今のダン・エルンストではなく，かつての彼を現状であると思うように，陪審員を促す点にある。そして，2つめの理由は，それによって，彼の依頼者を，陪審員が損害賠償を進んで与えたくなるような，自立力があり，前向きな性格の人間であると見せることができるからである。陪審員たちは，彼が賠償金を自分自身の悪化した状況を最善のものとするために使うであろうことを知りたがっているのである。

　傷害を負ったせいで，彼は自分のボートハウスに戻ることができませんでした。彼は，療養施設に移り，そこで9ヶ月間暮らしました。その後，彼はロードアイランド州ブリストルにある退役軍人専用の施設に移りました。そこが，彼が今現在いるところです。彼は，そこで2年と9ヶ月の間過ごしています。

　彼は，胸から下の感覚がありません。そして，彼は歩くことができません。彼の両腕には力が入りません。彼の指も，硬直してしまいましたが，彼は懸命にリハビリに励みました。今では，彼は自分の髪をとかすことができ，歯を磨くこともできますし，あと少しすれば，自分でシャツを脱ぐことができそうなところまできています。また，実は，彼は，座った位置から右足をほんの少しだけ上げることができますし，つま先をわずかに回すこともできます。しかし，膀胱の制御は一切できません。

　ベッドに向かうとき，彼はおむつを使用しなくてはなりません。ベッドの上でも，自分の力で寝返りを打つことができません。そのため，スタッフが定期的に来て，彼の身体の向きを変えています。毎晩，午前1時〜2時の間に，スタッフが彼のペニスから膀胱にカテーテルを差し込み，残った尿を排出させています。そうしなければ，彼は膀胱あるいは腎臓に炎症を起こすおそれがあるのです。彼は，自分の便通をコントロールすることもできません。そのため，彼は，座薬を入れなくてはなりません。それによって，彼は1日おきにおむつに排便することができますが，その度におむつを取り替えなくてはなりません。

　彼には，痛みを伴う筋肉の痙攣があります。彼の手は握られたままで硬直しており，それに関する薬物治療を受けなくてはなりません。彼は自分で服を着ることもできません。また，彼は，身体のバランスを保つことができず，自分でシャワーを使うことができません。彼は，シャワーのときには，リフトに結びつけられて，椅子に座らされています。そして，他の人たちが，彼の体のすべての部分を洗います。彼にはプライバシーがありません。

彼は，自分でベッドから車いすに移ることができないし，車いすからベッドに移ることもできません。彼は，2つの場所だけで生活しています。1日12時間は車いすで過ごし，残りの12時間はベッドに横たわるだけです。彼は，自立した生活を失いました。彼は，24時間看護のもとで，完全に他の人に依存して暮らしています。

マンデルの依頼者に関する描写は，なんらの修飾や「弁護士の下した結論」を含まない，**完全な事実表現**の形で表されている。それは，正確かつ鮮明で，気持ちを動揺させるような描写であるが，陪審員の記憶に深く刻まれるであろう。マンデルは，陪審員たちがいかに自分たちの健康を大事にしているのかを知っている。実際，アメリカの健康と幸福に関する**文化コード**は，「活動」[4]という言葉であるが，それは原告にはもはや失われている。マンデルはまた，1人の幸せで健康な人間の話から，養護のために完全に他人に依存する人間の話に向かう，彼は，まさにそうすることによって，彼の依頼者が失ったものが何であるかを陪審員が真に理解することができることを知っているのである。こういった表現は，陪審員が生来的に持っている**喪失嫌悪規範**の中に入り込んでいくことになる。

　みなさんは，エルンスト氏の看護のために必要な費用についての話を聞くことになるでしょう。この時点までの医学的な治療のみで，約25万ドルがかかっています。彼はまだ66歳ですが，彼の将来の看護に関して，みなさんは，3人あるいは4人の人物から話を聞くことになるでしょう。また，みなさんは，彼が必要としているほかの器具についての話も聞くことになるでしょう。そして，みなさんは，ミリアム病院の神経学の主任であり，ダンの検査を担当したノーマン・ゴールドン医師の話を聞くことになるでしょう。彼は，ダンの現在の状況は，生涯続くであろうことをみなさんに話すでしょう。彼は，ダンが将来必要とすると考えられる医療措置について話をするでしょう。続いて，みなさんは，メリーランド州のベセズダから来た，フィリップ・ブッセイ博士というリハビリコンサルタントの話を聞くことになるでしょう。ブッセイ博士は，ダンが今後の残った人生の間に，自分で自分の面倒を見るために必要とするものの概要を示す，詳細な生涯看護計画をとりまとめました。
　それから，みなさんは，経済学者であり，一時期ストーレスにあるコネチカット大学（UCONN）の主任教授でもあったアーサー・ライト教授の話を聞くことになるでしょう。経済学者として，彼は，ノーマン医師とブッセイ博士が作成した医療と看護の生

涯計画を受けて，ダンの世話をするためには少なくともいくらかかるのかを計算しました。彼は，最低限の理学療法のコストを含む，看護のための自己負担費用のみで，408万6千ドル程度が必要であろうということを，みなさんに話すでしょう。

　この額は，マンデルの**損害額**についての**係留点**である。陪審員は，増額するにしても減額するにしても，特定の出発点からその調整を行うにあたって，この係留ヒューリスティックスを用いるのである。そして，マンデルは，出発点が400万ドルとなることを望んでいる。ここで再び，彼は，陪審員が疑うであろう自分自身の意見や結論を冒頭陳述に差し挟むことを避けて，専門家の証言に頼っている。しかし，同時にまた，彼は，自分の依頼者が失ったものを，陪審員に明確に認識させてもいる。そして，そのことは，ダニエル・エルンストが彼の**現状**を取り戻すのを助けることによって今一度世界を「公正」なものとするよう，陪審員を促している。

　ダン自身は，みなさんに彼が負わされた痛みと彼の生活の質（QOL）の喪失に関する点，そして，過去と将来の点について話すでしょう。そして，みなさんは，そのほかにも証言席に座る予定の何人かの証人の話を聞くことになるでしょう。彼らは，先ほど話した看護の費用について，ダンがどのような賠償を受けるべきであるのかについて述べます。なお，私はその点については，一切お話をしません。みなさんは，その点について私の意見を聞く必要はありません。みなさんは，その点に関しては，自分自身で判断することができます。

　しかし，私は，みなさんに，最後に1つの考えを示したいと思います。なぜなら，それこそが私にとって重要なことだからです。ダン・エルンストがここにいるのは，みなさんの同情を求めているからではありません。彼は，人が人生において望むべきすべての同情を，すでに受けています。彼がここにいるのは，みなさんに100パーセントの正義を求めるためです。99パーセントでも，98パーセントでもない，100パーセントの正義です。それ以上でも，それ以下でもありません。

　マンデルのこの強烈な終わり方は，**新近効果**の利点を持っている。彼は，この情報が一番最後に陪審員の**短期記憶**に符号化されることから，彼が最後にいったことを陪審員がもっともよく覚えている可能性が高いことを知っている。ここでも，彼は，陪審員の**公正世界**についての観念に訴え，被告たちの悪行に対して罰を与えることによって正義を回復すること，すなわち，被告たちが原告

から奪ったものを原告に返すことを促している。彼は，同情は求めてはいない。なぜなら，同情に訴えることでは，うまくいかないからである。彼の力強い最後の言葉は，陪審員に最終的な選択を委ねることで，彼らを**勇気づけている**。彼らは，ほかの誰でもない，この依頼者にとって，何が「正義」なのかという判断をするであろう。

II 乳ガン事件における原告の最終弁論

　先の事例と同様，弁護士のマーク・マンデルは，乳ガンの検診過誤事件の原告のために行ったすばらしい最終弁論において，本書で検討した心理学の概念を巧みに取り入れている。過失が明らかな被告医師を，彼がいかに端的に非難するのかという点に注目していただきたい。

　マンデルの最終弁論の冒頭は，意図的に強烈なものとなっている。彼は，陪審員が本来は「善良」であると信じたい医師に対しては，とりわけ意図的な悪行が確認されない限りは，責任があるという判断を下したがらない点を心得ていた。彼は，強力な**規範バイアス**，**確信欲求**，**故意欲求**について，しっかりと理解している。

　マンデルはまた，陪審員が**反実仮想思考**にふけることによって，原告や彼女が負った被害から，無意識のうちに距離を置こうとするであろうことを心得ている。彼らは，マンデルの依頼者が回避することのできなかった状況やそれによる被害について，自分たちであればそれをコントロールし，回避したのではないかと，ありとあらゆる可能性を想像するであろう。不幸なことに，陪審員は，現実自己ではなく，理想自己がどのように行動できたのかを想像する。これが，彼らの基本的欲求としての**保護欲求**と**コントロール幻想**を無意識のうちに満たすやり方である。

　医師に対するアメリカの文化コードは「英雄」[5]であるが，マンデルは，まず最初にこの考えを打ち砕いている。現実に，陪審員のうちの何人かは，多すぎる法律家が医者を町から追い出しているというような誇張された話を信じているかもしれない。陪審員は，誰もが，責任の所在はそっちのけで，お金のみ

を求めるような原告によって起こされた,「ばかげた訴訟」のあおりを受けることは望んでいないのである。

　友人のみなさん,簡単な生体組織検査によって,エレン・ワーズの命は救われたはずでした。もし,この被告が内科医としての責任を果たしていたならば,もし彼が,医師として,目の前にある胸の腫瘍を,彼がまさにその手で触れた腫瘍の危険性を認識していたならば,彼は生体組織検査を行うように手配したでしょう。そして,エレン・ワーズは今も生きていたはずです。それは,こんなにもたやすいことだったはずなのです。

　エレン・ワーズは,ガンで亡くなりました。それは,この被告が,2010年7月1日に誤診を犯したからです。彼は冷酷でした。彼は,胸の疑わしい腫瘍は,それが他のものであることが判明しない限り,それをガンであると見なす,というもっとも基本的な原則を無視し,傲慢といえるほどに不注意だったのです。しかし,その原則こそが,人の命を守るための安全かつ慎重な唯一の方法だったのです。

　マンデルは,「交通規則」アプローチ[6]を用いて,患者を傷つけないためにすべての医師が知っており,従わなくてはならない治療上の適用原則を繰り返し述べている。彼は,起きた事柄に関して,力強く明確に被告を非難することから始めることによって,最終弁論の冒頭に,**初頭効果**を持たせている。この冒頭のくだりは,悪い結果の**自己責任**を,自動的に原告に帰属させようと陪審員に働きかける**防衛的帰属**に対抗している。

　自己責任という考えがもっとも強いアメリカの文化バイアスであることを知っていることから,マンデルは,起きた事柄について,陪審員が自分の依頼者ではなく被告を非難するように促すために,最終弁論の冒頭において,真っ先に責任のある当事者として被告に光を当てている。彼は,陪審員が認知的不協和を避けようとするかもしれないこと,そして,単純に彼の依頼者を非難することによって,自らに中にある**公正世界信念**を維持しようとするかもしれないことを理解している。こういった**防衛的帰属**は,陪審員にとって,起こった現実に直面するよりも,より容易であり,心理的にも居心地のよいものである。

　この被告は,なすべきことをなさず,4インチ・2インチ角の腫瘍の危険性を無視したのです。それは,4インチ・2インチ角という,小ぶりのレモン程度の大きさです。

彼は，そのサイズの腫瘍の危険性を無視し，生体組織検査を頼まなかったのです。胸の単純な生体組織検査は，彼自身でも行うことができたし，あるいは，エレンをその検査のために外科に回すこともできたのです。彼は，自ら生体組織検査を行うことも，彼女を外科に回して検査をしてもらうこともしなかったのです。

　それでは，彼はいったい何をしたのでしょうか。彼は，2つの完全に無駄で，何の意味もない検査を依頼しています。しかも，それですら，その日のうちには行っていないのです。彼は，マンモグラフィーを指示しました。マンモグラフィーは，みなさんが腫れを感じることのできない場合や，触ってもわからない場合にのみ，真に意味があるものです。もしみなさんだったら，おそらくX線でも今回の腫瘍を発見することができるでしょう。しかし，臨床的に疑わしいそのサイズの腫瘍を感じ取ることができる場合，たとえマンモグラフィーの結果が「正常」なものとして戻ってきても，それがなんら意味もないものであることは，医師であれば誰もが知っています。それは，全く意味のないものです。なぜなら，あなたがその腫瘍に触れているからです。

　彼はまた，血液検査も処方しました。1週間後であれ，1日後であれ，あるいは2日後であれ，血液検査は，なんら新しい情報を知らせるものではありません。なぜなら，診察室で，彼はすでに腫瘍に触れているからです。彼は，その日，エレンを家に帰す以外には，何もしていないのです。

マンデルは，陪審員が被告医師に過失があると信じたがらないことを知っている。彼らは，自分自身の内科医は同じような病気の被害から自分たちを守ってくれると信じているし，頼りにもしているからである。専門能力に関する錯誤が，陪審員に対して，医師に責任があると考えるように説得することを難しくしている。なぜなら，陪審員は，彼ら自身の医師が同じような過ちを犯し得るという予測に直面させられると，深刻な認知的不協和を経験することになるからである。彼らの医師に対する信頼を維持するため，医師は過ちを犯さず，信頼に値する存在であるという彼らの規範バイアスを確認するために，無意識のうちに，被告の過失を示す証拠を無視したり，それを異なった形で捉えてしまう可能性があるのである。

　私は，みなさんに心から感謝したいと思います。今回は，長い公判でしたし，非常に厳しい内容の公判でした。私は，みなさんの礼儀正しさに感謝いたします。そして，私は，エレンと彼女の家族に代わり，みなさんの真摯な態度に感謝したいと思います。

私たちは，長い旅のほとんど終わりの方にさしかかっています。それは，ここで起きたことの何が真実なのかを探し求めるための互いの努力であり，悪行に対しては責任をとらせるという重要な原則に基づいて正義を行うための互いの努力，つまり，より端的には，私たちの正義をなすという互いの努力ともいえる旅です。
　　陪審選任手続においても，私の冒頭陳述においても，この公判の開始にあたって，私はみなさんに，この事件になんらかの関連がある証拠のすべてをお示しするように最善を尽くすことをお約束しました。それが，私がこのように多くの証人を呼んだ理由です。それが，本件にこれほど多くの書証が存在した理由です。そして，今こそ，私が責任というマントをみなさんに委ねるときです。それによって，みなさんは，この事件において正しいことをするための探求を続けていくことができますし，エレンの失ったものは無駄ではなくなります。そして，彼女の子どもや夫の肩の重荷がようやく下ろされ，何よりも，エレンはようやく安らかに眠ることができるのです。
　　7月1日，それは，私にとっては，この事件の大きな分岐点となる日であり，私がみなさんに評議の起点としていただくように，心からお願いする日でもあります。なぜなら，7月1日の時点で，エレンはすでにガンにかかっていたからです。

マンデルは，陪審員に対し，原告にとってもっとも有利なところから評議を始めるように導いている。

　　ガンは小さくありませんでした。それは隠れてもいませんでした。それは，見落とされてしまうほど触知不可能なものではありませんでした。それは，確かにそこに存在し，見ることもできたし，探し出すこともできたし，診察することもできたはずなのです。それは，大きな，点滅する赤信号のようなものでした。
　　被告，そう，（指さして）この被告は，7月1日に起きた彼の診察室での出来事を，いかようにもできる立場にありました。エレンは，まさに胸の腫瘍について尋ねるために，そこを訪れたのです。彼は，どのような対応も可能だったのです。そして，彼は選択しました，すなわち，その腫瘍に対処しないと決めて，何もしないということを意図的に選択したのです。しかし，事は明らかでした。このガンは，おとなしくそこに収まっているようなものではく，これからまさに外に飛び出して，猛威を振るおうとしていたのは，明らかにわかりきっていたのです。

　この「いかようにもできる立場にありました」，「意図的に選択しました」という言葉は，被告の行為をほとんど間違いなく意図的なものであるように見せている。このことが，被告の悪行が意図的な選択の産物であるように見せ，陪

審員の判断形成時の確信欲求を満たすのに役立っている。この技法はまた，後知恵バイアスに対抗するのにも役立っている。陪審員は，自分たちだったならば結果を予測できたはずであるし，コントロールできたはずであると，自分自身を説得し（コントロール幻想），それによって自分自身に対する被害を避けようとする諸々の自己奉仕バイアスに依存している。陪審員は，原告にはできなかったありとあらゆる対処を，自分たちだったならばできたはずであると想像することによって，この種の自己防衛的な反実仮想思考にふけっている。マンデルは，これらの幻想を，被告が原告以上に結果を予測し，よりコントロールできる立場にあったということを主張することによって，振り払おうとしている。

　そのガンは，7月1日の時点では，まだ処置することが可能なものでしたし，回復可能な程度のものでした。簡単な胸の生体組織検査を受けるだけで，エレン・ワーズの命は救われたはずでした。7月1日，エレンはこの男を信じたのです。彼女は，自分自身で腫瘍を見つけていました。だからこそ，彼女は彼のところにやってきたのです。しかし，彼は彼女の信頼を裏切り，何もしなかったのです。彼は，彼女に生体組織検査が必要だということを話すことすらしなかったのです。彼のしたことは，彼女をそのまま家に帰すことだけでした。
　今日，胸の腫瘍は，慎重に取り扱うことが必要とされる潜在的な危険であるということは，治療の場におけるまさに基本であり，米国ガン協会は，医師ではなく，私たち，すなわち医療のトレーニングをなんら受けていない私たちに対してすら，胸の腫瘍，厚みのある腫瘍は，ガンの7つの兆候のうちの1つであると告げています。ガンの7つの兆候のうちの1つが，胸の腫瘍です。それが，協会が私たちにいっていることです。医師であれば，当然知っているべきではありませんか。医師であるならば，米国ガン協会が私たち素人に教えているほどのことを，当然に知っているべきではないでしょうか。
　この事件には，2つの異なる見方があります。まず，エレンの側からの見方があります。彼女は胸に腫瘍の存在を感じて，医師のところに救いを求めに行っています。もう1つは，医師の側からの見方です。彼はエレンの胸に腫瘍の存在を感じていました。しかし，それなのに，彼は何もしませんでした。そして今，エレンは亡くなっています。簡単な生体組織検査をするだけで，エレン・ワーズの命は救われていたはずなのにです。

最後の文は，マンデルが評議の間に陪審員に思い出し，互いに繰り返してもらいたいと思う言葉をこだまのように繰り返している。マンデルは，陪審員がこれらの言葉を長期記憶に符号化する機会を複数持つことによって，彼らが評議室でその言葉を思い出し，互いに繰り返すことを，より確かなものとしている。

　さあ，今，みなさんが胸の腫瘍に触れたらどうしますか。みなさんが，注意深く，気遣いができ，思いやりのある医師だったならば，どうするべきでしょうか。そう，みなさんにはいくつかの行うべきことがあります。もし，それが嚢胞かもしれないと思ったら，みなさんのすることは，腫瘍の中に何か液体があるかどうかを見るために，注射針を準備して，その針を静かに腫瘍に刺すことです。そして，もし液体があったならば，それはガンでないでしょう。
　もし，この大きさの腫瘍の中に液体がなかったとしたら，それは，ガン以外のものであることが明らかになるまでは，ガンであると見なし，みなさんは，針を抜いて小さな組織片を取り出す必要があります。そう，ただ生体組織検査をするだけです。それは，極めて簡単な手続きです。もし，医師自身の手でそれをしたくなかったか，あるいはできると思わなかったのであれば，そのときにはエレンを外科に回す義務があったのです。
　これが，みなさんがガンを検査するやり方です。つまり，まずは注射器で吸引し，もし液体がなければ胸の生体組織検査をし，さらに治療のために外科に回す，といったことです。
　7月1日，彼は，彼女に生体組織検査が必要なことすら話しませんでした。この期に及んで，彼は，彼女にそのことを話したといっています。しかし，評議室に戻ったならば，彼の書いたカルテの内容を注意深く見て下さい。そういったこと，すなわち，「患者に生体組織検査のために再診に来るように勧める」といったことは，まさに医師がカルテの中に書き記す類の事柄であるにもかかわらず，カルテの中のどこにもそういった記述は見当たりません。本来，医師であれば必ずそれを書き残します。そう，だからこそ，今になって，彼はそう伝えたといっているのです。
　彼は何をしたのでしょうか。あるいは，彼は何もしなかったのですから，何をし損ねたのでしょうか。
　そうです。7月1日，彼は明らかに，明確な腫瘍，あるいは彼が触れることのできた腫瘍からの注射吸引を怠ったのです。彼は，その腫瘍の生体組織検査を怠ったのです。そしてまた，彼は，エレンを外科に回すことを怠ったのです。つまり，7月1日の時

点で，ガンはそこにあったにもかかわらず，彼は彼女に対して，ガンであるとの正しい診断をし損ねたのです。彼は，7月1日の時点で，それを治療しなかったのです。彼は，生体組織検査をしませんでした。彼は，彼女を外科に回してもいません。そして，彼は，きちんとした継続診察の予定を組むこともしませんでした。

　今になって，彼は，彼女に生体組織検査を行うために再診に来るように話したといっています。私が先ほど話したように，それは一切記録に残っていません。彼は，彼女のためにちゃんとした予約を入れていません。仮に彼のいった通りだとして，彼は，「約1週間後に再診に来るように」といったと主張しています。この大きさの腫瘍に関しては，自分自身で生体組織検査を行わないのであれば，みなさんならば，患者に対して，外科に行くためのきちんとした予約を入れます。みなさんならば，予約票を出します。みなさんならば，継続診察があることを確認します。

マンデルは，被告がなすべきであったがしなかった，容易に利用可能な選択肢のそれぞれを強調している。

　みなさんに，1つお尋ねしたいと思います。もし，エレンが請求された医療費の支払いをしていなかったとしたならば，みなさんは，その後どういった対応があったと思いますか。みなさんは，黄色かもしれないし，オレンジ色か，緑色かもしれませんが，「未払い」と示された，こういった小さなラベルのある手紙が，彼女に送られると思いますか。みなさんは，未払請求のときに手紙は，たった1通だけだと思いますか。どんな事後対応があるのでしょう。そして，1人の女性の命を守るためには，いったいどんな事後対応がなされるべきだったのでしょうか。

　私がいいましたように，彼は，エレンに注射吸引や，生体組織検査や，外科医による評価が必要であることを伝えることを怠ったのです。彼は，腫瘍に対しては，マンモグラフィーに限界があることを理解していなかったのです。医師であれば誰もが，マンモグラフィーの結果が陰性であっても，このサイズの明らかな腫瘍を触知したときには，マンモグラフィーのことは忘れるべきであることを知っています。実際，マンモグラフィーを見たことのある者であれば誰もが，それぞれの検査機器における最初の免責事項のところに，もし臨床上疑わしい腫瘍の臨床知見がある場合，マンモグラフィーの陰性の結果には従うべきではないとされているし，さらに，この大きさの腫瘍は，もちろん彼はしなかったわけですが，注射吸引によって除外判定される場合を除いて，定義上「臨床上疑われる」腫瘍にあたることを知っています。つまり，彼は，エレンに対して，マンモグラフィーの限界について伝えることを怠っていたのです。

マンデルは，被告が重ねて治療上のルールを無視したことを示している。彼は，被告があえて無視した実行可能なほかの選択肢に光を当てている。もし陪審員が，被告の行為は単なる見落としや事故ではなく，むしろ意識された選択の産物であると考えるならば，彼の行為がほとんど間違いなく意図的になされたもののように見えることになり，その結果，彼に責任があると陪審員が判断する可能性が高まるであろう。さらにまた，このことは陪審員の**故意欲求**を満たし，**確信が必要だという規範**を満たしている。陪審員は，法が要求するものよりも個人的な欲求が求めるものを満たそうとする。そのために，今回のような事例においても，意図したことの内容を，重過ではなく単純な過失の中に入るものとして理解してしまう可能性があるのである。

彼女は，まじめにも7月8日に電話をかけています。そして，安堵しています。実際，彼女に話をした全員が，1人の例外もなく，結果は陰性であると告げています。彼女はガンではないと信じたし，何の問題もないと思ったのです。

彼は，エレンが7月8日に検査の結果を聞くために電話をよこした際，診察室に来るように指示することを怠りました。彼女は生きたいと願い，まじめであろうとし，無事でありたいと願い，継続して診察を受けようとしました。極めてもっともなことです。彼女は腫瘍があるのを感じて，医師の診察室にやってきたのです。彼は，彼女に検診を受けるようにいい，その翌日，彼女は検診を受けました。彼は，彼女に検診の結果について知るために電話をよこすようにいいましたが，生体組織検査のことについては，何もいいませんでした。そして，彼女は医師にいわれた通りのことをしたのです。

彼女には，2人のかわいい子供がおり，やさしい夫もいました。よい仕事もありました。彼女は，常に一所懸命な人でした。彼女は，手術も，放射線治療も，化学療法も経験しました。彼女は，彼女の担当医がするようにと指示したことをすべて行いました。彼女は，ただ生きていたかったのです。しかし，彼は，彼女が真に必要としている処置を，彼女に話すことすらしませんでした。さらに，彼は7月8日の彼女との電話の後においても，その後の対応を怠ったのです。

マンデルは，原告が，陪審員が持つアメリカの強い**文化バイアス**を満足させるような，**自己責任を果たした人間**であることを示し，陪審員の期待を満たすべく，彼女が可能な限り責任を持ち，注意を払うべき事柄をすべて行っていた

ことを示している。そして彼は，彼女の責任ある行動と，被告の無責任な行動とを対比した。彼はまた，陪審員が潜在的な利益よりも潜在的な損失の方を直感的におそれること（喪失嫌悪規範）を知っていることから，2人の子ども，夫，仕事といった，彼女の被った損失についても話している。そのため，エレン・ワーズと彼女の家族が被告の過失によって被った損失について，彼が語れば語るほど，彼の主張はより強力なものとなっている。

　さて，どのような患者であれ，医師のところにいく場合は，いつも，重大で，危機的な状況，あるいは潜在的に危険な状況にあり，従わなくてはならない判断経路図が存在しています。もし，今回のような触知可能な腫瘍があった場合，みなさんの場合は，この図の左にある事柄のいずれかをすることができます。それは，なされなくてはならない事柄です。みなさんは，注射吸引をします。そして，液体があるならば（左端を見て），それを排出させるだけです。そして，それらの嚢胞がまだあるのかどうかを確認するために，患者を1ヶ月後に再び来診させます。

　もし，それが液体ではなかった場合，みなさんは，液体がなくガンであると見なされるときには，自分自身の手で生体組織検査をし，その後に外科に彼女を回すか，あるいは，すぐに外科に回すかのいずれかを選択します。そして，外科では，エレン・ワーズの命を救うべく乳腺摘出手術か乳房切除，あるいは他の処置をします。

　あるいは，この被告のしたことと同じことをすることもできるでしょう。しかし，それは何の意味もなく，何もしなければ当然，ガン細胞の転移が全身に広がるでしょう。何もなされなければ，あなたは死を請け負ったのも同然です。そしてその結果，あなたは患者を死なせます。それが，まさしくエレンに起こったことなのです。

　7月1日，この男には2つの選択肢がありました。彼は，この図の左側に進むことができたし，右側に進むこともできたのです。7月1日の時点で，この診察室において何が起こるのかは，完全に彼次第でした。そして，彼女はそこにいたのです。彼は，生体組織検査も，注射吸引も，あるいは外科に回すこともできたのです。しかし，彼は，そうしたことをさせることはなく，何もしなかったのです。

マンデルは，被告によってなされたより多くの**原則違反**と意図的な**選択**を並べ，陪審員の判断形成時の確信欲求を満たしている。

　このガンがそのままおとなしくしていることはなく，放っておけば転移するであろうということは予測可能でした。7月1日の時点で，それはまだ治療することが可能

でした。簡単な生体組織検査をするだけで，エレン・ワーズの命は救われたはずだったのです。今，その彼がこの法廷にいます。そして，これはすべてエレンの過失だと主張しています。つまり，彼がなすべきこと，あるいは，できたことの1つもせず，率直にいえば，何1つをもせず，それによって動き出した出来事を，どういうわけか，彼女自身のせいだといっています。そのうちの1つでもなされていれば，それが彼女の命を救っていたはずであるというのにです。

彼は，何が起こるのかをわかっていたはずであるとして，すなわち，自分が何もしないことによって生じたことを理由として，彼女を非難しています。いったいどうしたら，彼は，この法廷において，あるいは，彼女の墓前に立って，さらには，彼女の子どもたちに向かって，彼女の死は彼女自身のせいだなどといえるのでしょうか。

私たちはみな，自分たちの人生を変える力を持っていると思っています。そう，健康にものを食べ，運動をし，そして医者に行けば，私たちは何一つ心配することなどないと思っています。

エレンは，自分も人生を変える力を持っていると思っていました。彼女は，胸に腫瘍の存在を感じたとき，医師のところに出向き，その医師がしなさいということを，素直に聞きました。その結果，彼女の病状は悪化しました。彼女は医師を信頼していましたが，それが彼女にとっては仇となったのです。

さて，みなさんは誰もが，人生を変える力を持っています。みなさん誰もが，こういった悲劇が二度と起こらないようにする力を持っています。ほかの誰に対してでもありません。みなさんは，この男に対して，1つのメッセージを伝える力があります。そう，彼がやったこと，そして，この法廷に来ては，ウソをつき，自分の患者の死をその患者のせいにしたことは，すべて許されないと。

マンデルは，陪審員がやりたがらない，**現状の変更**を行うように陪審員を勇気づけている。陪審員にとっては，故人となった原告が現状である。というのは，彼らは，原告の死後に彼女を知るに至っているにすぎないからである。しかし，エレン・ワーズの家族にとっての現状は，元気に生活している妻であり母なのである。

統計学者であれ，事務員であれ，看護師であれ，私たちはみな，すべき役割を持っています。そして，それができなかったときには，私たちは責任をとらなくてはなりません。彼は，今日までただの一度も，この法廷においてさえ，正直であったことはなく，自らの犯した過ち，すなわち，彼の悪質で，悲劇的で，冷酷な過ちを認めてい

ません。

マンデルは再び，通常は被告に有利な**自己責任**の概念を，被告の医師に向け，彼が決して患者に対する責任を負おうとせず，その当時も，今も，自分のなした悪行を認めていないことを示し，強調している。

さて，友人のみなさん，これは，私が思うに，実際は単純で明快な事件です。争点は単純です。内科治療に関するいくつかの言葉，たとえば「転移」や「血管形成」といったみなさんの耳にした専門用語は，やや複雑なもののように聞こえたかもしれませんが，争点それ自体は実に単純です。簡単な生体組織検査を行いさえすれば，エレンの命は救われたはずだったということなのです。

そう，確かに，この被告がガンを生み出したわけではありません。彼は，そこまではしていません。しかし，そのガンは，7月1日の時点ではそうであったように，まだ治すことができるものでした。そのガンは，目で見ることができたし，見つけ出すことができるものでした。彼は，実際にそれに触れたのです。ガンは，7月1日の時点では，すでに生み出されていたし，存在していましたが，それはまだ治すことのできるものでした。

この事件は，人間の犯した過失に関するものです。そして，この事件においては，人間の犯した過失が，エレンを死に至らしめたのです。

今度は，マンデルは，陪審員の中にいる運命主義者，すなわち，被告の医師よりも運命や神の行為に責任を結びつけたがるものに対処している。もし，誰も彼女の死を止めることができなかったとすれば，陪審員がしなくてはならないことは何もないことになる。

ロースクールにおいて，私たちは，陪審員に対して，どのようにお金について語るべきかを教えてはもらえません。それは，この事件におけるもっとも困難な事柄の1つです。私たちは，私たちが考え得る限りの最善の主張を試みました。そして，今度は，私たちはお金のことについて話し始めます。そして，私たちは，みなさんが「これこそが，マンデル氏がそもそもほしかったものだ。彼が私たちに話し，私たちが聞いてきたことのおそらくすべては，このお金の話にすぎないんだ」と思われるのではないかと神経質になっています。

ここで，マンデルは，すべての原告（そして，その弁護士）は貪欲で，「訴

訟クジ」に勝とうとして，ばかげた訴訟を進んで起こし，自分の悪行の責めを誰かに転嫁しようとしている，というように考えるアメリカの文化バイアスを拒絶している。

　そう，私はみなさんに，この事件のはじめに，私のできることはすべて行うと約束しました。すべての証拠を提出し，すべての主張をなし，可能な限り率直であり，すべてのものをみなさんの前に示す，と。私は，その約束の中の義務の一部として，みなさんにお金の話をしています。私は，それを私のできる最善の方法でやりますし，まずは，私がそれをどのような形で行うのかをお話しします。

　昨日，私は自分の事務所にいました。そして，背もたれにもたれて座り，「どうやって彼らにお金の話をしようか」と自問自答していました。そして，思いました。「私自身の心の中で，何が公正な価値であるのか。1つの数字ではなく，ある範囲，すなわち，この事件の公正な価値の範囲は，どの程度であるのか」と。そして，私が思い浮かべた数字は，200万から500万ドルというものでした。それが，私の心の中にある，この事件における公正な価値でした。

　そして私は思いました。「私は，明日彼らに同じようにやってもらうように頼むのは止めよう。私は，善良かつ寛大な人間である彼らの最良の判断，彼らが適切と考える金額についての判断を信じよう」と。

マンデルは，単に金銭について言及するだけでは，訴訟を単なる仕事の取引のように見せてしまうということを心得ていた。そのため，彼は，金銭の話はしたくはないが，しなくてはならないものであるかのように聞こえるようにしている。彼は，巧みに，200万から500万ドルが**係留点**，あるいは，損害額の決定のための出発点となるように，**係留ヒューリスティックス**を利用している。特定の金額ではなく，範囲を示唆することで，彼は，下限と上限の両方を示している。そして，彼は，陪審員が彼ら自身で適切な損害額を**選択**するように促している。彼は，陪審員が法律家の主張を全く信用していないことを知っているのである。しかし，同時に彼は，陪審員がほとんどどんな金額であれ，利用可能なものには飛びつくであろうし，関連性や意味があるか否かにかかわらず，それを1つの係留点として使うであろうということも知っている。

　みなさんにこのお金の話をして，これで，エレンに代わって，可能な限り公正に，そして一所懸命に，この事件を伝えるために，すべての証拠を示し，すべての主張を

するという最初の約束を，ようやく果たすことができたように思います。

　結論として，最後にこれだけは，私に述べさせて下さい。この事件は，1つの簡単な胸の生体組織検査によって，エレン・ワーズの命は救われたはずであるという，単純明快な事件ではありますが，私の使命はある意味それほど簡単なものではありません。もちろん，この事件の場合，私はみなさんに，ほとんど一方的ともいえる事実について話すことができますし，エレンの痛みについても話すことができます。また，治療法についても，エレンと彼女の家族に生じた被害についても話すことができます。

　しかし，それほど容易ではないのは，なんらかの形で，ここで本当は何が起こったのかについて，みなさんと情報を共有するということでした。そしてまた，それをもとに，みなさん全員に，何がなされなくてはならなかったのかを進んで理解してもらい，そしてまた，逃れることなく，彼が実際にしたことに対して相応の報いを与えるために進んで十分に考慮をめぐらしてもらうということでした。というのは，そうするためには，ガンについて考えることは非常におそろしいことであり，エレンの痛みもまた非常に大きなものであったからです。

　私が大いにおそれているのは，私がしばしばそうであったように，みなさんがなんらかの意味で，ガンや，エレンの抱えた大きな苦痛について，恐怖心を抱かれるのではないかという点です。自分自身がそうなることをおそれるあまり，みなさんは，なんらかの形で，その病気の危険性そのものをおそれてしまっているのはないでしょうか。

　その病気はエレンの中にありました。この法廷にではありません。私がみなさんにお願いしたいのは，ガンの恐怖から一歩さがり，エレンの激しい痛みから抜け出して，私が見出し，みなさんが確信という勇気から見出した，この事件においてなされなくてはならないことをなすことです。

　陪審員は，ガンをおそれている。彼らにとっては，エレン・ワーズに起こったことと，彼らの公正世界信念や基本的欲求としての**保護欲求**との間で整合性をとることは，非常に困難なことである。なぜなら，この2つは，正義を行うという欲求以上のものであり得るからである。マンデルは，彼自身も怖く，また，陪審員の恐怖についても十分に理解していることを大きな声でいうことによって，陪審員の恐怖に正面から立ち向かっている。彼は，恐怖によって尻込みすることのないように，陪審員に警告している。これは，**防衛的帰属**を克服する力強い戦術である。

　今ここにあるのは，正義という壊れやすくも美しい仕組みです。みなさんが評議を

始めるとき，正義はもはやみなさんの手の中にあります。みなさんは，変化をもたらす力を手にしています。みなさんの価値観を守り，この仕組みを維持しましょう。なぜなら，それが私たちそれぞれに委ねられたわずかな権利のうちの1つだからです。どうもありがとうございました。

　マンデルは，民事裁判制度に関し，これまで語れていた批判にもかかわらず，今度は，それが機能していることを陪審員に確信させることによって，アメリカの文化バイアスに対抗している。彼は，陪審員に，この制度が持っている彼ら自身や，彼らの信じるものを守ろうとする力を信頼し，それを信じるように強く勧めている。彼が，価値観が破られるのを防ぐためといった言葉でなく，守る，維持するといった言葉を使って話している点にも注目してもらいたい。彼は，「防ぐため」といった言葉が，不確かで，しばしば恐怖を伴う不確実な将来といった状況で語られることを心得ているのである。それに対し，**保護欲求は即時のものであり，我々みんなが必要としているものである。**

　マンデルは，自分自身同様，エレンの家族をも守り得るという考え，そして彼らはそれを原告に有利な評決を下すことによって，今すぐにそれを実現することができるといった説得力のある考えを，陪審員に最後に示している。彼らの責任を**普遍化**することによって，原告だけではなく，被害からの保護を求め，それを必要としているすべての人を守るために行動しているという感覚を，陪審員に与えている。

III まとめ

　「パリス・トラウト」というすばらしい本の中で，著者のペテ・デクターが，パリス・トラウトについての話をしている。パリス・トラウトは，14歳の少女の殺人事件とマリー・マナックの殺人未遂事件で起訴されていた。公判において，マナック氏は，事件についての証言を行った。以下の引用にあるように，彼女は事件に関して被告人トラウトの弁護人であるハリー・シーグレーブスによる反対尋問を受けた。シーグレーブスが，マナック氏が被告人を挑発した結

果として，被告人が正当防衛のために彼女を撃ったのではないかということをほのめかした。それに対し，マナック氏は以下のように答えた。

　「いいえ，私は，そのことに関して，真実を述べました。今度は，あなたが，それをいかようにも見せることができるかもしれません。しかし，私はそれが実際にどう起こったのかを，そのまま話したのです。」

　それに対しシーグレーブスは，「その点の判断のために，私たちは，陪審員を呼びました」といった。

　すると，彼女は振り返り，彼ら（陪審員）を見て，「彼らは，本当に起こったことを判断するわけではありません」といった。「それは，もう終わっているのです。彼らが判断しなくてはならないのは，それに対して何をしなくてはならないのかという点です。」[7]

本書が，弁護士が陪審員に対して，「何をするかを判断する」ように勇気づけ，動機づけるための一助となることを期待する。

　心を無駄にしてはならない，といわれてきた。公判弁護士にとって，無駄にしてはならないのは，その心がどのように働くのかについての理解である。なぜなら，我々はその情報を，自らの創造性と融合させて，我々の依頼者のために使うことができるからである。

注

1) ラパイユは，アルコールに対するアメリカの文化コードは「銃」であると定義づけている。なぜなら，我々はそれを暴力的行動のための一種の強力で，過激な「燃料」と見なしているからである。CLOTAIRE RAPAILLE, THE CULTURE CODE 151 (2006).
2) *See* RICK FREIDMAN & PATRICK MALONE, RULES OF THE ROAD: A PLAINTIFF LAWYER'S GUIDE TO PROVING LIABILITY (2006).
3) DAVID BALL, DAVID BALL ON DAMAGES (3d ed. 2011).
4) RAPAILLE, *supra* note 1, at 80.
5) RAPAILE, *supra* note 1, at 80.
6) FREIDMAN & MALONE, *supra* note 2.
7) PETE DEXTER, PARIS TROUT 162 (1988).

索　引

■ あ 行 ■

あ
- 後知恵バイアス ………… 92, 198, 217
- アドラー(Adler, A.) …………… 146

い
- 偽りの合意効果 ……………………… 98
- 意味的な符号化 ……………………… 31
- イメージの膨張 ……………………… 39

え
- 演繹的推論 …………………………… 21

お
- 音韻的な符号化 ……………………… 30

■ か 行 ■

か
- カーネマン(Kahneman, D.) …… 166
- 外的帰属 …………………………… 113
- 確証バイアス ………………… 89, 198
- 確信が必要だという規範 ………… 220
- 確信欲求 …………………………… 213
- 干渉 ………………………………… 41
- 完全な事実表現 …………………… 211
- 関連づけ …………………………… 51

き
- 記憶の汚染 ………………………… 40
- 記憶の再構成 ……………………… 37
- 基準率無視 ………………………… 169
- 規則違反 …………………………… 207
- 規則遵守 …………………………… 207
- 帰属バイアス ……………………… 84
- 帰属理論 …………………………… 111
- 疑念 ………………………………… 205
- 帰納的推論 ………………………… 21
- 規範的信念 ………………… 198, 207
- 規範バイアス …… 199, 205, 206, 209, 213, 215

- 基本的欲求 …………………… 66, 67
- 逆行干渉 …………………………… 41
- 究極的な帰属の誤り ……………… 155

け
- 係留点 ……………………………… 224
- 係留ヒューリスティックス … 180, 212, 224
- 系列位置効果 ……………………… 43
- 権威への服従 ……………………… 118
- 現在形 ……………………………… 197
- 顕在記憶 …………………………… 38
- 現実自己 …………………………… 213
- 現状維持 …………………………… 142
- 現状維持に関する規範 …………… 142
- 顕著さ ……………………………… 188

こ
- 故意 ………………………………… 139
- 故意が必要だという規範 ………… 139
- 故意欲求 …………………… 205, 213
- 行為者─観察者バイアス ………… 113
- 公正世界 …………………… 207, 212
- 公正世界信念 ……… 5, 68, 93, 198, 214, 225
- 「交通規則」アプローチ ……… 201, 214
- 公判ストーリー ……………… 45, 54, 84
- 個人主義文化 ……………………… 133
- コントロール幻想 …… 5, 69, 93, 118, 198, 213, 217
- 根本的な帰属の誤り ……………… 115

■ さ 行 ■

さ
- 最後の行為者 ……………………… 95
- 最後の登場人物 …………………… 200
- 再評価 ……………………………… 67
- 再符号化 …………………………… 37
- 作業記憶 …………………………… 28
- サンクコスト ……………………… 47
- 三位一体脳理論 …………………… 147
- 3を使った修辞法 ……………… 51, 205

し

視覚的な符号化	30
自己関連づけ効果	28
自己高揚動機	84
自己参照効果	111
自己責任	152, 214, 220, 223
自己中心バイアス	112
自己奉仕バイアス	97, 217
自己保護動機	84
自動的処理(ヒューリスティックな処理)	17, 18
シャーマン(Sherman, S. J.)	177
社会化	132
社会的影響行動	15
社会的知覚	12
社会的比較	110
社会的役割	116
集団主義文化	133
順行干渉	42
証拠の要約	51
詳細な追加情報	198
所属欲求	132
初頭効果	43, 197, 214
新近効果	43, 47, 212
信念の耐久力	85
シンプソン(Simpson, O. J.)	72

す

推論	21
スキーマ	31
(証拠の)隙間	39, 76, 99
ステレオタイプ	154
ストーリースキーマ	87
刷り込み	145

せ

「政治的正しさ」に関する規範	143
接近可能性	180
接近可能性ヒューリスティックス	201
接触頻度	174
潜在意識	18
潜在記憶	38
選択	205
鮮明さ	186
専門家証人	178
専門能力に関する錯誤	215
専門能力についての幻想	121

そ

喪失嫌悪規範	211, 221
属性への帰属	113
損失の規範に対する反感	144

━ た 行 ━

た

対応バイアス	113
代表する	199
代表性ヒューリスティックス	167, 199
短期記憶	28, 212

ち

知覚	12
チャンク(化)	48, 50, 200
長期記憶	29
調節	35

つ

作り話	39

て

テーマ	57

と

同化	35
トヴェルスキー(Tversky, A.)	166
動機づけ要因	89
動機づけられた推論	21
統制的処理(システマティックな処理)	17, 20

━ な 行 ━

な

内的帰属	113
内的特徴への帰属	113

に

二重過程理論	17
二重処理	20
二重符号化	203
認知	12
認知的節約家	85
認知的なコーピング方略	68

認知的負荷 29, 30, 197
認知的不協和 46, 70, 199, 214, 215
認知欲求 20

=== は行 ===

は
パーマー (Palmer, J. C.) 40
バイアス思考の抑制 102
バイアスのかかった同化 85
ばかげた訴訟 207, 214
爬虫類脳 148
ハロー効果 117
速さと正確さのトレードオフ 163
判断 205
判断回避 49
判断形成時の確信欲求 205
判断形成の階層性 3, 4
反実仮想 205
反実仮想思考 93, 200, 213, 217
反・反実仮想 205

ひ
ヒューリスティックス 6, 13, 84, 163

ふ
フォーカスグループインタビュー 91
複数の再入場点 206
符号化 30, 212, 218
普遍化 226
プライミング効果 208
文化規範 132
文化コード 146, 199, 211, 213
文化バイアス 84, 201, 205, 214, 224, 226

へ
平均以上効果 97
辺縁系 148
扁桃体 67

ほ
防衛的帰属 119, 198, 214, 225
冒頭陳述 196
保護欲求 198, 207, 213, 225, 226

=== ま行 ===

ま
マズロー (Maslow, A. H.) 66
マンデル (Mandell, M.) 196

み
魅力バイアス 117
ミルグラム (Milgram, S.) 118

=== や行 ===

ゆ
勇気づけ 213

よ
欲求のピラミッド 66
予備尋問 138

=== ら行 ===

ら
ラパイユ (Rapaille, C.) 146
ランダムさの知覚 168

り
理想自己 98, 200, 213
リハーサル 29, 48
利用可能(性) 176, 199
利用可能性ヒューリスティックス 173, 199, 201

る
ルール 126
ルール破り 126

れ
レヴィン (Lewin, K.) 13
連想記憶 51

ろ
ロジャース (Rogers, C. R.) 14
ロドニー・キング事件 176
ロフタス (Loftus, E. F.) 40

訳者紹介

石崎千景（いしざき・ちかげ）

2006年　北海道大学大学院文学研究科人間システム科学専攻博士後期課程修了
現　在　名古屋大学大学院法学研究科特任講師（博士（文学））

[主著・論文]
記憶（学習心理学）　小野寺孝義・磯崎三喜年・小川俊樹（編）　心理学概論：学びと知のイノベーション　ナカニシヤ出版　pp.37-48．2011年
人間関係と認知　藤森立男（編著）　人間関係の心理パースペクティブ　誠信書房　pp.1-14．2010年
目撃者の証言（訳）　仲真紀子（監訳）　犯罪心理学　有斐閣　pp.111-128．2010年
日本における法と心理学研究の動向と展望　法と心理，9，31-36．2010年
文脈情報の想起および言語化が顔の記憶の正確さと確信度の関係に及ぼす影響（共著）　心理学研究，78，63-69．2007年

荒川　歩（あらかわ・あゆむ）

2004年　同志社大学大学院文学研究科博士課程後期課程単位取得退学
現　在　武蔵野美術大学造形学部准教授（博士（心理学））

[主著・論文]
エマージェンス人間科学―理論・方法・実践とその間から（共編著）　北大路書房　2007年
〈境界〉の今を生きる―身体から世界空間へ・若手一五人の視点（共編著）　東信堂　2009年
考えるための心理学（共編著）　武蔵野美術大学出版局　2012年
ポイントシリーズ心理学史（共編著）　学文社　2012年
「裁判員」の形成，その心理学的解明　ratik　2014年
評議におけるコミュニケーション：コミュニケーションの構造と裁判員の満足・納得（共著）　社会心理学研究，26，73-88．2010年

菅原 郁夫（すがわら・いくお）

　　1983年　東北大学法学部卒
　　現　在　早稲田大学大学院法務研究科教授（博士（法学））

[主　著]
民事裁判心理学序説　信山社　1998年
法律相談の面接技法（共編著）　商事法務　2004年
法と心理学のフロンティア１巻，２巻（共編著）　北大路書房　2005年
利用者からみた民事訴訟（共編著）　日本評論社　2006年
実践法律相談（共編著）　東京大学出版会　2007年
利用者が求める民事訴訟の実践（共編著）　日本評論社　2010年
民事訴訟政策と心理学　慈学社　2010年

[翻　訳]
B. L. カトラー（著）　目撃証人への反対尋問（共訳）　北大路書房　2007年
スティーヴン・ルベット（著）　現代アメリカ法廷技法（共訳）　慈学社　2009年

裁判員への説得技法
――法廷で人の心を動かす心理学――

2014年3月20日　初版第1刷印刷	定価はカバーに表示
2014年3月31日　初版第1刷発行	してあります。

　　　　著　　者　　キャロル・B・アンダーソン
　　　　訳　　者　　石　崎　千　景
　　　　　　　　　　荒　川　　　歩
　　　　　　　　　　菅　原　郁　夫
　　　　発 行 所　　㈱北大路書房
　　　　　　〒603-8303　京都市北区紫野十二坊町12-8
　　　　　　　　　　　　電　話　(075) 431-0361㈹
　　　　　　　　　　　　FAX　　(075) 431-9393
　　　　　　　　　　　　振　替　01050-4-2083

©2014　　　　　　　　　印刷・製本／モリモト印刷㈱
　　　検印省略　落丁・乱丁本はお取り替えいたします。
　　　ISBN978-4-7628-2856-0　　Printed in Japan

　　・ JCOPY 〈㈳出版者著作権管理機構 委託出版物〉
　　　本書の無断複写は著作権法上での例外を除き禁じられています。
　　　複写される場合は，そのつど事前に，㈳出版者著作権管理機構
　　　（電話 03-3513-6969,FAX03-3513-6979,e-mail: info@jcopy.or.jp）
　　　の許諾を得てください。